组织人的经济学

谢　民◎著

知识产权出版社
全国百佳图书出版单位

图书在版编目（CIP）数据

组织人的经济学/谢民著. —北京：知识产权出版社，2018.11
ISBN 978-7-5130-5950-3

Ⅰ.①组… Ⅱ.①谢… Ⅲ.①经济学—研究 Ⅳ.①F0

中国版本图书馆 CIP 数据核字（2018）第 260123 号

内容提要

经济学发展到今天已成为一门庞大的学科，但其根基却存在一定的缺陷，根源出自经济人的假设。《组织人的经济学》提出了一种全新的组织人理论作为经济学的根基，以区别于之前的"经济人的经济学"。组织人理论通过组织人的分类、组织人的行为模型和偏好理论等构成一套完整的理论体系，试图揭示人的行为与社会组织之间的各种关系变化的规律，这种规律所反映出的组织人的行为是一种基本趋向确定的选择，并对目前经济学的许多难题给予合理解释。尝试对人类行为做出新的诠释和分析，以填补之前经济学解释力的不足。

责任编辑：韩　冰　李　瑾　　　　　　责任印制：孙婷婷
封面设计：邵建文

组织人的经济学

谢　民　著

出版发行：**知识产权出版社**有限责任公司	网　　址：http://www.ipph.cn
社　　址：北京市海淀区气象路 50 号院	邮　　编：100081
责编电话：010-82000860 转 8126	责编邮箱：hanbing@cnipr.com
发行电话：010-82000860 转 8101/8102	发行传真：010-82000893/82005070/82000270
印　　刷：北京虎彩文化传播有限公司	经　　销：各大网上书店、新华书店及相关专业书店
开　　本：720mm×1000mm　1/16	印　　张：15
版　　次：2018 年 11 月第 1 版	印　　次：2018 年 11 月第 1 次印刷
字　　数：270 千字	定　　价：68.00 元
ISBN 978-7-5130-5950-3	

作品登记证书

登 记 号：国作登字-2018-A-00584975

No. 00584975

作品名称：《组织人的经济学》　　　　作品类别：文字作品

作　　者：谢民　　　　　　　　　　著作权人：谢民

创作完成时间：2018年05月08日　　　首次发表时间：2018年05月08日

　　以上事项，由谢民申请，经中国版权保护中心审核，根据《作品自愿登记试行办法》规定，予以登记。

登记日期：2018年07月23日　　　　　登记机构签章

中华人民共和国国家版权局统一监制

前　言

经济学发展到今天已成为一门庞大的学科,分支众多,枝叶茂盛,但是根基却十分薄弱,造成了经济学时常陷入困境。面对复杂的人类社会经济活动,经济学常常因缺乏解释力而处于被动尴尬的境地,尤其是每次经济危机出现的时候,更是显得经济学理论苍白无力。经济学面临的最主要问题就是基础理论存在缺陷和错误,从而导致经济学的根基不实,由此引起许多经济理论不真实、不确定等问题,并造成经济理论与现实经济之间始终存在着一定差距。布劳格认为"现代经济学的主要弱点在于不愿使它所产生的一些理论包含一种可以明显地被驳倒的结论,随后又普遍地不愿把这种结论同事实相对照"。

经济学的基础理论令人堪忧,不仅是因为它一直制约并束缚了经济学理论的发展,而且还造成与现实之间始终存在着一定的距离。人们对经济学中的经济人、理性选择、非理性行为、偏好稳定、最大化等基本假设越来越持怀疑态度。经济人事实上已沦落为"鸡肋理论",即"用之无效,弃之不可"。

由于经济学基础理论对经济人假设过度依赖,而自身又无法对假设进行证明,只有借助于生物学、心理学、伦理学等寻找依据。于是就出现了对一些基本命题争论不休的状况,如:经济人被假设为是自利的,而现实中的人也确实存在着机会主义和利他的行为;人的行为究竟是理性、非理性还是有限理性;人们追求的是利益最大化还是以令人满意为标准;人的偏好是一致且稳定的,还是经常变化的;等等。这些基本命题莫衷一是,最后只有各持己见。"这种假设就像说企业正在做它们所做的事一样,是一句无法加以驳斥的空话。"

经济学看似有一套完整且严密的理论体系,只是这一理论与现实经济并无必然的相关性,而且经济学家自己也认为理论并不是现实的翻版,允许理论有抽象的表述，并与现实保持一定的差距。于是经济学理论更像是一种"黑板理论"。"'经济人'的不足之处在于，很少有人能真正感觉到自己就是这种人。人类的动机和利益远比'经济人'复杂和多样，我们的行动并非仅仅在'经济人'的意义上是合理的。显然，大多数正常人还对自身物质福利之外的事情感兴趣。我们的行动和决策，并不是仅仅取决于经济上的考虑。"

经济学的发展有点畸形，基础理论薄弱，而分支学科却十分庞大。正是由于基础理论的缺陷，经济学家总是想绕过这一争议地段，以免掉入陷阱而另辟蹊径，于是五花八门的经济学分支学科蜂拥而起。任何与经济有关的行为似乎都可以建立一门学科，哪怕是吃饭、睡觉、结婚、购物、交友、生孩子等等都可以冠名为一门经济学。经济学还引以为傲，称之为经济学帝国的扩张。

不过经济学帝国的扩张并未能够改变经济学不幸的命运。经济学无法根据经济运行来判断是否会出现异常情况，虽然经济学家想努力做到这一点。"黑色星期一"的出现以及2008年经济危机的突然发生都给了经济学重重的打击，因为危机来临之前经济学家们既不会相信，也确实无法知道。因此，经常出现"黑天鹅事件"也就不足为奇了。

气象学家可以根据云层和气流的变化来预测未来几天是否会下雨，何时下雨，而且随着科学技术的进步，预测得越来越准确。天文学家能准确计算天体运行轨迹且精确到分秒，以助力航天专家将卫星精准送到太空预定轨道，但没有哪位经济学家能把经济危机的到来时间预测精确到年。"几乎没有经济学家预测到2007—2008年经济危机的到来，更糟糕的是，很多经济学家都认为这次危机不可能发生。"

正是经济学基础理论的缺陷导致了经济学与科学之间存在着一定距离，并且始终无法逾越，而最根本的原因就是经济人的障碍。经济人假设是经济学的核心基础，是最底层的基石。正是这块基石的缺陷，才导致经济学理论的缺陷和困境。

本书中所表述的经济学、现代经济学、西方经济学、主流经济学和新古典经济学的含义是一致的，没有做严格的区分，可以视为同一概念的不同表述。最为重要的是，作者认为它们都是"经济人的经济学"，把经济学统称为"经济人的经济学"是符合客观事实的，因为还没有一种经济学理论能够否认或脱离"经济人的经济学"，也没有一种经济学理论能够挑战这种"经济人的经济学"。

本书取名为《组织人的经济学》，提出了一种全新的组织人理论作为经济学的根基，以区别于之前的"经济人的经济学"。《组织人的经济学》是以组织人替代经济人作为经济学的基础，尝试对人类行为做出新的诠释和分析，以填补之前经济学解释力的不足。

组织人理论的提出是经济学理论一次重大的推陈出新，是对人类行为做出全新的理解和分析，填补了人的社会属性行为分析的空白，有助于经济学和整个社会科学对人的行为做出确定性分析，极大地改善了经济学理论与实际相脱节的现状；能解释经济学中目前还无法解释的许多难题；有助于指导人类对经济学的分析和控制，制定切实有效的经济政策和制度，防范经济风险，提高经济预测能力，并可以在一定的范围内提供经济学的实验检验，使经济学成为一门真正的科学，并向精确科学迈进。

准确地说，组织人理论不是要彻底推翻和否定经济人理论，而是纠正经济人的错误运用并替代经济人成为经济学的基石，是一种理论的覆盖。组织人理论包含了经济人理论，或者说经济人只是组织人的一种特例。经济人理论虽有缺陷但也是正确的理论。正是因为如此，所以许多想废除经济人的尝试都如同拽着自己的头发就想离开地面一样，难以逃脱最终失败的命运。现有经济学的缺陷和局限性不是经济人理论本身的错误，而是对经济人理论的误解和误用所致，尤其是将经济人过度扩大化导致运用过程中的失误和失灵。

组织人理论就是揭示这种未被人们发现的理论盲区，这一新的发现更是一种发明，它试图揭示人的行为与社会组织之间的各种关系变化的规律，这种规律所反映出的组织人的行为是一种基本趋向确定的选择，能对人类行为做出全新的诠释和分析。它将代替经济人假设并对主流经济学基础理论产生颠覆性的革命。可以说，它是经济学的一次涅槃重生，是一次科学理论的范式革命。

本书共十三章，分三个层次进行论述：

第一层次，论述目前经济学的缺陷，包括第一章"导论"、第二章"经济学研究发生的变化"和第三章"经济学的缺陷"，提出了主流经济学理论的缺陷，对经济人假设的局限性做了必要的交代，阐明了经济学研究中缺乏对人类社会属性的认知和表述，论述了从经济人到组织人的转变是一种必然，最终提出了组织人的观点。

第二层次，阐述组织人理论，包括第四章"组织"、第五章"组织人的概念和分类"、第六章"组织人的经济模型"、第七章"透明组织人"和第八章

"组织人的行为特征分析"。这部分是本书的核心，是组织人理论的精髓。对各类组织进行了介绍，以便读者对组织人有更深入的理解；还阐述了组织人的概念和特征，包括组织人的分类、组织人与经济人的联系和区别、组织人的经济模型、组织人的偏好分析以及组织人的行为动机和特征分析，并且提出了透明组织人的观点。

第三层次，对经济学难题的分析，包括第九章"经济学难题和案例分析"、第十章"组织人的利他主义分析"、第十一章"组织人是人类合作的基础"、第十二章"组织困境与组织人困境"和第十三章"组织人的经济学可以跨越意识形态"。该部分主要对现有经济学中各种疑难问题尝试做出新的诠释和分析。

虽然组织人理论比经济人更符合实际，但是要将组织人理论运用于经济学的各个领域，还有待于经济学家们共同的努力。我坚信，未来的经济学必定能成为一门科学的理论，能够满足人类改变世界经济命运的真正科学。

希望本书的出版能够引起业内人士的关注与讨论。

谢民

2018 年 5 月

写于浙江衢州

目　录

第一章

导　论

自从经济学成为一门独立的学科以来，经济学家经常将经济学与物理学进行类比，希望将经济学打造成为一门真正的科学。这是基于经济学除了经济思想之外，具体面对并涉及的都是大量的、可以用数据来表述和解释的现实。因此，经济学家相信经济学能够利用数学处理这些数据而成为一门比较精确的科学，就像物理学一样。这种思想在 19 世纪后期到 20 世纪中期经济学出现边际主义革命时期颇为盛行。

长期以来，经济学将自己的目标定位在对资源的稀缺性研究，[1]这种偏爱是因为稀缺性资源所反映的物质财富的经济分析可以运用数学的方法，俨然使经济学更类似于自然学科，而对造成稀缺性的人的行为选择则被描述成单一偏好的"经济人"。

然而，只有经济学家自己明白，"经济学并不是传统意义上的科学，它缺乏实验的方法去检验有关假设。其根源是它的假设是关于个人、群体和社会组织的，而这些研究对象的行为是随时在变化的"。[2]人类行为动机的不确定性和难以运用实验的方法去检验，被认为是经济学致命的两大缺陷。不能否认经济的力量确实对人类行为动机产生了重大的影响。马歇尔就认为影响人类行为的两大要素是宗教和经济的力量。虽然"宗教的动机比经济的动机更为强烈，但是它的直接作用，却不像经济动机那样普遍地影响人类生活"。[3]

亚当·斯密在《国富论》中提出了著名的经济人思想，从此开创了现代经济学的新篇章，经济学的发展也突飞猛进。斯密的后继者们对塑造了人类行为动机最完满的解释就是经济人假设。经济学的大厦就是建立在此基础之上，并成为撑起西方经济学理论大厦的基石。不可否认，新古典经济学的经济人思想成就了经济学"帝国霸业"的同时也埋下了祸根，成为经济学画地为牢的"紧箍咒"。

经济人是一种完全依靠人类自省来确立的假设理论，经历了 200 多年，迄今仍被认为是无法再超越的成就。经济学家相信经济学的命运事实上已经与经济人捆绑为一体，既无法分离，也难以再有超越。如果经济人的假设遭遇颠覆，那么新古典经济学理论的命运也将岌岌可危。

事实也是如此。到目前为止，几乎所有的经济学理论或经济学派都不构成对新古典经济学理论和经济人的威胁或撼动。许多看似意欲颠覆新古典理论并打着范式革命旗号而创立的经济学理论实际上都是对新古典理论的拾遗补阙。到头来还是对经济人的依赖或诠释，反而是在巩固经济人的地位。如近几十年出现的新制度经济学、行为经济学、实验经济学都是如此。

人们其实知道这块基石并非那样稳固，不少人质疑这种假设并未涵盖人类行为动机的全部。卡西尔坦言："必须承认，单靠这种内省的方法是绝不可能全面了解人的本性的。内省向我们揭示的仅仅是我们个人经验所能接触到的人类生活的一小部分，它绝不可能包括人类现象的全部领域。"[4] 泰勒也承认，"我们都明白自己所在的世界并不是由经济人组成的，我们身边都是实实在在的人。经济学家也都是人，所以他们也知道自己所生成的世界不是经济人的世界"。[5] 最为有力的证据就是经济人与现实中的人相去甚远，由此推出的经济学理论与现实经济也存在着一定的差距。一种理论必须能够合理解释现实世界并接受事实的检验才能成为科学的理论。现在的经济学显然无法达到这个标准。

经济学对人类行为的分析存在着非常明显的与现实相脱节甚至背离的事实，这种偏颇引起了理论与实际的差异，最终导致经济学与现实经济之间始终存在着一道鸿沟而难以逾越；造成了经济学存在着致命的"硬伤"，[6] 并逐渐变成了科斯所称的那种脱离现实的"黑板经济学"。[7] 以至于人们会质疑经济学还不能算是一门硬科学，[8] 要迈向真正科学的殿堂还有很长的路要走。

假设在科学研究中的地位是极其重要的。彭加勒认为："大凡科学的真理，对一位肤浅的观察者是无可怀疑的；科学的逻辑是永固的，至于学者们有时会犯错误，那是因为他们不知其中的规则。"[9] 假设是科学研究的基点，这个基点决定了建立在此基础之上的科学大厦是否牢固。这"就生出一个疑问：所有这些建筑在假设上的学问是否坚固，而人们认为它经不起一阵小风便要倾倒。"[9] 正是经济学中至关重要的经济人假设存在严重缺陷，才导致经济学大厦一直处在动荡状态。理论与现实的脱节或背离就是佐证。然而，经济学家们普遍认为这是一种坚固而可信赖的教义，大可不必锱铢必较、吹毛求疵。可事实并非如此。人们质疑经济学还不是或未达到像物理学那样真正的科学或称硬科学，症结就在于此。

　　每一门基础学科的发展历程都像剥洋葱一样需要一层一层地剥去谜团，学科的进步都是后来者踏着前人的足迹一步一个脚印地迈进前行。每一次对之前理论的更新、替代或否定，从而诞生新的理论都会有一个明确的结论或答案。虽然基础学科的难题攻克十分困难，但是经过科学家的努力还是能够不断取得进步的。对于一门成熟的学科而言，一种理论在已经得到实验证实或理论证明之后的正确结论很少会再受到质疑。自然科学的发展就是如此。然而经济学的发展却并未像自然科学的发展路径那样顺畅。最关键的是经济学没有坚实的基础理论或者说根基不稳。泰勒在《"错误"的行为》一书中说道，"问题其实出在经济学家使用的模型上，他们的模型用虚拟的'经济人'代替了真实的普通人。与完全理性的经济人相比，我们人类有很多非理性的行为，所以利用经济学模型做出的很多预测都不准确，造成的后果也比让学生不满严重得多。"[10]

　　应该说物理学中的未解之谜远远超出人们的想象，也绝不会比经济学中的未解之谜更少。西蒙将经济学称为一门"人工科学"，[11] 这是不无道理的。其中的含义十分明确，所有的经济现象都是人为造成的，没有人就没有经济学，没有人的行为就不会产生经济的变化，所有资源稀缺所引起的经济变化都是人的行为直接或间接的一种反映。这也揭示了经济学的本质。显然最大的谜团就是人的行为动机，如果人的行为动机是可以认识或判别的，那么剩下的问题都是可以"人工"解决的，经济学也就可以成为一门显学。

　　事实上，经济学的命运从一开始就注定是与人类行为拴在一起无法分离的。这是经济学作为一门学科的主要研究对象以及目标和任务所决定的。经济学是研究人类行为以及引起经济和资源变化的学科。经济学的基本假设和原理都是建立在人类行为动机的基础之上的，那些被构成是经济学最基础的理论要素，如经济人假设、最大化行为、选择理论、偏好稳定等，事实上都与人类的行为有着密切的关系。确切地说，正是人类的动机行为才导致经济及资源稀缺和配置的变化从而产生了经济科学。因此，能否正确而科学地认识人类行为是直接关乎经济学命运的极其重要的前提。在这方面，马歇尔、哈耶克、米塞斯、诺斯、贝克尔、西蒙等经济学大师都为此做出过重大贡献。

　　20世纪80年代以后兴起的行为经济学就是试图借助心理学来解释或揭示人的行为以期能解开经济学之谜。帕累托相信"政治经济学的基础，或者从更广大的层面来说，每门社会科学的基础显然都是心理学。有朝一日，我们肯定能从心理学原理推导出社会科学的规律"。[12]帕累托的预言为行为经济学提供了想象的空间和拓展的方向，沿着这条思路，行为经济学建立了自己的阵营。只不过，这些努力从未跳出新古典理论的窠臼。行为经济学的兴起只能说明经济学家已经关注并重新认识到人的行为对经济影响的重要性，事实上这又回到了近百年之前的新古典经济学开创者马歇尔的麾下。

毫无疑问，马歇尔的忠告是最应该值得被重视的。"经济规律是关于在一定条件下人类活动的倾向的叙述。经济规律之为假设的，正与自然科学的规律之为假设的意义一样；因为自然科学的规律也包括或暗含种种条件。可是，要弄清楚这些条件，在经济学中比在物理学中的困难更大，如果不弄清楚的话，危险也较大。人类活动的规律，的确不像引力律❶那样简单、明确或者能被清楚地探知；但其中有许多规律可以与那些研究复杂主题的自然科学的规律并列。"[13]

罗宾逊说得很明：没有一种经济学说能够给我们以现成的答案。盲目追随任何理论，都将走入歧途。要想从一种经济理论获得益处，首先必须分清其中宣传成分与科学成分的关系，然后用经验加以核对，看看科学成分有多大的说服力，最后再把它与我们自己的政治观点结合起来。研究经济学的目的不是要得到对经济问题的一套现成的答案，而是学习怎样避免遭受经济学家的欺骗。"[14]

时至今日，经济学乃至整个社会科学还未能解决这一被誉为人类社会科学第一大难题，即人的行为动机的判断。人们无法相信人类行为动机是有一般规律可循的，或者说人类行为动机会遵循某一相对稳定或常态的法则。无论是生物学、心理学、遗传学、社会学、管理学、政治学和经济学都对这种观点给出明确否定的结论，答案是绝对"不可能"。[15]

然而，如果这一难题无法得到解答，经济学就难以成为一门精确科学，社会科学也无法跳出人类自己设置的陷阱。阿吉里斯在《个性与组织》一书中指出"社会科学成熟与否的一个最重要的标志，就是在多大程度上其理论（1）能够真正用来理解（然后预测并控制）人类行为，（2）吸收建立在科学研究基础上的已知成果，以及（3）为进一步探索未知领域提供理论基础。"[16]可见这一难题直接成为社会科学发展的最大障碍。哲学家卡西尔认

❶ 万有引力——作者注。

为，"认识自我乃是哲学探究的最高目标——这看来是众所公认的。在各种不同哲学流派之间的一切争论中，这个目标始终未被改变和动摇过"。[17]蒙田认为："世界上最重要的事情就是认识自我。"[17]

缪尔达尔说过，"社会科学所研究的问题，归根结底，是人的行为。而人的行为，不像天体或粒子的运动那样是永恒不变的。人的行为有赖于并取决于人们生存在其中的生活条件、组织机构所构成的那个错综复杂的复合体，同时也取决于人们在对这些生活条件和组织机构做出反应的过程中形成的态度。""这些现象就不同的地点和不同的人来说，可谓千差万别；它们也是因时因地，表现为不同的、千变万化的可变性与僵化的东西的各种组合。即使是在时间的某一点上，在某一种特殊情况下，这些现象也确实是甚至难以把它们作为事实而给它们下定义、观察和衡量的。"[18]

人类具有自然属性和社会属性两个方面。这是古今中外的思想家和科学家达成一致的观点。科学家探索研究人类行为动机一般也都从这两个方面展开。自然科学注重从生物学个体本能动机的诱因要素以及基因学的分析；而社会科学强调的是社会及外部环境等因素的重要性。虽然二者都具有各自独立的体系，能对人类行为动机进行解释的理论，但是就经济学而言，后者明显不足而落后于前者。经济学为建造自己的大厦从200多年前开始创造出伟大的"经济人"思想，就是从人的自然属性开始的，认为自私自利是人的本能反应，近乎一种自然状态。斯密的伟大之处就在于发现了每个人的这种自利本能行为反而会促进社会的整体福利的提高和财富的增长。于是，经济人就成为经济学的基石，之后便不再有实质性的突破和进展。

可以说经济人的发明是经济学家的功劳，而要证明经济人就只有通过人的自然属性的特征来实现。因此，只有从生物学、心理学，甚至基因学或人的自省来证明人的自私的本质。虽然大家承认这个基石并不十分完美，但是，正如罗尔斯所言，"允许我们默认一种有错误的理论的唯一前提是尚无一种较好的理论"。[19]经济学的现状就是如此。经济人最大的缺陷或错误就是忽略甚至漠视人的社会属性，把所有的外部环境条件和社会因素都看成是外生变量，无法纳入模型之中。

对于人与社会的依存关系，只要具有敏锐眼光的大师们都能观察到这种无法分割的现实。爱因斯坦在《我的世界观》中就明确提出这种社会和个人的关系，"一个人如果生下来就离群索居，那么他的思想和感情中所保留的原始性和兽性就会达到我们难以想象的程度。个人之所以成为个人，以及他的生存之所以有意义，与其说是靠着他个人的力量，不如说是由于他是伟大人类社会的一个成员，从生到死，社会都支配着他的物质生活和精神生活"。[20]"不必深思，从日常生活中就可以明白：人是为别人而生存的。首先是为那样一些人，他们的喜悦和健康关系着我们自己的全部幸福；然后是为许多我们所不认识的人，我们的命运通过同情的纽带同我们紧密结合在一起。"[21]

事实上，这些现实的问题已经引起赫伯特·西蒙的高度关注，人类行为和理性选择一直是西蒙研究的重点。他希望能够找到人类"理性选择的行为模型"以解决经济学和管理学中的问题。西蒙认为，经济学"当前面临的任务是将经济人的全局理性替换为另一种理性行为，这种理性行为和组织（包括人）在其所存在的环境类型中与实际所拥有的对信息的掌握和计算能力相容"。[22]由于目前"缺少建立权威性理论所需要的关于决策过程的各种经验知识，现实世界的确切事实在当前阶段只有通过相对不系统、不严格的方式进入理论。然而我们没有一个人会完全忽视对人类选择的总体特征的了解，或者是这种选择发生所处的环境的广泛性质"。[23]西蒙显然已经认识到组织和环境对人的行为选择所产生作用的重要性，可是目前正如他所说的，只有"不系统、不严格的方式"被引入理论；而且"人们倾向于转向心理学的文献来寻找答案"。[23]

对人类行为的经济学分析造成最大的困难莫过于从人类社会属性的一面对人的影响所产生行为的变化规律而进行有效的分析。人们都承认社会及组织等外部环境对人的行为具有重大影响或干扰，有时甚至起决定性的作用。但是，如何才能反映这种相关性和规律性就成为经济学分析的最大困难。理论界对于人的社会属性有许多表述，如"政治人"[24]"社会人"[25]"管理人"[26]"制度人"[27]"计划人"[28]"知识人"[29]"文化人""非自然人"[30]等。这些表述虽然都是反映人类社会属性的特征，但是难以做到罗宾逊夫人曾经说过的要"易于处理"，[31]因而这种障碍始终无法满足经济学分析的条件依据。布坎南认为，"从经济学主题应有的定义来看要跨越个人或个人单位与'社会'集体之间的桥梁是不容易的。原则上讲，正如大多数经济学家在试图跨过这座桥时所完全承认的：这是一座很难跨过的桥。"[32]张五常说得更为直白，"在攀登这座高峰时掉下去的高手如云，应该不足为奇，因为它是经济学最基础的问题，现在的经济学家大多已经不做这个题目。"[33]可见其难度之大，犹如研究物理学家想发明永动机那样困难。对于讲究经济效用的经济学家来说，放弃这种毫无希望的研究无疑是一种明智的选择，一名职业经济学家绝不会将自己陷于这种绝境之地。

斯莫林认为，"并非所有科学家都是探险者，多数都不是。但在每个科学分支领域，都有那样的科学家，渴望了解学科最基本的真理……这些基本问题很难回答，也很少有直接的进步。只有很少的科学家能耐得住那样的寂寞。这是最冒险的事业，但也有最大的回报：一旦有人回答了学科基础的某个问题，就将改变我们知道的一切"。[34]

经济学面临的正是这种最基本的问题困扰。一旦能取得突破性的进展，必然会改变经济学的命运。本书就是试图破解这一难题而做出努力的一种尝试。

人的社会属性所表现出的最基本的特征是"一个人不能离开其他人而生存"。[35]即人无法脱离社会而生存，或者说世界上还没有脱离社会组织而能够生存的"单个人"，[36]即使有也毫无意义可言。这一观点是科学家们普遍认同的基本共识。

笔者发现，人的这种社会属性还表现为人的行为除了满足其生物个体自身需求以外，其他行为都会始终与社会某个特定的组织有着必然的联系和关系。我把人所具有的这种独特的社会组织属性称为"组织人"。从本质上来说，社会组织对人的行为更有影响力。现代社会中组织才是影响人类行为动机的最强烈、最频繁、最基本的动力，即使经济行为也不例外。这是一种社会组织对人产生作用，同时人又反作用于社会组织的双向关系。这才是人的行为动机的全部内容的真实反映。我相信，这一发现揭示了人的行为动机的本质，以及人的社会属性所引起的人的行为造成经济变化的根源。我相信，不久的将来经济学乃至整个社会科学将会掀起一场暴风骤雨般的革命。

本书阐述的组织人理论就是揭示人的行为与社会组织之间的各种关系变化的规律，这种规律所反映出的人的行为是一种基本趋向确定的选择。这无疑是一种新的发现或更像是一种理论发明。试图对人类行为做出全新的诠释和分析以填补之前经济学解释力的不足。毫不夸张地说这将会是一次对经济学基础理论产生颠覆性的革命，是经济学的一次涅槃重生，似乎在印证科尔曼的断言，即"发现经济学真理的唯一途径是把经济学全部扔掉再重新开始"。[37]

奥尔森说过："世界上一门充满缺陷的学科经过改进而获得成功也是不乏先例的：有许多原来被人们认为无法实现的技术，经过发展不仅成为现实并且得到应用。经济学也一样，虽然目前受到种种指责，也可能由于采用了新的概念就能解释过去无法说明的问题。"[38]本人阐述的组织人理论正是填补和改进经济学基础理论的缺陷和错误，犹如物理学中相对论理论替代经典力学之解释力的不足。组织人的行为模型是可以用经济学证明的，但它同时也适用于非经济领域，也是社会科学的基础。适用于所有对社会科学的分析，如对管理学、社会学和政治学等有着重要意义。对经济学而言，这是一次对新古典理论产生颠覆性的革命，按照库恩的说法就是一次范式革命。

毫无疑问，组织人的提出是经济学理论的一次重大推陈出新，是对人类行为做全新的理解和分析，足以填补之前经济学和整个社会科学在这一领域的缺陷和空白，极大地改善经济学理论与实际相脱节的现状；能在一定程度上解释目前经济学无法解释的难题；有助于指导人类对经济学的分析和控制，制定切实有效的经济政策和制度，防范经济风险，提高经济预测能力，并可以在一定范围内提供经济学的实验检验。

组织人替代经济人是人类看到的在科学发展史的道路上，爱因斯坦相对论对牛顿理论更替革命的又一次成功范例。也是经济学试图参照物理学的革命苦苦等待了一百多年的梦想和夙愿得以成真。

组织人的经济学是以组织人作为基点，分析人类行为变化对经济及资源配置所产生的影响。用组织人代替经济人作为经济学的基石，意味着从亚当·斯密开创的以经济人为核心思想的主流经济学延续至今需要做出重大修正或更改。这一理论能否成立还有待人们去检验或证实，但是要真正建立起完整的组织人的经济学体系，覆盖之前所有经济学领域，将是一项浩大的工程，还需要经济学家们共同努力。我坚信，未来的经济学必定是组织人的经济学。

为了便于准确理解组织人理论，本书采取循序渐进的方式展开论述。我们有必要对传统主流经济学或新古典经济学的研究对象和经济人假设以及局限性做进一步梳理和回顾。

参考文献

[1] 莱昂内尔·罗宾斯. 经济科学的性质和意义 [M]. 朱泱, 译. 北京：商务印书馆, 2007.

[2] 布雷特. 经济学家的学术思想 [M]. 孙琳, 等译. 北京：北京大学出版社, 2004：3.

[3] 马歇尔. 经济学原理：上册 [M]. 朱志泰, 译. 北京：商务印书馆, 1997：23.

[4] 恩斯特·卡西尔. 人论 [M]. 甘阳, 译. 上海：上海译文出版社, 1985：2.

[5] 理查德·泰勒. 赢者的诅咒 [M]. 陈宇峰, 曲亮, 等译. 北京：中国人民大学出版

社，2007：2.

[6] 多迪默，卡尔特里耶. 经济学正在成为硬科学吗？[M]. 张增，译. 北京：经济科学出版社，2002：11.

[7] 科斯. 论生产的制度结构 [M]. 盛洪，陈郁，译校. 上海：三联书店，1994：352.

[8] 艾克纳. 经济学为什么还不是一门科学 [M]. 苏通，等译. 北京：北京大学出版社，1990：2.

[9] 彭加勒. 科学与假设 [M]. 李醒民，译. 北京：商务印书馆，1989：4.

[10] 理查德·泰勒. "错误"的行为 [M]. 王晋，译. 北京：中信出版社，2016：4.

[11] 赫伯特·西蒙. 人工科学 [M]. 武夷山，译. 北京：商务印书馆，1987.

[12] 理查德·泰勒. "错误"的行为 [M]. 王晋，译. 北京：中信出版社，2016：卷首语.

[13] 马歇尔. 经济学原理：上册 [M]. 朱志泰，译. 北京：商务印书馆，1997：58.

[14] 琼·罗宾逊. 马克思、马歇尔和凯恩斯 [M]. 北京大学经济系资料室，译. 北京：商务印书馆，1964：31.

[15] 卢瑟福. 经济学中的制度：老制度主义和新制度主义 [M]. 陈波，郁仲莉，译. 北京：中国社会科学出版社，1999：41.

[16] 克里斯·阿吉里斯. 个性与组织 [M]. 郭旭力，鲜红霞，译. 北京：中国人民大学出版社，2007：5.

[17] 恩斯特·卡西尔. 人论 [M]. 甘阳，译. 上海：上海译文出版社，1985：3.

[18] 冈纳·缪尔达尔. 反潮流：经济学批判论文集 [M]. 陈羽纶，许约翰，译. 北京：商务印书馆，1992：127.

[19] 罗尔斯. 正义论 [M]. 何怀宏，等译. 北京：中国社会科学院出版社，1988：2.

[20] 爱因斯坦文集：第3卷 [M]. 许良英，等编译. 北京：商务印书馆，1977：38.

[21] 爱因斯坦文集：第3卷 [M]. 许良英，等编译. 北京：商务印书馆，1977：42.

[22] 赫伯特·西蒙. 西蒙选集 [M]. 黄涛，译. 北京：首都经济贸易大学出版社，2002：206.

[23] 赫伯特·西蒙. 西蒙选集 [M]. 黄涛，译. 北京：首都经济贸易大学出版社，2002：205.

[24] 亚里士多德. 政治学 [M]. 吴寿彭，译. 北京：商务印书馆，1997：7，8.

[25] 马克思、恩格斯全集 [M]. 中共中央马克思、恩格斯、列宁、斯大林著作编译局马恩室，编译. 北京：人民出版社，1993：8.

[26] 西蒙. 管理行为 [M]. 杨砾，等译. 北京：北京经济学院出版社，1988：9，21.

[27] 杨春学. 经济人与社会秩序分析 [M]. 上海：上海人民出版社，1998：113.

[28] 韩庆祥，宫敬才. 计划人与市场人 [M]. 北京：当代中国出版社，1995：7.

[29] 兹纳涅茨基. 知识人的社会角色 [M]. 郏斌祥，译. 南京：译林出版社，2000.

[30] 布坎南. 经济学家应该做什么？[M]. 罗根基，雷家骕，译. 成都：西南财经大学出版社，1988：76.

[31] 科斯. 企业、市场与法律 [M]. 盛洪，等译. 上海：三联书店，1990：1.

[32] 布坎南. 经济学家应该做什么? [M]. 罗根基, 雷家端, 译. 成都: 西南财经大学出版社, 1988: 6.

[33] 陈惠雄. 快乐原则 [M]. 北京: 经济科学出版社, 2003: 136.

[34] 斯莫林. 物理学的困惑 [M]. 李泳, 译. 长沙: 湖南科学技术出版社, 2008: 1.

[35] 扎斯特罗. 人类行为与社会环境 [M]. 6 版. 师海玲, 孙岳, 等译. 北京: 中国人民大学出版社, 2006: 14.

[36] 笛福. 鲁滨孙漂流记 [M]. 徐霞村, 译. 北京: 人民文学出版社, 2000.

[37] 威廉·奥利弗·科尔曼. 经济学及其敌人: 反经济学理论 200 年 [M]. 方钦, 梁捷, 译. 上海: 上海人民出版社, 2007: 10.

[38] 奥尔森. 国家兴衰探源: 经济增长、滞涨与社会僵化 [M]. 吕应中, 等译. 北京: 商务印书馆, 1999: 1.

第二章

经济学研究发生的变化

自 20 世纪中叶以来，经济学研究悄然发生了一些变化，有以下几种趋势：一是从原来同时注重人和资源及财富的研究转变为偏向单纯研究资源及财富。这种转变是一种非常严重的失误，将经济学研究引导偏离正确的轨道，陷入无法自拔的境地，而且大有愈陷愈深的危险。二是数学在经济学中的地位处于绝对优势。三是兴起以自然科学为基准点向经济学领域扩张延伸，跨学科研究成为时尚潮流。例如，从生物学、心理学、遗传学、基因学、伦理学等延伸向经济学领域，形成一批新兴经济学科，如行为经济学、实验经济学、伦理经济学、信息经济学等。

经济学研究对象的变化可以在一定程度上理解为主流经济学存在较严重的缺陷，以至于经济学家相信依靠自身的力量还难以达到修复缺陷的目的。因此，只有或不得不借助于其他学科的力量来完成经济学自己的目标。

一、经济学研究对象的转变

经济学作为一门独立的学科至今还没有一个完整的并能取得共识的定义，每个经济学家都有自己的理解和表述，即使主流经济学也是如此。"大家都谈论相同的事情，却对正在谈论的是什么意见不一。"[1]纵观所有经济学教科书都没有一个统一的定义，研究的方向和侧重点也都各有差异。从西方主流经济学来看，新古典经济学开创者马歇尔认为"经济学是一门研究财富的学问，同时也是一门研究人的学问"。"政治经济学或经济学是一门研究人类一般生活事务的学问；它研究个人和社会活动中与获取和使用物质福利必需品最密切相关的那一部分。因此，一方面它是一种研究财富的学科，另一方面，也是更重要的方面，它是研究人的学科的一个部分。"[2]"经济学是一门研究在日常生活事务中过活、活动和思考的人们的学问。但它主要是研究在人的日常生活事务方面最有力、最坚决地影响人类行为的那些动机。"[3]马歇尔的观点非常鲜明而确定，研究人和财富就是经济学的全部，但是这一思想并未得到西方主流经济学的传承。

萨缪尔逊的《经济学》教科书自1948年出版以来，至2013年中译本发行第19版，时间长达近70年。在1999年该书第16版出版时就号称发行量达到1000多万册。[4]可以说萨缪尔逊的《经济学》代表了西方主流经济学的思想，其本人也是新古典综合派代表人物。萨缪尔逊在给经济学的概念下定义时就出现了这种明显的变化。在该书第10版中对经济学的定义表述为："经济学或政治经济学研究人与人之间用货币或不用货币进行交换的种种有关活动"[5]。在该书第12版中提出"经济学研究的是人与人之间与生产和交换有关的种种活动"。[6]之后紧接着就改为："在经济学的许多定义中，目前最流行的一个定义是：经济学研究我们如何进行抉择，来使用具有各种可供选择的用途的、稀缺的生产资源来生产各种商品。"[7]而到了该书第14版这种表述就成了"经济学探讨生产什么物品、如何生产这些物品和为谁生产这些物品"。[8]这里就把研究"人与人之间"的问题给删除了，不再提及经济学研究人的问题了。到了该书第18版就直接表述为"经济学研究的是一个社会如何利用稀缺的资源生产有价值的商品，并将它们在不同的人中间进行分配"。"这个定义的背后隐含着经济学的两大核心思想，即物品和资源是稀缺的以及社会必须有效地加以利用。"[9]曼昆认为"经济学研究社会如何管理自己的稀缺资源"，并把经济学研究的中心思想概括为"经济学十大原理"。[10]

对经济学定义的改变，说明主流经济学在研究方向上发生了明显的变化。确切地说，经济学研究方向的转变主要是受到罗宾斯的影响，罗宾斯认为："物质的稀缺性是对行为的一种限制。"[11]"经济问题就是一种资源配置问题，由于资源稀少就必须配置，就必须选择。"[12]罗宾斯从资源的稀缺性推导出选择和资源配置的重要性。于是，经济学的主题就变成了研究资源的稀缺性和如何选择配置的问题。这种观点对主流经济学产生了重大的影响。从此，经济学中资源配置和如何选择就成为经济学分析的工具和方法，原本极为复杂的人的行为动机却被简单地假设为经济人，即最大化、理性和偏好稳定。这种简单化、固定化和程式化的设定就为经济学基础理论埋下了隐患。

从此，经济学的研究重点逐渐转向那种被称为工具和手段的分析。汉普登-特纳和特龙佩纳斯就曾表示过不满，"为了追求科学的理想，经济学只研究人们使用货币的交易活动，而不去探索经济活动背后的理由或动机。甚至因此也把研究范围设定为与特定制造活动或技术无关的课题，只重视与货币有关的交易逻辑。"[13]

应该说罗宾斯的稀缺论是一种本末倒置的逻辑思维，不是因为资源稀缺才需要选择，而是由于人的选择才导致资源的稀缺。人的选择才是问题的主要且关键因素，人的选择反映的正是人的行为动机的特征，没有人的选择就不会造成资源稀缺，也无所谓稀缺。不能由于某些自然资源的稀少而导致人的选择竞相追逐，就可以颠倒缘由或混淆主次。钻石和铂金的稀少是因为人有需求选择，因此才显现出资源稀少的事实。而自然界中稀缺的矿石或资源有无数多的品种，由于人们对它们并不感兴趣，也就没有体现出它的稀缺性。或者说它们的稀缺性和人的选择没有必然关系，经济学稀缺性原理自然也就延伸不到那里。

不可否认，正是人的行为动机决定了人的选择才会引起资源的变化或稀缺性，这一观点是可以通过检验或证实的。因为人的行为动机受到了社会环境、民族习俗、生活习惯、文化教育、历史背景等诸多因素的影响。如果说今天经济学可以用钻石和珀金来解释稀缺性，那么，在古代以及未来或不同民族和国家就未必能够解释。今天丹麦的"生蚝灾难"❶ 就足以证明稀缺性是颠倒因果关系的误判。海滩上生长生蚝是自然现象，本身并无多和少的标准概念，因为丹麦人对生蚝没有需求的喜好和愿望，所以面对大量的生蚝产生畏惧而成为灾难；中国人从不惧怕"生蚝灾难"，还求之不得呢。从未听说过有某个地方鱼多成为灾难，这正是消费习惯的不同导致人的行为选择的差异而引起资源的变化。

经济学颠倒因果关系不是毫无理由的，经济学家中不乏哲学家、逻辑学家、数学家等大师，他们不可能不知道这种常识性的错误。只是缘于决定人的选择的行为动机无法对"因"做出确定性的判断，于是只有转向"果"的研究，毕竟"果"也是一种事实真相，只是真相背后的原因始终不得其解。从科学研究方法论来说，研究从"因"到"果"是一种路径方法，研究从"果"到"因"也是一种路径方法。选择何种路径不是问题的关键，关键是要能够揭示事物的真相和得出科学的结论。由于现实经济变化无常，经济学无法及时破解难题、揭露真相，更不可能预防或阻止灾难的发生。每次遭遇经济危机都是一次深刻的教训，2008 年的国际金融危机还记忆犹新。不断出

---

❶　2017 年 4 月 24 日，丹麦驻华大使馆发布了一篇题为《生蚝长满海岸，丹麦人却一点也高兴不起来》的微博。

现的经济危机足以证明今天的经济学理论从"果"到"因"的路径探寻已经遇到了重大困境，如果不改弦易辙，就无法摆脱困境和被动的局面。

布坎南对罗宾斯的观点持不同的意见，他认为"他（罗宾斯）的过多的劝告性的描述，不是推动着而是阻碍着科学的进步"。[14]"应当将'市场理论'置于核心地位而不是将'资源配置理论'置于核心地位。""我希望他们集中注意'交换'，而不是'选择'。"[15]"通过交换或交易来谋取相互利益。这就可能需要通过不同的社会组织来获取相同的利益，这种不同的社会组织就是进行合作行动的结果，这些社会组织可能是简单的也可能是复杂的。以上所述是我们学科中的一项重要原理。没有比它更重要的原理了，那种按传统观点将求最大值标准置于重要地位也称为'经济学原理'的，这是把重点搞错了。"[16]

"新古典革命最大的代价是，远离乃至丧失了人作为经济学分析对象的主体地位。"[17]布坎南认为，"在我们看来问题很简单，政治经济学不过意味着向古典政治经济学家们原来位置的返归。……高等学府经济学课程设置所忽视的正是这种经济学的基础。"[18]奈特曾经说过："在我看来，在基本概念的含义和重要性方面，马歇尔先生比其他人做得更好。"[19]因为马歇尔强调在经济学中研究人和财富是同等重要的地位，不可顾此失彼而有失偏颇。约翰·内维尔·凯恩斯就提出"政治经济学作为实证科学，经常被简略地定义为关于财富的科学；这个定义有直接和简明的优点。这个定义似乎有这样的好处：它说明政治经济学所关注的既不是物理现象，也不是心理的或政治的现象，而是产生于人与人之间的社会关系中的人类活动。为更清楚地表达这一点，政治经济学可以定义为研究产生于人类社会经济活动中的现象的科学"。[20]

"由于抽掉了人本特征主筋骨，可以说现代经济学侧重解决资源配置，但在激励人的方面却频露窘态，因为它根本不能解决信息对称和机制公平方面的问题，是一种自闭的理论体系。自己就是自己，永远不会是别人，不可能像知己一样了解他人，现代经济学对此表现出无奈，干脆就抽掉和舍弃人的差异。人的行为属性是自然属性和社会属性的统一。"[21]

对于经济学定义的这种改变可以反映出现代西方经济学整体的研究方向发生变化的一种趋势，表面上看这种变化并不起眼，似乎对经济学的研究并无大碍，但是实质上这种变化趋势所造成的后果无疑是极其危险而有害的。不仅使理论经济学自动放弃研究领域的半壁江山，而且将经济学推入"无源之水，无本之木"的境地，造成经济学脱离现实越来越远。

如果说这种转变是因为经济学对人的行为动机研究已经达到完全"透彻"的程度，或已经无须进一步研究，那么也就无可厚非。但事实并非如此。如果是面对现实无法解决的难题而产生退缩或回避，知难而退或另辟蹊径，那就有问题了。不得不承认，理论经济学对人类行为动机的复杂性表现出一种束手无策的无奈，无法从这种窘迫的困境中发掘出对经济学分析有价值的贡献，还是永远困在经济人的巢穴中无法逃出。马歇尔就调侃过，"若是十分正确的话，经济学早就与最先进的自然科学并列了；而不会像现在这样与最不先进的并列了。"[22]

经济学犹如一幅美丽的建筑图纸，气势宏大，结构严谨，逻辑缜密，计算科学，就图纸本身找不出任何破绽和缺陷。但是如果要将这幅图纸付诸实施，却十有八九会出现轰然倒塌的结局。因为建在沙丘之上的建筑物和建在山丘之上的建筑物所要求的外部环境是完全不同的。经济学无法告诉你为什么不同的原因和理由，只有当出现建筑物倒塌之后，经济学才能真正发挥它的专业科学的作用。这就是布坎南所说的"研究经济学不会使你脱离领救济食物的穷人队伍，但是最低限度会使你了解你为什么会站在那个队伍中"。[23]经济学不能总是要到明天才会知道为什么昨天预言的事情在今天没有发生，总是作事后诸葛亮。

其实，经济学家早就意识到"对于假设的经济学的'科学性'特征存在广为人知的怀疑。确实，这种不信任有合理的基础"。[24]没有人能真正用经济学的美丽图纸建造出具有安全性的富丽堂皇的大厦。现实经济危机的冲击无时无刻不在威胁着大厦而使之面临崩塌的危险。经济学从来就没有相信过这种不具有危险性的神话，只是经济学家都明白，"在一定程度上我们还必须沿着我们学科的同事们所确立的关于经济学职能含义的道路走下去。一门学科的建立和发展有些像语言的出现和发展一样，尽管你认为实际上现在的研究方向是错了或者造成了思想上的混乱，但我们还必须用它来进行互相交流。"[25]这就是当今经济学所面临的尴尬处境。

二、经济分析工具和手段的进步

自从 20 世纪 30 年代边际革命将数学大量引入经济学的分析中，[26]经济学高地就逐渐被数学占领，现在数学在经济学中的地位已经处于绝对优势。经济学家相信唯有数学才能改变经济学的命运，事实也可以证明确实不负众望。"关于经济学的科学性质问题，要比其他任何一个社会科学学科提出得早，并且也要明确得多。"[27] "经济学家从来没有放弃过对科学地位的追求。"[27] 数学成就了经济学帝国的霸业，而且还大有独立支撑甚至取代经济学之势。研究数学转行经济学的人已不在少数，而且还优势明显，就足以证明这一事实。而且，数学还把经济学推上了社会科学的至尊宝座，并为经济学争夺社会科学的皇冠立下汗马功劳。

熊彼特认为，科学"这个名词常指数理物理学。显然这就排斥了所有的社会科学，也排斥了经济学。如果我们规定使用与数理物理学相类似的方法是科学的特点，那么整个经济学就不是一门科学。在这种情况下，经济学中只有一小部分是'科学的'。再说，如果我们按照'科学就是计量'这句口号给科学下定义，那么经济学中有些部分是科学的，其余部分就不是了"。[28] 显然数学已成为经济学能够进入科学殿堂的唯一希望。

"一切数学的真理，是用了一连串正确的推理从少数明显的命题推演出来的；不但我们不得不服从这些真理，就连自然界本身亦复如是。"[29] 经济学家坚信能够把数学作为工具和方法运用到社会科学的研究中以达到尽量符合科学性和客观性的要求。致力于将经济学打造成向精确科学的方向发展，以实现向自然科学靠近的夙愿。马歇尔认为"经济学比别门社会科学的有利之处，似乎是由下一事实产生的：它的特殊的工作范围，使它比其他任何一门学问具有采用精密方法的较大的机会"。[30] 奈特说过，"经济学，更确切地说是理论经济学，是唯一有可能成为一门精确科学的社会科学。作为一门精确的科学，它享有科学的殊荣，但也必定具有科学的局限性，因此，它也会变得像数学和物理学那样抽象……虽然经济学不可能变得像物理学那样精确，但它还是可以具有适度的精确性。"[31]

经济学家从未放弃过这种努力不是毫无根据的，事实上"像当代所有的经济学理论学术期刊中所看到的那样，数学化在今天获得了巨大的成功"。[27] 精确的科学方法和数学已经在大量的经济学文献中得到运用，从某种程度上说，支撑经济学走路的两条腿中，其中一条腿就是代表精确科学方法即数学的广泛运用，以弥补或掩盖另一条腿即经济人的缺陷和不足。不可否认，在社会科学中，也只有经济学这样广泛地使用数学，数学不仅是一种工具，它已经成为经济学不可分割的一部分。

布坎南坦言："经济学理论转向应用数学的训练而不是转向作为交换科学的经济学。"[32] 不得不承认，经济学研究方向的转变为数学敞开了大门，如果是纯粹对资源和财富的研究，不可否认数学所能发挥作用的重要性，正是从这个方面一度使许多经济学家相信未来数学足以喧宾夺主而取代经济学，也使得许多经济学家为经济学的前景和命运而担忧。

爱因斯坦明确提出："数学仅涉及概念间的相互关系，而不考虑它们与经验之间的关系。物理学也涉及数学概念，但是只有当清楚地确定了它们与经验对象的关系之后，这些概念才获得物理内涵。"[33] 虽然物理学也可以说是数学的天下，但是物理学家从不会有顾虑或相信有一天数学会替代物理学；工具永远都是工具而不可能喧宾夺主。数学的运用正是表明一门学科朝着精确科学方向发展的趋势，这是一门科学成熟的标志。应该说，经济学的担心不是杞人忧天，而是缺乏自信的写照，是经济学教育的误导。布坎南曾勉励大家说："我们不需要害怕数学家，正如我们不怕逻辑学家、语言学家或小提琴演奏家那样。与这些专家相比，我们可以率直地承认我们是受训练准备去做而且正在从事不同的事情。与数学家相比也同样。在政治经济学中需要的方法论革命必须抛弃数学观点以摆脱畏惧；如果不修改这种数学观点，我们将老是成为经济学家兼数学家的奴隶。"[34]

一般认为，"在社会科学中，经济学居于特殊的地位，事实上，人们往往认为它位于社会科学与自然科学的中间地带。"[27]这种将经济学介于"中间地带"的认识是符合实际情况的。经济学既研究人的问题，同时又研究人的行为所导致资源和财富的变化，二者缺一不可。数学对后者的研究所发挥的作用是不可或缺的。关键是这里有一个重要的前提条件，就是经济学要相信人类行为动机就像是力学中的物体运动那样，所有的摩擦系数都是可以测定并且是一个相对固定的数值。即所有外在相关因素的影响都是已知的或确定的，而不是未知的或不确定的。只有在已知的条件下，数学的结论才是可信、可知、可靠的。

经济学中的数学运用一直长盛不衰，经济学家有偏爱使用工具和手段的喜好，而且经济学的复杂模型可以掩盖或混淆对经济现实判断的失误而难以被识破的风险。因此，经济学转向数量经济分析、工程经济分析、生物经济分析、心理经济分析、实验经济分析甚至伦理经济分析等成为热门就不足为奇了。即使经济分析计算不一致也无关紧要。"在经济学的许多领域里，各种计量经济学的研究得出互为矛盾的结论，虽有可用的资料，却经常没有有效的方法来确定哪个结论是正确的。因此，各种互相矛盾的假说有时会继续共存数十年或更长的时间。"[35]

人们都明白一个道理："数学本身不能创造任何经济理论，不能创造任何经济范畴和经济规律。""在数学这个磨盘中，你放进小麦，可以磨出面粉；你放进草籽，就绝不会磨出同样的东西。"[36] "从错误的前提出发，不管用了多少数学和多么复杂的数学，都不可能得出正确的结论。"[36] "数学可以给错误的经济理论披上科学的外衣，使读者不易识别它的伪科学性，但不可能赋予错误理论以科学的内容。"[36]埃思里奇说得更为明白，你会想起这样一句格言："数字没有说谎，但说谎者在使用数字。"[37] "不能因为我们有能力对大量数据进行处理，就可以确保这一过程的结果是正确的、有用的、有效的或可靠的。"[38]即使在物理学中，同样在自由落体运动中普遍可以忽略不计的空气摩擦阻力对羽毛和铁球所产生的作用最后造成的下坠结果也是完全不同的。[39]更何况是生活在现实社会中有欲望、有需求、有感情的活生生的人类。

2008年的世界经济危机发生以后，英国伦敦经济学院两位教授在致信女王访问时提出的问题中回答道："尽管使用了国内外最优秀的数学头脑，但风险计算通常被限制为金融活动的枝节。这也使得这些数学家常常只见树木，不见森林。"之后十位教授联名提出了不同的观点，"信中并没有考虑到对数学技术的偏好胜过对真实世界物质的偏好是怎样使经济学家偏离了对大局的观察的。""我们相信，对经济学家狭隘的培养，即只关注数学技术工具和构建无约束的正式实证模型，成了我们这个职业失败的主要原因。""一些前沿经济学家，包括诺贝尔奖获得者罗纳德·科斯、米尔顿·弗里德曼及瓦西列·里昂惕夫都抱怨说最近几年经济学几乎已成为应用数学的一个分支，并已脱离了真实世界中的机构和活动了。"毫无疑问，经济学家认为过于重视数学作为工具的作用，而忽视现实经济是造成经济危机的一个重要因素。现在的"研究生教育可能会有培养出一代太多精通技术工具但却对真实经济事件一无所知的白痴学者的担忧"。这次经济危机的发生又一次证明并给经济学家敲响了警钟：数学绝不可能替代经济学，也绝不可能改变经济学的命运。

事实上，经济学有许多问题并不是依靠数学就能解决的，数学的优点或长处有其明显的局限性。"不是所有的对象都可以做这样的处理。有些事物由于它们的微妙性和无限多样性，使得对之进行逻辑分析的一切尝试都会落空。……这种东西就是人的心灵。人之所以为人的特性就在于他的本性的丰富性、微妙性、多样性和多面性。因此，数学绝不可能成为一个真正的人的学说、一个哲学人类学的工具。把人说成仿佛也是一个几何学的命题，这是荒谬的。"[40] "要认识人，除了去了解人的生活和行为以外，就没有什么其他途径了。"[41]

正是由于人的行为动机的反复无常才使得经济学家也在变幻莫测中寻找扑朔迷离的答案，得出似是而非的结论。虽然经济学家相信绝大多数的经济学原理和经济学的分析是值得信赖的，但是面对时刻都有可能发生的全球性的经济危机，人们难以做到防患于未然。

不可否认，现代经济学犹如一条腿加一根拐杖在行走着，一条腿就是人的自然属性的经济人，拐杖就是数学工具。事实上，统计学、概率论、博弈论等精确的数学分析方法以及大量的数学模型在经济学文献中得到广泛的运用，从某种程度上来说，已经充当起支撑经济学走路的第二条腿，但即使再好也不过是条假腿。而经济学需要的是属于自己的真正的腿，可惜人的社会属性的理论还未被人们所发现和运用。组织人理论将会弥补这一缺陷。

三、以自然科学为基准点向经济学延伸扩张

经济学基础理论的缺陷导致根基不稳严重阻碍了经济学的发展。由于对经济人假设的质疑并非只是少数，为了寻求破解难题之法，人们迫切希望理论研究有所突破，以改变经济学的被动局面。于是出现了许多采用从自然科学或者实验的方法开展跨学科的延伸研究。20 世纪 70 年代以后，以自然科学为基准点向经济学延伸分析成为热门。许多借助生物学、心理学、伦理学、遗传学、基因学等作为基础证据被引入经济实证分析当中，从而产生了许多经济学新理论，如超经济人分析理论、行为经济学、生物经济学、实验经济学、伦理经济学、演化经济学、家庭经济学等，这些经济学科的发展无疑是对经济学理论的重大贡献。

理查德·泰勒在《"错误"的行为》扉页中引用帕累托的一段话表明经济学家对生物学和心理学的依赖。帕累托认为，"政治经济学的基础，或者从更广大的层面来说，每门社会科学的基础显然都是心理学。有朝一日，我们肯定能从心理学原理推导出社会科学的规律。"这一观点被许多经济学家接受。与其说是信以为真，不如说是无法找到反驳的理由而顺应接受而已。正是由于帕累托的误导，加上经济学自身基础理论的根基不稳，以致许多经济学家相信要解决经济学的难题，唯有寻求心理学或生物学的帮助才能走出困境或迷宫。最近十几年行为经济学和实验经济学的兴起反映出了这种心理学信念的趋势。

戴蒙德认为："在过去的十多年里，行为经济学从根本上改变了经济学家概念化这个世界的方式。由于相关的人类行为特征在标准经济学框架下难以

得到解释，而行为经济学拓展了标准经济学框架，从而为该问题的解决开辟了道路。"[42]事实上，如何对待"标准经济学框架"才是经济学的关键所在，显然，"标准经济学框架"存在致命的缺陷，行为经济学家不遗余力地试图修复和完善这个框架，所有修修补补的努力都将会面临于事无补的结局。因为所有的经济学理论，包括最新的行为经济学、制度经济学等前沿学科，都无法触及"标准经济学框架"的核心内核，自然也就无法提出对框架的修复和完善。任何对比萨斜塔的修复工程所付出的努力都只会得到一个结局，那就是避免斜塔进一步倾斜或倒塌，而不可能将其矫正。到目前为止，经济学家对"标准经济学框架"的修复亦也如此。因为，经济学大厦在建立之初就如同比萨斜塔在完工之时一样，这自然就给经济学家们制造了一个难以识别的假象，以至于长期以来人们竟然不知经济学大厦是处于"倾斜"还是"竖直"的状态。即使少数经济学大师们知道这个缺陷，也由于无法找到正确答案而作罢。更多的追随者认为经济学本该如此。经济学最大的不幸就是到目前为止还没有找到真正正确的坐标，犹如不知海平面的高度就无法确立和比较建筑物的高低一样。没人知道"标准经济学框架"究竟是何样的，应该是何样的。重要的是我们知道现有的"标准经济学框架"存在重大缺陷，最有力的证据就是这些标准经济学理论模型包括许多修补的理论还无法完全解释现实问题。现实应该是不存在错误的，只有错误理论的解释。

行为经济学家只是和其他经济学家一样只看到了问题的关键所在，而并未找到解决问题的路径和办法，根本原因在于他们还没有真正弄明白问题的关键所在。人的问题仅是一种表象或现象，认识到人的问题只是开始的第一步。如果仅仅因为认识到是人的问题，就寻求心理学或生物学的帮助，无异于将人类与动物看齐，而事实上人类的动机与行为及其背后的诱因远非动物可比。心理学仅描述了人的行为动机的一个方向，并非全部。人类文明已经从动物世界脱胎换骨演化至今，动物世界的本能需求仅仅是人类世界最基本的需求，人类还有大量更为高尚的文化和精神需求。可以断言，目前的行为经济学最终也会陷入自身无法跨越的鸿沟而处于困境。因为，如果社会或组织等外部环境可以决定个人偏好，那么建立在心理学或生物学的个人行为基础之上的行为经济学同样受到挑战，根基也并非想象中那样牢固。

从经济学理论研究的路径来看，其实一直以来从未离开过沿着人的自然属性这一方向演进的趋势。立足点都是从人的生物学个体的行为动机诱因的分析来寻找解释的突破口，而忽视了人的社会属性的重要性和影响力。这些研究其实质也都从未偏离过原来自然属性的方向。虽然号称是对经济人的挑战，其实也并未改变以前求证经济人一贯的思维逻辑和方法。可以说这些理论都是对人的自然属性中生物学动机行为的补充、完善和修正，因此，并不构成对新古典经济学和经济人的真正挑战。

"诺思现在预言，认知问题将成为经济学思考的关键。"[43]这无疑是将经济学的方向引向自然科学的"认知"，试图从人类的自然属性的泥沼中寻求答案。这和金迪斯的思路是完全一致的。金迪斯认为，"生物学与经济学内在的逻辑相当接近"[44]，这是源于二者都是涉及人这一生物个体，而"物竞天择，适者生存"又是生物个体进化论法则的共同特性。人的生物体特征对人的行为有某种影响是不可否认的客观事实，但是人的社会性对人的行为的影响是巨大的，这既是一种事实，也是绕不过去的坎。经济学要成为真正的科学，不应该过度在生物学中探寻路径，而应该探寻如何摆脱生物学和心理学的影响。

剑走偏锋有时固然可以出奇制胜，歪打正着也有可能偶然碰巧，但是作为一门学科的基础理论是绝不可能、也不应该有这种奇迹发生的。马歇尔等大师的肺腑之言是不可以置之不理的，可以说今天的经济学正是对前辈忠告置若罔闻的结果。经济学研究应该通过观察现实中的人的行为去寻求答案，而不是想要从生物学、伦理学、心理学、遗传学、基因学中去寻找经济危机的蛛丝马迹。

参考文献

[1] 莱昂内尔·罗宾斯. 经济科学的性质和意义 [M]. 朱泱，译. 北京：商务印书馆，2007：8.

[2] 马歇尔. 经济学原理：上 [M]. 朱志泰，译. 北京：商务印书馆，1997：23.

[3] 马歇尔. 经济学原理：上 [M]. 朱志泰，译. 北京：商务印书馆，1997：34.

[4] 韩得强. 萨谬尔森《经济学》批判——竞争经济学 [M]. 北京：经济科学出版社，2002：导言16.

[5] 萨缪尔森. 经济学：上 [M]. 10版. 费方域，金菊平，译. 北京：商务印书馆，1992：3.

[6] 保罗·萨缪尔森，威廉·诺德豪斯. 经济学：上 [M]. 12版. 高鸿业，等译. 北京：中国发展出版社，1992：3.

[7] 保罗·萨缪尔森，威廉·诺德豪斯. 经济学：上 [M]. 12版. 高鸿业，等译. 北京：中国发展出版社，1992：22.

[8] 保罗·萨缪尔森, 威廉·诺德豪斯. 经济学: 上 [M]. 14版. 胡代光, 译. 北京: 北京经济学院出版社, 1996: 5.

[9] 保罗·萨缪尔森, 威廉·诺德豪斯. 经济学: 上 [M]. 18版. 萧琛, 蒋景媛, 等译. 北京: 人民邮电出版社, 2010: 4.

[10] 曼昆. 经济学原理: 微观 [M]. 4版. 梁小民, 译. 北京: 北京大学出版社, 2006: 3.

[11] 莱昂内尔·罗宾斯. 经济科学的性质和意义 [M]. 朱泱, 译. 北京: 商务印书馆, 2007: 24.

[12] 詹姆斯·布坎南. 经济学家应该做什么 [M]. 罗根基, 雷家端, 译. 成都: 西南财经大学出版社, 1988: 4.

[13] 查尔斯·汉普登-特纳, 阿尔方斯·特龙佩纳斯. 国家竞争力 [M]. 徐联恩, 译. 海口: 海南出版社, 1997: 7.

[14] 詹姆斯·布坎南. 经济学家应该做什么 [M]. 罗根基, 雷家端, 译. 成都: 西南财经大学出版社, 1988: 3.

[15] 詹姆斯·布坎南. 经济学家应该做什么 [M]. 罗根基, 雷家端, 译. 成都: 西南财经大学出版社, 1988: 10.

[16] 詹姆斯·布坎南. 经济学家应该做什么 [M]. 罗根基, 雷家端, 译. 成都: 西南财经大学出版社, 1988: 11.

[17] 葛新权, 王国成. 实验经济学引论 [M]. 北京: 社会科学文献出版社, 2006: 313.

[18] 詹姆斯·布坎南. 自由、市场与国家 [M]. 吴良健, 等译. 北京: 北京经济学院出版社, 1988: 8.

[19] 弗兰克·奈特. 风险、不确定性和利润 [M]. 王宇, 王玉文, 译. 北京: 中国人民大学出版社, 2005: 10.

[20] 约翰·内维尔·凯恩斯. 政治经济学的范围与方法 [M]. 党国英, 刘惠, 译. 北京: 华夏出版社, 2001: 65.

[21] 葛新权, 王国成. 实验经济学引论 [M]. 北京: 社会科学文献出版社, 2006: 313-315.

[22] 马歇尔. 经济学原理: 上 [M]. 朱志泰, 译. 北京: 商务印书馆, 1997: 46.

[23] 詹姆斯·布坎南. 经济学家应该做什么 [M]. 罗根基, 雷家端, 译. 成都: 西南财经大学出版社, 1988: 20.

[24] 威廉·奥利弗·科尔曼. 经济学及其敌人: 反经济学理论200年 [M]. 方钦, 梁捷, 译. 上海: 上海人民出版社, 2007: 200.

[25] 詹姆斯·布坎南. 经济学家应该做什么 [M]. 罗根基, 雷家端, 译. 成都: 西南财经大学出版社, 1988: 19.

[26] 布莱克, 科茨, 克劳弗德·古德温, 等. 经济学的边际革命 [M]. 于树生, 译. 北京: 商务印书馆, 1987.

[27] 多迪默, 卡尔特里耶. 经济学正在成为硬科学吗? [M]. 张增, 译. 北京: 经济科学

出版社，2002：1.

[28] 约瑟夫·熊彼特. 经济分析史：第一卷 [M]. 朱泱，等译. 北京：商务印书馆，2001：21.

[29] 彭加勒. 科学与假设 [M]. 李醒民，译. 北京：商务印书馆，1989：4.

[30] 马歇尔. 经济学原理：上 [M]. 朱志泰，译. 北京：商务印书馆，1997：35.

[31] 弗兰克·奈特. 风险、不确定性和利润 [M]. 王宇，王玉文，译. 北京：中国人民大学出版社，2005：3.

[32] 詹姆斯·布坎南. 自由、市场与国家 [M]. 吴良健，等译. 北京：北京经济学院出版社，1988：24.

[33] 阿尔伯特·爱因斯坦. 爱因斯坦晚年文集 [M]. 方在庆，等译. 海口：海南出版社，2000：41.

[34] 詹姆斯·布坎南. 自由、市场与国家 [M]. 吴良健，等译. 北京：北京经济学院出版社，1988：15.

[35] 布劳格. 经济学方法论 [M]. 石士钧，译. 北京：商务印书馆，1992：258.

[36] 吴易风. 当前经济理论界的意见分歧 [M]. 北京：中国经济出版社，2000：3.

[37] 唐·埃思里奇. 应用经济学研究方法论 [M]. 朱钢，译. 北京：经济科学出版社，1998：2.

[38] 唐·埃思里奇. 应用经济学研究方法论 [M]. 朱钢，译. 北京：经济科学出版社，1998：4.

[39] 费里德曼. 实证经济学论文集 [M]. 柏克，译. 北京：商务印书馆，2014.

[40] 恩斯特·卡西尔. 人论 [M]. 甘阳，译. 上海：上海译文出版社，1985：15.

[41] 恩斯特·卡西尔. 人论 [M]. 甘阳，译. 上海：上海译文出版社，1985：16.

[42] 彼得·戴蒙德，汉努·瓦蒂艾宁. 行为经济学及其应用 [M]. 贺京同，等译. 北京：中国人民大学出版社，2013：1.

[43] 约翰·德勒巴克，约翰·奈. 新制度经济学前沿 [M]. 张宇燕，等译. 北京：经济科学出版社，2003：347.

[44] 金迪斯. 人类的趋社会性及其研究：一个超越经济学的经济分析 [M]. 浙江大学跨学科社会科学研究中心，译. 上海：上海人民出版社，2006：30.

第三章

经济学的缺陷

经济学研究对象的变化说明主流经济学存在严重的缺陷，以至于经济学家相信依靠自身的力量还无法达到修复缺陷的目标。主流经济学的缺陷主要表现在以下三个方面：经济人的局限性；人的社会属性的缺失；以及经济理论与现实之间存在着一定的差距。由此造成缺乏实践检验或称可实验性。

一、经济人的局限性

自从亚当·斯密提出经济人的思想，200多年来经过穆勒、李嘉图、西尼尔、帕累托、马歇尔、西蒙等大师们的不断修补和完善，"经济人"已成为现代经济学最坚固的基石，几乎所有经济学基础理论都建立在这个基石之上。斯密也被尊称为现代经济学之父。"研究微观经济学的全部著作构成了对'经济人'范例进行经验验证的宏伟建筑，'经济人'这种简化了的个人模式，用卡尔·布鲁内的话来说，即'会计算、有创造性并能获取最大利益的人'，是进行一切经济分析的基础。……这个问题对不是专家的人来说也许无关紧要，但这却是个根本性的问题。"[1]

确切地说，经济学几乎所有问题的根源都来自人们对经济人的信赖或崇拜，几乎可以说是到了痴迷或迷信的程度。尤其是具有一定学术地位或身份的经济学家，或者想成为其中一员的经济学者更是谨言慎行，从不敢妄加评论，也不敢提出质疑，更不敢提出挑战。这就是主流经济学的态度和观点，把维护经济人看成是维护经济学的同义语，甚至有不惜一切代价的气概。

经济人的思想是亚当·斯密对人类社会经济活动行为研究的重大发现，它反映了人在社会生产活动中自然属性的自利的行为特征，以及这种行为同时可以给社会或他人带来福利。亚当·斯密的经典论述就是："我们每天所需的食料和饮料，不是出自屠户、酿酒家或烙面师的恩惠，而是出于他们自利的打算。我们不说唤起他们利他心的话，而说唤起他们利己心的话。我们不说自己有需要，而说对他们有利。"[2]经济人的思想受到推崇的主要原因在于，每个人的自私反而可以增进全社会的福利。这就是经济学家认为最神奇并值得欣喜若狂的发明。由于社会是由个体的人组成的，社会利益也就是个人利益的集合，每个经济人虽然都是自私的个体，但是他们在依靠社会即市场的协调下相互满足需求，在"自利"的行为中也就有了"利他"的元素，最后所有的人都得到了所需要的物品，也就是等于全社会都得到了满足。这种出于个体本能自利的行为能促使对社会有利的积极作用，在自利的同时能够增进社会整体福利的增加。这是市场经济理论最坚实的基础。最后，经济人也被定义为自利、理性和最大化的单纯模型。斯密创造了伟大的"经济人"的同时，也留下了至今仍无法弥补的缺憾。

面对经济人的局限性和重大缺陷，经济学大厦的基石并不像人们想象得那么坚固。由于现实中存在大量的经济行为及庞大的数据统计处理系统和经济模型的运用，已经让人们眼花缭乱，再加上经济学理论和模型的晦涩难懂，从没有人会想到经济学还需要基石，似乎给人的感觉是没有基石也无妨。只有基础经济学的理论家们知道，这种被称为基石的基础理论关乎经济学大厦的安危。任何学科都有自己最基本的理论，这些看似最简单的假设或公理奠定了一门学科的基础，基础的稳固决定了这门学科的发展前景。每当出现世界经济动荡或危机时刻来临，经济学家又不得不去面对基石的问题。这种基石犹如测绘中的海平面标高，如果这个标高不准确，意味着全世界所有的建筑物的标高数据都需要改变。经济学中"经济人假设"的缺陷正是经济研究的前提假设发生了偏离，这种对人的抽象与现实差距之大已经失去了现实意义。

经济学的最大缺陷就在于"用唯一的药方对付所有的疾病"。[3]许多经济学家都表示过对经济人的不满和质疑。马歇尔就明确表示，"经济学家所研究的是一个实际存在的人，不是一个抽象的或'经济的'人，而是一个血肉之躯的人。"[4]

"从自然的观点来看，与行为人概念相比，经济人是一个令人烦恼的概念。他们都被设计成了'刺激—反应'的机器，而且行为人程序化的行为更像一台巧克力分发机，他的行为完全是根据本能做出的，因此自然可以直接复制行为人，只要为他提供适合的程序，他的行为就可以非常精确地与环境相适应。"[5]

布劳格认为，"经济人的假说是以某种经验为基础的，这经验即对同胞们进行内省或观察所得出的经验，但是这个假说并不是从特定的观察或具体的经验中得出的。"[6] "由于假说只是一种假定，它也许完全'没有事实的基础'，从这个意义上可以说，'结果，政治经济学的结论就像几何学的结论一样，按普通的说法就是只在抽象的意义上是真的，这就是说它们的结论只是在特定的假设下才是真的'"。[6] 布朗认为"现代经济学的基本错误在于其关于人类行为的一些假定是完全武断的，确确实实是'凭空捏造'的，并且他把这种建立假想世界的习惯归咎于没有在研究历史的过程中培养经济学家。"[7] 布劳格说道："我自己的论点是，现代经济学的主要弱点在于不愿使它所产生的一些理论包含一种可以明显地被驳倒的结论，随后又普遍地不愿把这种结论同事实相对照。"[8]

柯武刚和史漫飞认为这种具有"完备知识"的"经济人"并不存在。因为"这在实践上意味着已经完全了解了千百万人对数以亿万计的商品、服务和满足的偏好，了解了地球上的资源和无数相关的生产技能。这样就完全有可能将经济学简化为简单的运算，即测算如何用已知技术来转化已知资源，以满足'经济人'既有的已知偏好。这幅精致的关于现实的精神地图，一个人就能做出来的新古典模型，删除了经济学的大部分基本问题，使之成为贫乏的、过分抽象的心智构成物"。[9] "'经济人'完全了解可用的手段和将要实现的目标，因此能够在现在和未来做出使其自身效用最大化的合理选择。这是一种苛刻的目标—手段理性主义方法。以这种方法为基础的分析使经济学变成一种单纯的运算操作。"[10] 正像人们所描述的那样，"只要抽出关键的几块'砖头'，传统经济学就会变成一堆散沙。"[11]

事实上，经济学无法证明经济人的真实性和科学性，只能靠每个人的自省来判断。然而，这种靠自省来证明的理论，人们从来不会去怀疑它的正确性。按照张五常的说法就是"任何辩论都必然有一个起点，科学当然不会例外。假若我们在起点上就有争议，那么科学就难以成事了。所以在任何科学发展中，参与的人都遵守一个大家不言自明的规则：凡指明是基础假设，或是公理，大家都不在这基础上争论了"。[12] 而剩下要做的就是如何去修正和完善这种假设的前提条件。从理性到有限理性、从利益最大化到效用最大化、从自私到机会主义、从利己主义到利他主义等，都是后人修正和完善的成果。每一次修正都被认为是一次经济学理论的重大进步。然而，这些修修补补只是经济学家一味地想尽量缩小经济学理论与事实相脱节的差距，从而可以增强对现实经济的解释力。

但现实并不总是朝着经济学家设计的路径前行，每当人们遇到经济危机时，总会提出对经济人的质疑。历史上就曾经发生过三次针对"经济人"公开的大讨论，[13]这足以说明问题的严重性。虽然有人为其辩护称经济人只是一种抽象的假设概念，并不是具体的人，可以与现实存在差异，更不至于会是造成严重经济后果的元凶。[14]因而似乎并不对经济学理论构成威胁。相反，经济学的分析更无法摆脱经济人的假设，仿佛这种假设是一种合理且符合科学研究逻辑的方法。

经济学研究方法对于假设的认识有一个误区，即"假设是一种科学研究的逻辑方法"与假设本身的内容是否正确合理是两个不同的命题；如果说经济学分析研究需要一种假设作为前提，也并不能证明经济人假设就是唯一正确合理的。张五常也承认"如果可以验证的含义被事实无情地推翻了，那我就不能不考虑我的基础假设是错的了"。[12]牛顿的理论就是建立在"绝对时间和绝对空间"的假设之上，这也正是爱因斯坦作为反击所寻找到的软肋而给予致命的一击，相对论的诞生正是一举突破原有假设的局限性而成功的典范。

经济学家对于经济人假设存在着三种观点：肯定派、否定派和折中派。

第一种是肯定派。这也是支持派，是主流经济学的拥护者。他们坚持认为经济人假设是不容置疑的基本前提，甚至可以称其为经济学的"公理"。[12]事实上，目前经济学几乎所有的基础性的原理和理论也都是出自经济人理论。如理性选择、偏好稳定、最大化选择等，这一派具有明显的优势地位，不仅沿袭了主流经济学，还占据了经济学讲台教育传授的绝对优势。可以说，所有的西方经济学学子都是喝着这种乳汁长大的。他们对经济人深信不疑，至少到目前为止所有的经济学理论都不至于对经济人构成挑战和威胁。

第二种是否定派。这一派属于经济学的叛逆者，持非主流经济学的观点。他们认为经济人假设与现实不符，而且相距甚远，应该完全抛弃；并且可以列举大量的事实以试图证明经济人与现实的不符，强调自己对经济学批判观点的正确性。问题是持否定观点的人只能列举一些反面的事例，而无法完全驳倒肯定派的观点，更为重要的是，反对派没有建设性的理论。无法提出更为科学合理的替代理论，这也是否定派最致命的缺陷，也是他们始终无法占据一席之地的缘由，最终就成为一些心怀不满的批评者或发牢骚者。

第三种是折中派。应该说这一派是最庞大的力量，也是大势所趋。他们既清楚肯定派的重要性，又不能忽视否定派所列举的大量事实。于是修补和完善便是最积极的办法和乐观的态度。他们找准经济人的某一缺陷，开始论证修复，并提出有建设性的理论。可以说，所有对经济人理论的完善和创新都是这一派的成就。一旦取得成功，就被主流经济学"招安"纳入麾下。从理性到有限理性、从利益最大化到效用最大化、从自私到机会主义、从生物学对自私的证明、从利己主义到利他主义等都是他们的研究成果。他们开创了许多研究方法并创立了大批的新兴学科，如实验经济学、信息经济学、行为经济学、制度经济学等。

事实上这一派中有许多是机会主义者，他们有点倾向反对派的观点，但是却无法驳倒肯定派的理论，又不情愿与其为伍，于是最佳的方式就是选择回避。这样看似既不是肯定派又不是否定派。然而，本质上他们已成为客观事实，无奈地选择和接受了肯定派的观点。不仅是因为他们无法驳倒肯定派的理论，而且是他们还继续保留着肯定派的基石作为他们的理论基础，这是至关重要的。无论是实验经济学、行为经济学、信息经济学还是制度经济学等，都号称是一次范式革命，其实质都是以经济人为基点，从未跳出主流经济学的范畴。因此，经济人带来的所有缺陷也始终与它们如影随形而无法摆脱。

"在过去的一个多世纪中，这种质疑和批评并没有动摇新古典经济学与主流经济学的学科垄断地位。究其原因，主要在于批评者并没有提供一个完整的、可以替代新古典主义的理论体系。如果只有批判而没有建构，就不可能实现托马斯·库恩所说的范式转换，更遑论经济学理论体系的变革和创新了。"[15]

库恩对范式定义的理解是："建立在一种或多种过去科学成就基础上的研究，这些科学成就为某一科学共同体在一段时期内公认为是进一步实践的基础。……凡是共有这两个特征的成就，我此后便称之为'范式'。"[16]实事求是地说，用经济人的范式来衡量和作为划分经济学理论的标准，目前还没有具备可以超越这一范式的理论，只有本书提出的组织人理论才具有真正意义上的范式革命。

二、人的社会属性的缺失

经济人假设是有局限性的，经济人最大的缺陷就是只反映了人的自然属性的特征，而对人的社会属性完全没有考虑。人类具有自然属性和社会属性，这两种属性都是人的本质特征。人是这两种属性的混合物，绝不存在单一属性的人类。人是社会动物的表述是对这两种属性的最恰当的概括。对人的社会属性论述得最早并具有影响力的当属亚里士多德，早在 2000 多年以前他就提出"人本质上是一种政治动物"。[17]同时他也说道："从本质上讲人是一种社会性动物；那些生来离群索居的个体，要么不值得我们关注，要么不是人类。"[18]进化论的奠基者查理·达尔文说："人是一种社会性动物。"[19]

心理学大师马斯洛认为社会环境和人的动机之间的关系所形成的必然性是无法分割的，"我们必须立即承认，如果不与环境和他人发生联系，人类动机几乎不会在行为中得以实现"。[20]冯·米塞斯认为："在人类行为的领域中，社会实体确实存在。没有人敢冒险否认国家、地区政府、党派、宗教团体是决定人的活动进程的真正因素。"[21]

马克思对人类社会属性的认识上升到了一个崭新的高度，精辟地阐述"人是最名副其实的政治动物，不仅是一种合群的动物，而且是只有在社会中才能独立的动物"。[22]"人的本质并不是单个人所固有的抽象物，在其现实性上，它是一切社会关系的总和。"[23]在马克思的理论中随处都有包含着政治人、社会人和阶级人的思想。正是因为人存在着这种追逐自私而造成的社会性后果，才导致人类的贫富差距悬殊而产生阶级社会中的矛盾，最终不可避免地必然会发生冲突和暴力革命。"马克思的理论具有一种其他经济理论所没有的意义，即它是进化的：它企图揭示这样一种机制，仅仅由于这种机制的作用，不借外部因素的助力，就会把任何一定的社会状态转变为另一种社会状态。"[24]从经济学中发现人类历史发展的必然规律是马克思的一大发明。因此马克思认为"经济学研究的不是物，而是人和人之间的关系，归根结底是阶级和阶级之间的关系"。[25]这可以说是概括了马克思经济学说的全部精髓。至于"人的本质是一切社会关系的总和"这句经典名言，人们更多的是引用而非解释，实事求是地说，现有理论还无法做到真正能揭示这一名言所涵盖的真实意义，也只有组织人理论才能最精确地诠释这一思想精华。

"今天的人类是'政治化的人类'。政治，正像空气一样充满着每个人的日常生活，没有人生活在政治之外。一个人可以对政治没有兴趣，但他绝对无法使自己摆脱政治。"[26]对于人类参与社会政治活动的行为，李普塞特就直接称其为"政治人"，"政治人就是政治的社会基础"。[27]拉斯韦尔和卡普兰认为，"政治人就是寻求实现与其所有价值相关的权力最大化的个体，他预期用权力来决定权力，把对他人的认同作为提升权力地位和潜力的手段。"[28]"政治过程的基本单位——个体行为。个体不仅是作为生物体而存在，而且是作为个体'自我'和社会'自身'的人而存在。"[29]

经济学最根本的缺陷就是无法对这些"政治人""社会人""制度人""管理人"等进行经济分析，实现人的自然属性和社会属性二者的统一。确切地说，经济学是一条腿在走路，而数学就是经济学家最为得心应手的拐杖。经济学只反映了人的自然属性的一面。经济人就是经济学家创造的趋向自然属性的产物，是一种人类本能的反映，完全体现人的生物学意义上的个体特征。无法做到全面揭示人和社会之间相互影响并作用于对人的行为所产生的影响。用琼·艾尔斯特的话来说："社会科学中最持久的分歧之一就是……单一经济人与单一社会人……的对立。前者适应环境的变化，始终关注改进的机会。后者则对环境无动于衷，即使出现新的（显然是更好的选择），也要坚守规定的行为方式。前者容易被漫画成沉默寡言、离群索居的颗粒，后者则像是没有头脑的社会力量的玩偶或是先定标准的消极执行者。"[30]

不可否认，一个人的行为如果能脱离社会环境的影响，受其自身的影响是主要的，那么他个人的行为就是他所包含的全部内容。然而，社会的影响是无法被忽略的。按照科斯交易费用的理论来表达这种思想，就是社会环境对人的影响要么为正，要么为负，几乎不可能为零。如果这一思想的表述是正确的，那么忽视社会环境的经济人就是交易费用为零的特殊情况。事实上，这种情况应该是比较少见的，然而经济学却把它认定为人的行为的全部。诺思提出过不同的观点，他认为"所有社会科学的理论化都隐含地或明确地建立在人类行为概念的基础上。……尽管我知道很少有经济学家真正相信经济学的行为假定准确地反映了人类行为"。[31]问题是要想表达人的社会属性太难了，卢瑟福就说过，"完全消除社会属性并成功地用纯个人主义术语来表述社会理论，如果不是不可能，也是极其困难的。"[32]

困难不是放弃的理由，所有的科学研究都是在向困难挑战，自然科学如此，社会科学也是如此。经济学对人的行为的社会属性存在漠视，不应该将困难作为借口和放弃的理由。任何学科都有最难的理论难题，这些难题都会涉及本学科中最基本的问题。数学就有世界性难题，克莱数学学会在巴黎宣布七道"千年大奖难题"，并采用悬赏的办法征求解答；物理学也有五大理论难题，[33]还有的说是十大物理学难题困扰着世界。这些难题都会成为本学科的研究方向。虽然这些难题很难解决或证明，有的上百年也无法解答，有的甚至可能就是无解之谜。

到目前为止，还没有经济学大师明确地公开提出经济学最基本的理论难题之一就是缺乏对人的社会属性的分析。或许是经济学家还没有认识到这是一个问题，就像费曼所说的那样，"我无法确定真正的问题，所以我怀疑没有真正的问题，可我又不敢肯定没有真正的问题。"[34]可是，现实并非如此，马歇尔、琼·罗宾逊、琼·艾尔斯特、诺斯、布坎南、张五常等许多大师都明确提出过这类问题，足以表明这一难题不是经济学家不知道，而是还没有被列入经济学的难题。或许，经济学家认为经济学只有前沿问题而没有难题之说。[35]经济学不像自然科学那样在理论上未知和已知的界限泾渭分明。其实，自然科学的难题只是影响人类科技进步的时间节奏的快慢而已，并不会构成对人类自身的破坏性；而经济学的难题则会直接导致人类经济灾难的发生。有人估算2008年的世界性经济危机，所造成的危害甚至比两次世界大战所造成的损失总和还要多。可见，由人类自身行为引起的经济灾难是极其严重而可怕的。

其实，人类对科学研究的痴迷程度远远超乎想象，从人类科学技术的进步就足以证明人类探索未知世界的潜能，不要低估人类探索追求未解之谜的决心。即使物理学"能量守恒定律"的发现将"永动机"的发明判为死刑，也未能改变还有孜孜不倦为之努力的"死心眼"。到目前为止，经济学和社会科学对人的社会属性的分析只是得出难度极大的结论，即使有人认定为不可能会有答案，也并无科学理论依据。反而这种给予完全否定的结论所造成的危害恰恰束缚了经济学家和社会科学家们自己的手脚和思想，成了经济学发展的最大障碍。不仅堵死了自己的后路，而且也给后来者设定了经济科学探索的禁区。更为不可思议的是这种观念所反映出的几乎是经济学整体的观念认识。集体视而不见或固执己见地朝着偏离的航道前行，这就不得不说是一个十分严重的问题了。

如果说这一关键性的难题没有被经济学家们所认识到，只能说这是经济学的不幸；如果说经济学家们能够认识到这一点，而没有坦诚地去面对，含糊其辞、避难就易，甚至误人子弟，那就是经济学的悲哀。从这一点来看，经济学的精神还远未达到科学家的精神标准。

经济学是研究人的问题，而且人的两种属性都应该是经济学的研究方向，这对于经济学来说具有非常重要的启示作用。因为人的行为动机正是这两种属性相结合的产物，任何单一的属性都仅仅只能反映人类行为的一部分意向，没有真正表达或涵盖人类行为动机的全部。"没有一个经济学家能够否认如下事实：人总是生活在社会群体中，总有一定的社会关系和属于某一具体的群体，因而其行为必然受这类关系和群体的影响。"[36]因此，仅仅从人的自然属性的一面就认为可以推断出人的行为全部，那就太天真和幼稚了。经济学的不幸就在于单一的自然属性，而社会属性则是一片空白。这也足以证明经济学如果不能解释反映人的社会属性的一面，它将难以成为真正的科学。

如果说经济学没有反映包含人的社会属性的一面，就无法全面反映人的行为特征，因而也就不可能成为一门真正的科学；如果说经济学包含了人的社会属性，那么又会带来两个棘手的难题：一是经济学如何分析人的社会属性；二是人的社会属性如何消除意识形态的影响，或者说人的主观性所带来的意识形态如何在经济学中不受干扰。这似乎已经陷入了无法跳出的魔掌中，也是最为考验经济学能否成为科学的至关重要的标志。熊彼特明确表示过，首先必须搬走许多障碍——其中最严重的叫作"意识形态"。[37]

熊彼特十分清楚，经济学要想成为科学，意识形态的阻扰是绕不过去的障碍。人的社会属性和意识形态之间已经成为合二为一的坚固形态，几乎无法将二者分离。这就给经济学带来了巨大的挑战。如何能够分析人的社会属性而不去冒犯意识形态，这似乎有点像痴人说梦，简直就是天方夜谭。但是经济学要想打造成一门真正的科学，这是必须要面对的现实，这个问题至关重要。

对于人的社会属性和意识形态的认识，熊彼特认为，"我们对马克思主义的原定义加以修改后的所谓意识形态偏见，显然不是威胁经济分析的唯一危险。特别有另外两种危险应该指出，因为它们很容易与意识形态偏见相混淆，一个是'特殊的辩护者'有可能对事实或程序的规则加以窜改。……另一个危险来自经济学家对他们观察的过程给予价值判断这一根深蒂固的习惯。一个经济学家的价值判断常常流露了他的意识形态，但那并不是他的意识形态"，[38]这是经济学家的主观主义。这两种危险在某种程度上已经不逊色于阶级意识形态，甚至大有超越的趋势，尤其是在一个国家内部的表现更是如此。凡是打着学术及专家的名义为利益集团做的"科学论证"都具有这种"特殊的辩护者"之嫌。这也表明熊彼特的判断是十分正确的，经济学要想迈过人的社会属性和意识形态这道坎难度确实极大。

三、经济理论与现实之间存在差距

由于经济学存在上述致命的缺陷，自然就无法避免地造成理论与现实之间始终存在着一定的距离，而且经济学难以用实践检验的方式来证明自己理论的正确性。因此，经济理论与现实之间的差距就成为经济学遭遇质疑甚至攻击的最频繁、最普遍的痛点，而且还存在着无力回应和反驳的困扰和无奈。

经济理论与现实之间所存在的差距可表现为：经济学对现实经济的解释力的不足；经济学缺乏对现实经济的预测能力；经济学理论无法用实践检验的方式来证明；经济学理论与科学理论之间存在"硬伤"的差距；经济学以及经济学家所面对现实而遭遇的尴尬等。

米塞斯认为"经济学是所有学科当中最年轻的学科"。[39] 但是，科学界还没有哪一门学科自从有自己独立的科学理论体系和研究方法在经历了 200 多年的发展之后还会遭遇社会上如此之多的质疑，甚至谴责和否定之声也不绝于耳。[40] 尤其是在学科最基础的部分表现得如此脆弱而不堪一击。不难想象经济学所经历的命运是多么坎坷。难怪经济学会给人造成如此不良的影响。萨缪尔森坦言："近年来，经济学者已经给人造成这样一种印象，他们是一群喜好争论，不能就任何事情达成一致意见的人们。一位权威人士抱怨说，'即使你把所有的经济学者连成一气，他们仍然不能得出一个结论'。"[41] "非经济学家一致给经济学家提出两点批评：缺乏联系，对任何事情不能取得一致看法。"还有就是"经常意见不统一"的指责。[42] "经济学家们成为了一个日益离群索居的集团。"[42]

例如，2008 年的全球金融危机就足以说明这种遭遇的尴尬。2008 年出现由美国次贷危机引发的金融危机最后导致全世界的经济危机。危机爆发后，英国女王向经济学家们提出"为什么没有人预见到信贷紧缩的到来？"。经济出现崩溃怎么一点前兆都没有？这连普通百姓都觉得不可思议。然而，两位英国经济学家于 2009 年 7 月 22 日给女王上书，就女王的提问做了回答，最后得出的结论是："很多原因导致了没有人预测出危机的发生时间、程度及严重性，没能避免危机的发生。"之后，英国有十位知名教授不满意这一回答，他们在同年 8 月 10 日联名给女王上书，指出之前的回答存在缺陷，"我们认为英国及其他国家有影响力的前沿经济学家对此次危机负有部分不可推卸的责任。"经济学家们除了惊恐、愤怒和指责外几乎都是一筹莫展。潜台词也是埋怨、卸责和无奈。只能应付搪塞，支吾不清，这就是经济学家和这门学科的无奈和困惑。

在科学发展史上，遇到难题或挫折本应是为学科提供案例研究的大好机会，是学科能够攻克难题取得突飞猛进的最佳时机，对科学家而言是一种挑战更是一种机遇。自然科学发展的许多成功经验为这种台阶式或跳跃式发展模式和路径提供了佐证。然而，经济学却总是成为一种例外。

经济学家的境遇犹如人们请巫师治病那样，虽然总是乞求他能医治疾病而无法摆脱它，但是人们也似乎怀疑他能否治愈疾病而害怕过度依赖它。虽然熊彼特也承认，"原始部落所用的巫术"也是经过工具加工的并"使用了特殊技巧的知识"。[37]但是，今天人们需要的是能用科学的方法医治疾病的医学知识和医生，而不再是蒙昧野蛮时代乞求巫师来驱鬼辟邪。人们希望能够信任经济学家，但是现实总是并非能够如人所愿。科尔曼在《经济学及其敌人：反经济学理论200年》一书中说道："一位优秀的天文学家能够将日食和月食发生的时间预测精确到分秒，但是即使最著名的经济学家也不能将股市崩盘的时间预测精确到年。这一类比告诉我们，不管经济学家实际可能掌握多少优越性，他们的预测至多只能提供知识优越性的少量证明。"[43]

经济学理论似乎并不完全遵循自然科学的发展路径而前行，也并不像自然科学那样容易被驳倒推翻，即使有否定证据或反对意见也可以特殊处理。试举两例：一是科学理论中的"黑天鹅"现象。波普尔认为"不管我们已经观察到多少只白天鹅，也不能证明这样的结论：所有天鹅都是白的"。[44]因为，"仅仅一次观察就可以颠覆上千年来在对白天鹅的数百万次确定性观察中得出的结论，你只要看见一次黑天鹅就够了。"[45]这是科学推理的方法论准则。观察到哪怕是只有一次否定的事实就足以推翻之前无数次的经验性结论。

经济学中的供求理论被经济学家认为是最科学并经得起检验的经典基础理论，然而，当人们发现英国的"吉芬商品"的时候，意味着：商品的价格与产量并不是按照原先供求理论所表述的那样，商品价格越高需求越少，而是相反。土豆价格越高需求量越大。"吉芬商品"就像是在澳大利亚发现的"黑天鹅"。应该说"吉芬商品"的发现使供求理论将会被推翻而不能再成为一种普遍适用的理论，然而经济学似乎并不受这种科学方法论理论规则的影响，供求理论继续有效并传授，而"吉芬商品"仅作为一种特例，并不足以推翻供求理论。

二是利他主义。自利是经济人的基本特征，人类如果不自利就不会有经济人。虽然自利的经济人能被所有人接受，但是要把这种明显脱离现实的经济人假设作为经济学的基石，其科学性就值得质疑。毕竟利他主义在现实世界中也确确实实地存在着。经济学承认纯粹的利他主义是无法解释的，[46]可是利他主义也只能作为特例，"古典经济学家和新古典经济学家的解释，即从理论上说，这类利他行为只是经济生活中的次要现象，对它的忽略并不影响经济学得出普遍有效的结论",[47]因此也并不会构成推翻自利经济人的威胁。

这就造成了一个错觉，经济学的理论是为了能自圆其说而不是追求一种科学的结论或理论。就像知道今天下雨了才去寻找下雨的原因，而不是根据科学的结论去推断今天是否会下雨。从现实生活中发现人具有利他的行为，于是就有了亲缘利他、偏好利他、合作利他、强互惠性等说辞。实事求是地说，不是"利他主义成为被经济学家长期忽视的问题",[48]而是经济学中的经济人与利他主义本身互为矛盾令经济学避而远之。对于利他主义，科勒德认为，"经济人"模式是无法解决这一难题的。[47]

科学的逻辑告诉我们两个对立的观点有可能都是错误的，或者是一对一错，但是绝不可能都是正确的。A 与非 A 不可能同时针对一个问题又都是正确的答案。但是经济学就是一个例外，这种现象也唯有在经济学中出现过。"经济学家好争辩的天性'表明了经济学科学的一个有趣之处'。在科学界，共同诺贝尔奖是授予合作者的，而在经济学界，这一奖项有时会分别授予两个观点截然相反的人。"[49]例如，1974 年诺贝尔经济学奖获奖者缪尔达尔与哈耶克分享着同一个奖项，然而两位大师的经济学观点却是对立的。这种情况在其他学科是绝无仅有的，这也许就是"经济学将永远与硬科学保持一定的距离"的根源。

福山认为，"新古典主义经济学有 80% 是正确的：它提示了货币与市场的本质，它认为人类行为的基本模式是理性的、自私的。这个学说的 80% 是正确的，剩下的 20% 新古典主义经济学只能给出拙劣的解释。"[50]

事实上，对经济学理论的怀疑并形成真正威胁的并非来自外部，而是来自经济学家内部。外部的谴责只是源于对现实生活的经济状况太糟糕而产生的不满和发泄，人们再不满意也只能是发发牢骚而已。对待来自外部的批评可以做到装聋作哑或者置若罔闻，甚至可以置之不理。然而，对于来自内部的批评就不能无动于衷了。因为，这是对于一门学科能否成为真正科学的关键所在。如果说，自然科学可以做到精确计算和精准预测，而经济学却做不到，那么，为什么无法做到就不能不令人思考或担忧。卡尔特里耶认为，"在过去的半个世纪中，经济学与硬科学越来越近了，由于根本的原因，两者之间的差别将不会消失。这就是为什么已经发生的将经济学变成一种硬科学的尝试注定是一种无法挽回的失败。"[51]

经济学自己不能解决的难题，不是采取号召动员更多的有识之士来努力克服困难解决问题，而是过早给出否定的结论。这种自我否定或者自断后路的言行，如果是一种激励则能唤起更多的后人为之奋斗，未尝不是一件好事，如果是一种无奈而给自己寻找下台的阶梯，那就是学科的不幸。这不得不让人怀疑，这种现象是来自于经济学的精神，还是来自于经济学家群体的机会主义与其他学科相比是更多还是更少？因为我们很少听到其他自然学科对自己学科的否定，或对未经证实的理论或现象做出武断的否定结论。物理学对未经证明的现象从不会轻易放弃，更不会过早地给以否定结论。"燃烧素"和"以太"在20世纪之前物理学家曾经相信它的存在，并非常期望得到实验的证实。而当实验否定了它们存在的结论时，物理学家们大失所望，一度使物理学陷入窘境。这就是科学，更是一种精神。尊重事实，孜孜以求，败者不馁。即使之前100次的失败，也不能证明第101次必定是失败。自然科学中的上百次、上千次的实验和发明足以证明这一点。在没有得出否定结论之前，不言放弃本应是科学家的基本素养。

对经济学的看法普遍认为难题出在人类自己身上，个人与社会的结合导致多变的因素无法用静态的、持续的、一贯不变的认识去量化分析。"经济学还没有达到自然科学所具有的客观性和预测能力。关于这一点，根本的原因是：社会现象是复杂的、多变的，而且很难像在自然科学中那样把某种经济现象从与其他社会现象的联系中隔离出来。经济现象是在不容忽视的社会、政治背景中的自我呈现，而且关于它们的解释是具有主观性的，这些基本的原因将永远不会消失。也正是因为这一点，经济学将永远与硬科学保持一定的距离。"[52]

造成这种被动而尴尬局面的根本原因就是经济学基础理论无法解释人的行为动机，或者说对人的行为动机只有经济人假设的单一模型，而这一论断恰恰忽视了人的社会属性的重要一面，缺少社会性就意味着将个人与社会、个人与组织、个人与集体割裂看待。

不可否认，人的行为的目的和动机变化反复无常，确实难以琢磨，研究难度实在太大，以至于许多顶尖经济学家都望而却步、望"人"兴叹。"人就是这样随意地从一个要求转到另一个要求上，就像风一样变幻莫测。"[53]难怪经济学家会抱怨，"正如一位著名的行为科学家精辟的总结：'上帝把所有容易的问题都给了物理学家。'人类之所以复杂是因为他们各不相同，这使我们很难总结出简单准则而且适用广泛的定律。同样的情境中每个人的表现常常大不一样，同一个人在不同的情境下行为也会发生变化。"[54] "几乎没有简单而普遍的原理能够解释组织行为。"[54]

其实物理学家并不认同这种说法。"理论物理学家难做，非常难做。……

如果很多人为了一个问题奋斗了多年还没有找到答案，那可能是答案太难而不那么显而易见，或者就是那问题没有答案。"[55] 这就意味着可能会出现一名自然科学家所付出的毕生研究无法取得成功，或者也预示着一辈子的努力奋斗最终会落到毫无成果的结局。这就是基础科学研究的困难。甚至还有更为可悲的壮举，科学家最大的不幸不是所掌握的知识或研究成果的多少，而是他为之付出毕生精力的研究并坚信正确的观点或理论到头来却被后来者证明是完全错误的。尤其是在他的有生之年里看到却再也无能为力去加以纠正或弥补。这种事例在自然科学史上不在少数。研究自然科学 "存在很大的风险。当我们回顾当代物理学史的时候，会一次又一次地看到，做这样的科学不可能没有风险"。[56]

　　事实上，无论是研究社会科学还是自然科学都存在着风险。由于意识形态和社会制度的不同，有多少充满寻求真理的理想主义经济学家，一直到生命的最后时刻，才真正意识到自己为之倾注了所有心力和热情的理论大厦竟然建立在一片无法承重的沙滩之上。科学家命运的悲壮莫过于此。"中国深孚众望的经济学大师薛暮桥曾说过：'任何一个经济学家不可能完全超越时代的限制，我也不能例外。现在看来，建国以后我在各个时期写的文章中的观点，有一些就是不正确的，甚至是错误的。'他（薛暮桥）曾多次说过，一个经济学家的经济观应该让时间来检验，让历史来做结论。"[57] 如果说把科学研究作为一种谋生职业或事业来看待是无可厚非的，这表示对一种谋生职业的敬业负责。马斯洛认为，"科学研究，也可以作为一种谋生手段、一种取得威望的源泉，一种自我表达的方式，或者任何神经病需要的满足。"[58] "一些人投身于科学，就像他们同样也会投身于社会工作或者医学一样，都是为了帮助人们。" 如果从科学研究的成果能够对人类科学的进步或所起的作用而言就另当别论了，并不是每个科学家都是幸运儿。能够像王亚南那样抱着 "至少也希望能由我的错误而引出真理" 的崇尚科学的精神和信念着实值得人们敬重。

　　科学精神与科学成果之间没有必然的关系，只有一定的相关性。正像马克思在《资本论》法文版序言中所说的那句名言："在科学上没有平坦的大道，只有不畏劳苦沿着陡峭山路攀登的人，才有希望达到光辉的顶点"。科学研究能够做到坚持不懈地固守一生是一种精神，能否成功到达山顶没有人事前会知道。这就是科学研究的风险。尤其是基础科学的研究难度更大，风险也更大。

参考文献

[1] 亨利·勒帕日. 美国新自由主义经济学 [M]. 李燕生, 译. 北京：北京大学出版社, 1985：24.

[2] 亚当·斯密. 国民财富的性质和原因的研究：下卷 [M]. 郭大力, 王亚南, 译. 北京：商务印书馆, 1997：13.

[3] 马斯洛. 动机与人格 [M]. 许金声, 程朝翔, 译. 北京：华夏出版社, 1987：17.

[4] 马歇尔. 经济学原理：上册 [M]. 朱志泰, 译. 北京：商务印书馆, 1997：47.

[5] 肯·宾默尔. 博弈论与社会契约：第1卷 [M]. 王小卫, 钱勇, 译. 上海：上海财经大学出版社, 2003：181.

[6] 马克·布劳格. 经济学方法论 [M]. 石士钧, 译. 北京：商务印书馆, 1992：66.

[7] 马克·布劳格. 经济学方法论 [M]. 石士钧, 译. 北京：商务印书馆, 1992：250.

[8] 马克·布劳格. 经济学方法论 [M]. 石士钧, 译. 北京：商务印书馆, 1992：251.

[9] 柯武刚, 史漫飞. 制度经济学 [M]. 北京：商务印书馆, 2000：61.

[10] 柯武刚, 史漫飞. 制度经济学 [M]. 北京：商务印书馆, 2000：52.

[11] 马克·卢茨, 肯尼思·勒克斯. 人本主义经济学的挑战 [M]. 王立宇, 等译. 成都：西南财经大学出版社, 2003：23.

[12] 张五常. 经济解释卷一：科学说需求 [M]. 北京：中信出版社, 2010：69.

[13] 杨春学. 经济人与社会秩序分析 [M]. 上海：上海人民出版社, 1998：174.

[14] 张五常. 经济解释卷一：科学说需求 [M]. 北京：中信出版社, 2010：69-81.

[15] 叶航, 陈叶烽, 贾拥民. 超越经济人——人类的亲社会行为与社会偏好 [M]. 北京：高等教育出版社, 2003：1.

[16] 库恩. 科学革命的结构 [M]. 金吾伦, 胡新和, 译. 北京：北京大学出版社, 2012.

[17] 亚里士多德. 政治学 [M]. 颜一, 秦典华, 译. 北京：中国人民大学出版社, 2003：4.

[18] 亚里士多德. 政治学 [M]. 颜一, 秦典华, 译. 北京：中国人民大学出版社, 2003：7.

[19] 王沪宁. 比较政治分析 [M]. 上海：上海人民出版社, 1986：17.

[20] 路德维希·冯·米塞斯. 人类行为的经济学分析：上 [M]. 聂薇, 裴艳丽, 译. 广州：广东经济出版社, 2010：33.

[21] 路德维希·冯·米塞斯. 人类行为的经济学分析：上 [M]. 聂薇, 裴艳丽, 译. 广州：广东经济出版社, 2010：30.

[22] 马克思恩格斯全集：第46卷上 [M]. 中共中央马克思、恩格斯、列宁、斯大林著作编译局马恩室, 编译. 北京：人民出版社, 1958：21, 87.

[23] 马克思恩格斯选集：第一卷 [M]. 中共中央马克思、恩格斯、列宁、斯大林著作编译局马恩室, 编译. 北京：人民出版社, 1972：18.

[24] 约瑟夫·熊彼特. 经济分析史：第二卷 [M]. 杨敬年, 译. 北京：商务印书馆, 2001：20.

[25] 马克思、恩格斯全集：第 13 卷 [M].中共中央马克思、恩格斯、列宁、斯大林著作编译局马恩室，编译.北京：人民出版社，1958：533.

[26] 王沪宁.民主政治 [M].香港：三联书店，1993：3.

[27] 西摩·马丁·李普塞特.政治人 [M].张绍宗，译.上海：上海人民出版社，1997.

[28] 哈罗德·拉斯韦尔，亚伯拉罕·卡普兰.权力与社会——一项政治研究的框架 [M].王菲易，译.上海：上海人民出版社，2012：85.

[29] 哈罗德·拉斯韦尔，亚伯拉罕·卡普兰.权力与社会——一项政治研究的框架 [M].王菲易，译.上海：上海人民出版社，2012：19.

[30] 杨春学.经济人与社会秩序分析 [M].上海：上海人民出版社，1998：176.

[31] 道格拉斯·诺斯.制度、制度变迁与经济绩效 [M].杭行，译.上海：上海人民出版社，1994：23.

[32] 卢瑟福.经济学中的制度：老制度主义和新制度主义 [M].陈波，郁仲莉，译.北京：中国社会科学出版社，1999：41.

[33] 斯莫林.物理学的困惑 [M].李泳，译.长沙：湖南科学技术出版社，2008：3-16.

[34] 斯莫林.物理学的困惑 [M].李泳，译.长沙：湖南科学技术出版社，2008：354.

[35] 约翰·海.微观经济学前沿问题 [M].王询，卢昌崇，译.北京：中国税务出版社，2000.

[36] 杨春学.经济人与社会秩序分析 [M].上海：上海人民出版社，1998：186.

[37] 约瑟夫·熊彼特.经济分析史：第一卷 [M].朱泱，等译.北京：商务印书馆，2001：22.

[38] 约瑟夫·熊彼特.经济分析史：第一卷 [M].朱泱，等译.北京：商务印书馆，2001：65.

[39] 路德维希·冯·米塞斯.人类行为的经济学分析：上 [M].聂薇，裴艳丽，译.广州：广东经济出版社，2010：1.

[40] 威廉·奥利弗·科尔曼.经济学及其敌人：反经济学理论200年 [M].方钦，梁捷，译.上海：上海人民出版社，2007.

[41] 保罗·萨缪尔森，威廉·诺德豪斯.经济学 [M].12版.高鸿业，等译.北京：中国发展出版社，1992：10.

[42]《经济学家》编辑部.21世纪的经济学 [M].北京：中国金融出版社，1992：119.

[43] 威廉·奥利弗·科尔曼.经济学及其敌人：反经济学理论200年 [M].方钦，梁捷，译.上海：上海人民出版社，2007：317.

[44] 波普尔.科学发现的逻辑 [M].李本正，刘国柱，译.杭州：中国美术学院出版社，2014：3.

[45] 纳西姆·尼古拉斯·塔勒布.黑天鹅 [M].万丹，译.北京：中信出版社，2008：11.

[46] 杨春学.经济人的"再生"：对一种新综合的探讨与辩护 [J].经济研究，2005

(11)：22-33.

[47] 杨春学. 经济人与社会秩序分析 [M]. 上海：上海人民出版社，1998：250.

[48] 杨春学. 利他主义经济学的追求 [J]. 经济研究，2001 (4)：82.

[49] 佩罗曼. 市场的天生不稳定性 [M]. 孙强，庞锦，译. 北京：中信出版社，2003：16.

[50] 福山. 信任：社会美德与创造经济繁荣 [M]. 彭志华，译. 海口：海南出版社，2001：16.

[51] 多迪默，卡尔特里耶. 经济学正在成为硬科学吗？[M]. 张增，译. 北京：经济科学出版社，2002：2.

[52] 多迪默，卡尔特里耶. 经济学正在成为硬科学吗？[M]. 张增，译. 北京：经济科学出版社，2002：16.

[53] 卢茨，肯尼斯·勒克斯. 人本主义经济学的挑战 [M]. 王立宇，等译. 成都：西南财经大学出版社，2003：20.

[54] 斯蒂芬·罗宾斯. 组织行为学 [M]. 14 版. 孙健敏，李原，黄小勇，译. 北京：中国人民大学出版社，2012：13.

[55] 斯莫林. 物理学的困惑 [M]. 李泳，译. 长沙：湖南科学技术出版社，2008：绪言 10.

[56] 斯莫林. 物理学的困惑 [M]. 李泳，译. 长沙：湖南科学技术出版社，2008：10.

[57] 赵凡禹. 经济学会撒谎 [M]. 上海：立信会计出版社，2010：前言 2.

[58] 马斯洛. 动机与人格 [M]. 许金声，程朝翔，译. 北京：华夏出版社，1987：3.

第四章

组　　织

一、组织的概念

要理解什么是组织人，关键是要正确理解什么是组织。经济学、管理学、社会学、行为学和政治学对组织的概念都有十分明确的定义，本书并非要改变原有组织的概念，对组织本身的分析和研究并不是本书的重点，只是重新简单梳理组织的概念，有助于在后文中展开对组织人的分析。可以说组织人并不是一个新的概念，本章所阐述的组织人所涉及的组织与之前的组织概念的内容及其范围略有差异，关键在于对广义组织的理解。组织人理论的提出也将会引发人们对组织的重新思考和研究。

组织是一个常见的基本概念，在不同的学科中均有大同小异的表述，下面仅列举几个有影响的。

斯蒂芬·罗宾斯在《组织行为学》中将组织定义为："组织是一种人们有目的地组合起来的社会单元，它由两个或多个个体组成，在一个相对连续的基础上运作，以实现一个共同目标或一系列共同目标。根据这个定义，制造工厂或服务公司是组织，学校、医院、教堂、军队、零售店、警察署、地方、州和联邦政府机构等也是组织。"[1] "组织是对人员的一种精心的安排，以实现某些特定的目的。"[2]

霍尔认为，"组织是当今社会的主要组成部分。事实上，我们已经成为一个'组织的社会'"。[3]并给组织下的定义是："组织是有相对明确的边界、规范的秩序（规则）、权威级层（等级）、沟通系统及成员协调系统（程序）的集合体；这一集合体具有一定的连续性，它存在于环境之中，从事的活动往往与多个目标相关；活动对组织成员、组织本身及社会产生结果。"[4]虽然霍尔认为这个定义不太简洁，甚至有点过于累赘，但他认为这就是组织的概念。

巴纳德认为"正式组织是社会行动主要在其中完成的具体社会过程。……正式组织包括由两个以上的人组成的家庭、企业、各种各样的地方自治体、自主的或半自主的政府机关和部门、协会、俱乐部、会社、友爱团体、教育机构、宗教团体等。在美国，其数量有好几千万，可能超过了人口总数。参加这类正式组织的数量少于 5 个或 10 个的人很少。有许多人甚至参加了 50 个或更多的组织。他们的个人行为直接受到他们与这类正式组织的关系的支配、修正或影响。除此之外，在一天或一周的短时间内还有数以百万计的、至多只持续几个小时的正式组织，它们没有被提到，因为它们往往不被看作是组织"。[5] 显然巴纳德对组织的理解已经超出了正式组织的范畴，还包含了非正式组织。

西蒙认为"组织一词，指的是一个人类群体当中的信息沟通与相互关系的复杂模式。它向每个成员提供其决策所需的大量信息，许多决策前提、目标和态度；它还向每个成员提供一些稳定的、可以理解的预见，使他们能够料到其他成员将会做哪些事，其他人对自己的言行将会做出什么反应。社会学家将这一模式称作'角色体系'；我们大多数则称之为'组织'"。[6]

卡斯特、罗森茨韦克在《组织与管理》中指出"组织指的是结构性和整体性的活动，即在相互依存的关系中人们共同工作或协作。……组织是：（1）有目标的，即怀有某种目的的人群；（2）心理系统，即群体中相互作用的人群；（3）技术系统，即运用知识和技能的人群；（4）有结构的活动整体，即在特定关系模式中一起工作的人群"。[7]

达夫特则认为"组织是各种各样的，就像教堂、医院、IBM，它们有共同的特点。……组织（1）是社会实体；（2）有确定的目标；（3）有精心设计的结构和协调的活动系统；（4）与外部环境相联系。组织是由人及其相互关系组成的。当人们彼此作用以履行有助于达成目标的必不可少的职能时，一个组织便出现了"。[8]

被称为"科学管理之父"的现代管理学大师泰勒，在《科学管理原理》一书中称组织理论研究是解决现代工业企业在大生产中如何提高产生效率的问题。韦伯的组织理论研究的主要是政府机构的官僚体制。梅奥领导的团队开展长达十多年的"霍桑实验"，[9] 对组织中的人际关系进行研究并首先提出"社会人"和"非正式组织"的思想。

早期，人们对组织的理解多数是与团体或群体的意思相同。霍布斯就认为"团体就是在一种利益或事业中联合起来的任何数目的人。其中有些是正规的、有些是非正规的。凡属有某一人或多人组成的会议被规定为全体的代表者的团体就是正规的,其他全都是非正规的"。[10]

"合法的正规私人团体是那些在组成时除了所有其他臣民共同遵守的法律外,没有其他特许状或书面证件的团体。由于这种团体联合在一个代表者身上,所以便被认为是正规的,比如所有由父亲或家长管理全家的家庭便都是这种团体。因为他可以在法律允许的范围内管束其子女与仆人,只是不能超出这个范围。非正规团体就其性质来说只是一种联盟,有时则仅是汇聚起来的一群人;这种团体并不为任何特殊目的而联合,也不由互相义务而结为一体,只是由于意志和意向相类似而产生的。其性质是否合法,则要看其中每一个人的目的是否合法而定,而每一个人的目的则要根据当时的情况加以理解。"[11]

以上的论述基本上都是 20 世纪之前理论家们对组织概念或含义的表述。可以说,20 世纪对组织的研究和理解都是以正规组织、实体组织和共同目标为组织特征的出发点,从不同视角对组织的构成、要素、内容、目标和性质特征所做出的解释或阐述。但是,随着社会和经济的发展,组织的概念、范围和性质也在发生变化。今天人们对正规组织、非正规组织、网络组织都被纳入组织的范畴已无太大异议。人们对爱桑尼在 20 世纪给出的定义中的对"部落、班级、民族、家庭不属于组织"[12]也会重新甄别和认识。

斯科特和戴维斯把组织看成是一个"理性、自然与开放的系统",并对这三个系统分别给出组织的定义。[13]于是系统也成为组织的一种表述,"系统是'有组织的和被组织化了的全体'"。[14]把组织看成是一个系统,多数是在管理学和工程学中应用得比较多。根据系统论的观点,任何系统都是组织。系统各要素之间之所以能够按照一定的结构方式组成有序的系统组织,都有它内在的组合机制。从简单的原子到复杂的生命,各类自然物无一不自成系统,也无不具有自身特有的组织功能和组织机制,否则自然界便将处于永无秩序的混沌和离散状态。

可以说对组织的认识是一个不断提升和进步的过程,互联网的飞速发展使人们对组织的认识又有新的变化。安科拉、科钦安提出了现代"新组织模型的关键特点是网络性、扁平性、灵活性、多样性、全球性"。[15]这些就足以证明现在对组织的理解明显区别于以科层制为特征的旧组织模式。进入 21世纪以来,随着科学技术的发展,特别是互联网的发展,组织的概念发生了很大的变化。组织的演化路径已从正规组织向非正规组织扩张，实体组织向虚拟或网络组织延伸，共同单一目标组织向多目标或不确定性目标组织拓展。现在组织理论的发展已经涵盖整个人类社会，尤其是进入21世纪以来网络社会已从虚拟化走进人们的生活。美国克莱·舍基出版的《人人时代：无组织的组织力量》[16]一书中表明现代社会组织形式已经进入了一个全新的时期。非正规组织和网络组织的力量已经越来越不可忽视。组织的构成也发生了变化，由显性变为隐性，硬件向软件的发展已成趋势。

我们对理论界对组织的表述是否科学合理不做评价，我们只关注组织的存在形式，以及对人的行为所产生的影响和程度。无论人们怎样给组织下定义，都无法否认这样一个事实，即现代社会人们与组织的关系越来越紧密。按照科斯特的说法，"组织可能是现代社会最突出的特征。……各种组织无处不在，无所不包"。[17]达夫特也持相同的观点，"组织是难以目睹（无形）的。我们可以看见诸如一幢高层建筑、一个计算机工作站或一个好友雇员的出现，但是整个组织是模糊的和抽象的，并且可能分布在不同的地点。我们认识到组织的存在是因为我们每天都接触它们"。[18]

"在我们周围，组织举目即是。我们生于组织之中，通常也死于组织之内。而介于生死之间的生活空间，也由组织填满。组织就是这样让人几乎无法逃避，就像无法逃避的死亡和各种税一样。它们已经'吸收了社会'。"[3]

"历史上发生的几次社会大变迁都是以组织为基础的。罗马帝国的兴起、基督教的传播、资本主义与社会主义的形成及其发展和变革，无不是通过组织来达成的。如果不考虑、不了解其组织背景，就无法理解现代社会的问题，譬如有毒废料的处理、核能、恐怖主义、失业、堕胎等。"[3]

不可否认的一个基本事实是现代组织的概念与传统组织的概念相比已经发生了翻天覆地的变化。原来的组织都是指向正规组织，需要注册登记，具有固定场所，需要一定的运行资本，持续时间较长，组织结构层次分明且相对稳定，组织目标一致且单一性明显，组织成员之间具有利益相关性，组织需要统一协调，而且成员之间关系密切，组织成员相对固定且数量有限。这是一个正规组织或称实体组织必须具备的条件。

这些组织的基本特征与现代组织相比已经发生了很大的改变。现代社会组织中虽然有很大一部分还是正规组织，或者说这些组织还继续保留原来这种正规组织的特征。但是，对组织的认识已经不再局限于原来那种固定的模式，已经发生了巨大的变化，而且新型组织不断涌现。这些组织是非正规的组织，有的是虚拟化、网络化，隐形的，没有固定场所，不需要注册登记，不需要运行资本；持续时间可短可长，有的网络组织一夜之间就形成，也会瞬间消散；组织结构无层次可言而且并不稳定；组织目标有的一致有的也并不一致，而且目标也并非事前就已经设定或明确的；成员之间可以有利益相关性，也许根本就没有任何利益关系；组织并不需要统一协调，而且成员之间不一定认识，关系是松散的；组织成员时多时少，没有数量限制，有时可能非常庞大。这就是依靠网络的力量。

根据上述对组织概念的论述，组织包括：广义组织和狭义组织；正规组织和非正规组织；显性组织和隐性组织；实体组织和虚拟组织；自然形成的组织和非自然形成的组织；开放系统组织和封闭系统组织；等等。另外还包括一些非常重要且特殊的组织，如家庭、国家、阶级、党派、宗教组织，等等。

对于这些组织的分类和定义是否合理并不是本书所要研究的，它们是社会学、管理学和组织学等学科的研究内容。阐述这些内容的主要原因是组织人理论正是建立在这种全新的组织概念之上的理论，基于对这些组织的理解，任何两个及两个以上的人所建立的关系都可以被认定为一种组织。

对组织概念发展的认识是符合马克思主义科学观的，马克思说过："每个原理都有其出现的世纪。例如，权威原理出现在 11 世纪，个人主义原理出现在 18 世纪。……为什么该原理出现在 11 世纪或者 18 世纪，而不出现在其他某一世纪，我们就必然要仔细研究一下：11 世纪的人们是怎样的，18 世纪的人们是怎样的，他们各自的需要、他们的生产力、生产方式以及生产中使用的原料是怎样的；最后，由这一切生存条件所产生的人与人之间的关系是怎样的。"[19]今天组织概念发生的改变正反映了社会生产力和科学技术的进步以及人们相互之间的关系正在发生巨大的变化。

事实上，对于组织的理解还有许多社会中普遍存在但是并没有纳入组织研究的范畴，而引起社会学和组织学关注的领域。中国人习惯称其为"关系"，这种"关系群体"在人类社会中对人的行为会产生重大的影响。它是一种无形的网，有人甚至把这种关系网认定为一种生产力、一种资源、一种财富。经济学家还把这种关系提升到"关系生产力"的高度，并创立了一门经济学科称为"关系经济学"，[20]可见其作用之大非同一般。

这种"关系"的具体名称可谓五花八门，用中国人的方式表述，也叫社会关系、裙带关系[21]、关系网、圈子[22]、人脉[23]。另外还有一些特定的关系，如亲属、战友、师生、同学、同事、同行、师徒、朋友、老乡、熟人、邻居、网友，等等，甚至还有亲属的亲属、同学的同学、战友的战友、同事的朋友、朋友的朋友，等等，这些关系所形成的社会网络几乎无处不在。有人做过研究，一个中小城市只需要通过 5~8 次的关系转换就可以认识绝大部分的人，即你和任何人都是朋友的朋友的朋友。如果每个人按照认识 50 个人来计算，数学就可以证明，即 50^5 人是一个非常庞大的群体，即使剔除重复认识的，也十分庞大。可见关系的广泛性和复杂性。

我们经常可以听到一些耳熟能详的谚语，如"三分靠打拼，七分靠人脉"。在美国有一句流行语："一个人能否成功，不在于你知道什么，而是在于你认识谁。"美国铁路公司总裁 A. H. 史密斯就说过：铁路的 95% 是人，5% 是铁。卡耐基经过长期研究得出结论："专业知识在一个人成功中的作用只占 15%，而其余的 85% 则取决于人际关系。"关系学翻成英语最好的表达是"人际关系的艺术"，只有用艺术这个词才能表达出它的手腕、精妙及狡黠的含义。

关系的复杂性和重要性还在于它也似乎遵循管理学中的"250 定律"，即"每一位顾客身后都站着 250 个亲朋好友，赢得了一位顾客的好感。就同时赢得了 250 个人的好感；如果你得罪了一位顾客，就意味着得罪了 250 个人"。[24]虽然表述有点绝对化，但是关系的影响力肯定是巨大的。

可见这些难以穷尽的社会关系就是一张巨大而无形的网，个人就是网上的点，不管你做什么事情，肯定都会以某种方式与别人发生关联。有的是自然形成的，有的是人为有意形成的。有的为了厘清亲疏远近还把"圈子"分为多个层次，有核心圈子、小圈子和大圈子，以及圈子内和圈子外的区别。由于这些关系并不是完全自然形成的，也不是一成不变的，而是完全可以靠个人的心智和努力争取的，而且格外隐蔽和神秘。没有人会怀疑这种无形组织的存在，这种"无组织的组织力量"具有巨大的能量。

除此之外，对于组织的理解，甚至还包括性别、肤色、年龄等一些"特征因素"都可能成为一种群体组织的形态。如贝克尔的《歧视经济学》就是针对"少数族裔特别是黑人受到的歧视的问题的研究"。可见国家、民族、种族、肤色、性别、年龄也经常作为划分不同群体组织的条件和依据。而且并非出于一种"客观的"考量，于是就会产生"歧视偏好"。[25]"歧视会因不同的国度、同一国度内的不同地区、同一地区的城乡之间及不同的时期而异。歧视偏好的程度也会因个人性格而异。"[26]歧视在一定程度上是对人的群体性区分，这种判断和区别对待都是具有组织属性的认知。

可见今天把这些"关系"和"特征因素"看成是组织，已经不会再有太大的争议，但在 20 世纪，它们确实不在组织学家所关注的视线之内。所有能够具备两个及两个以上的人之间构成联系的条件和方式，都可以被认为是一种组织关系，本书所阐述的组织人中的组织正是涵盖了这些所有可能建立的各种组织或关系。事实上也正是这些组织或关系构成了对组织人行为影响的因素和动力。

虽然组织的形式和结构可以错综复杂，但是正如奥尔所说，"组织的存在是为了增进集团成员的共同利益"，[27]这一古老的经济学理论却是毋庸置疑的。所有趋之若鹜的攀附都是为了求得一种关照或提携以及所能带来的哪怕是一丁点的蝇头小利，就算是飞蛾扑火人们也在所不惜。如果说飞蛾扑火是一种昆虫的自然生物趋光性，那么人类的这种组织攀附和趋利避害就是一种社会性的"组织依附"。这也可以说是组织人的一大行为特征。

虽然组织形式可以是千变万化的，但是组织人的行为也不是毫无踪迹可寻、毫无规律可言的。有一点非常明确，就是组织成员的共同诉求是基本一致的，这种诉求在市场经济的条件下多数是以经济利益为核心，虽然也有其他的诉求，但那些都是次要的。尤其是进入 21 世纪以来，除了经济利益之外，或者说并非完全是为了经济目的，还有就是反映一种社会价值观、是非观、立场、认识、信仰，甚至是一种兴趣爱好，如球迷，他们用这种方式来表达诉求以满足自己的偏好或欲望。这种方式既对自己毫无伤害也可以得到利益或内心的满足，是现代社会组织成员行为方式的一种趋势。这种组织已经和传统意义上的组织概念有很大区别，但是它所表现出来的组织属性和特征以及人与组织之间的关系都完全可以证明，它确确实实是一种组织而不是其他东西。

可以说，天下已经没有人可以不顾及或逃避这些关系而能独自生存，社会上也许根本就没有真正的独善其身者。这些关系和今天的网络相结合形成无法估量的巨大力量，能量之大足以能影响到任何组织甚至国家的决策。任何人都无法忽视或轻视这种社会关系的巨大能量。任何个人的力量都难以与之抗衡，如果稍有不慎就会碰得鼻青脸肿或头破血流，甚至葬送自己的前程。

不可否认，"关系"的影响力并不在许多正规组织之下。不是到处都有"编外××部长""编外××局长""编外××校长""编外××主任"吗？夫人的"枕边风"就足可以让一名无名小卒或"听话者"获得职务。所有能力、水平、学历、业绩、资历等都可以根据条件的需要量身定做。外部的反对或质疑之声再强烈也无法与"关系"相抗衡，在腐败分子强大的"关系网"和"枕边风"之下，任何制度、纪律和规则都显得苍白无力。

古代所谓的"贵人"，既可以是为了国家和民族兴旺成就千秋大业的伯乐，也可以是拉帮结派结党营私谋取私利的佞臣。"泰山"若无举荐之力，何以称之为泰山。

以上对于组织的论述是一种全方位的视角，可以帮助人们正确理解和认识组织的特征和性质。对于绝大多数的人来说，有三个特殊组织对于人的一生是非常重要的，也是无法回避的。这三个组织就是家庭、单位和国家。可以说，人的绝大多数行为都受到这三个组织的影响，甚至是决定性的影响。另外还有两个特殊的组织，就是网络组织和虚拟组织，以及阶级组织。下面有必要重点对这五个特殊组织进行阐述。

二、单位组织

单位是正规组织，而且是典型的正规组织。一个人在世界上有两个最重要的组织与他紧密相连，一个是家庭组织，另一个是单位组织。许多人一生就在这二者之间奔波忙碌，"两点一线"的上班族几乎不会或者也没有时间去关注更多的其他事情。把单位放在家庭之前论述，并不是想证明单位比家庭更重要，而是基于一般认为家庭是一个利他的场所，而只有在单位才能反映一个人全面的行为动机。对于经济学来说，这种真实地反映人的行为动机构成了经济学的基础，是至关重要的。经济人就是建立在这种基础之上的，只不过并不全面，还缺少社会属性，无法涵盖人的行为动机的全部。

单位是一个成年人谋生或立业的场所，是成就事业的平台，古今中外皆是如此。人的成功或失败一般都是指在单位里的状况。一个人在单位里取得成功所受到的赞誉之声以及受他人羡慕所带来的喜悦和自豪感是非常幸福的。远比一个人在大山深处独自获得农产品丰收的幸福感要强烈得多。同样，一个人在单位里受到排挤或打击也是伤害最大的，在人面前抬不起头或被人欺负也是最伤心的。因此，人在单位里的表现也是最为复杂多变的，人的行为动机只有在单位里才会表现得淋漓尽致。既有坦诚率真阳光的一面，也有圆滑狡诈阴暗的一面；既有冲动外露的感性一面，也有忍辱负重忍气吞声的理性一面；总之，人也只有在单位里才会表现出如此复杂应变的状态。

单位组织的特殊性还在于不同的单位在社会上所处的地位和作用不同，

对人的行为所产生的影响也有较大差别。不可否认，一个在政府及部门工作的人员和一个在企业生产一线的操作工人所产生的行为动机是完全不同的；即使是所学专业一样的同学，如金融或财会专业等，如果一个人在政府金融或财税监管部门工作，另一个人在银行或企业从事会计工作，二者之间的行为动机会有明显的不同。这就是单位性质的不同会对人的行为产生不同的影响。因此，要想通过单位的基本特征来说明单位组织对内部人员所产生影响的重要性，就有必要对单位进行进一步分析。

单位组织一般具有以下特征。

（一）单位是社会结构的重要组成

从组织理论来说，在具有边界定义的组织中，最大的组织是国家，其次就是单位组织，斯科特认为现代社会中有"三类基本社会行动者"就是"民族国家、组织和个人"，[28]组织主要是指单位组织。社会是对人的关系的笼统表述，并无边界可言，可大可小。任何国家的形式都是由无数的单位或组织构成的，各单位和组织再由个体的人组成。单位组织是介于国家和个人之间的中间环节，因此，单位组织始终是组织理论研究的重要对象。科斯用交易费用为正的理论证明企业存在的可能性和必要性，为企业组织的存在找到了答案。可是，非经济组织的存在并不受交易费用的影响。

单位是典型的正规组织，传统组织理论研究的组织主要是指企业，而家庭并不包含在内。埃策尼曾经明确表示："部族、班级、民族、家庭不属于组织。"[12]很显然埃策尼对组织的理解是指正规组织，即企业等实体组织，这些组织都需要具备可以管理的条件，或者说需要通过管理来实现组织的目标，而把非正规组织或其他组织排除在组织定义之外。今天看来这是一种狭义组织的概念。

对正规组织的研究主要是解决"科层制"或"官僚制"组织的弊端，以及它产生的根源和对社会所造成的各种影响。对企业组织的研究主要是如何解决提高生产效率的问题。管理学和组织学的研究主要还是针对企业组织，对企业等实体经济组织的研究一直都是组织理论的主流。

组织理论研究的主要方向包含两类组织：一个是政府组织，另一个是企业组织。二者都属于正规组织，也是一种单位组织。在所有的单位中出现的问题却有许多共同或相似之处。科层制或官僚主义就是单位组织最容易出现的弊端，又被认为是最难解决的问题。任何国家都无法回避，在不同的历史阶段会有不同的表现形式，无论是古今中外，还是经济制度不同的国家都无法幸免。即使意识形态完全对立的国家也都存在。资本主义国家和社会主义国家也都面临这些同样的难题陷入困境而束手无策。没有先例可以借鉴和参照，这些都与单位组织如影随形。单位既无法摆脱它们，它们也无法离开单位而独立存在，离开单位组织，这些社会的顽疾，如寻租、逆向选择、道德风险、机会主义、官僚主义等都将不复存在。

（二）单位就是一个社会

单位是组成社会的个体，人是组成单位的个体；人组成单位，单位组成社会；单位也是一个小社会。谁都不会否认，单位才是真正锻炼和考验一个人的地方。只有在单位里，一个人的工作能力、管理水平、文化修养、性格脾气、处世之道、谋略技巧等都能得到发挥和展示，所以，有人把单位看成是战场或商场，是一个众人博弈的场所。实际上，单位就是与人相处，是一个人必须去面对而无法回避的地方。无论是开心还是不开心、喜欢还是不喜欢、愿意还是不愿意，都需要直面相对。单位是人与社会中其他人相处的典型场所。

事实上，人的机会主义就是组织人的机会主义，而组织人的机会主义是与单位组织密不可分的。也正是因为单位组织所具有的这些特殊环境和利益纠葛，才使得组织人的行为动机变化无常。因此，必须要从研究单位组织以及组织与人之间的关系开始，才能得出符合事实的关于人的行为动机的结论。如果说经济学认为人的行为动机是决定稀缺资源的选择从而产生经济学的理论；那么，人在单位中的行为才是真实地反映这种行为动机的选择，所形成的理论也是经济学最符合现实的微观基础。经济人缺少的正是人的社会属性的一面，而组织人在单位里的行为特征正是人的社会属性的标准模型。

（三）单位是人生经历的重要场所

组织人所涉及的是广义的组织概念，自然也包含政府组织和企业组织。在这里，无论是政府组织还是企业组织都可以称作单位组织，或者就叫单位。单位是一个人谋生获取报酬的组织机构，也称就业单位或执业单位。在中国对单位的理解要比企业组织广义得多，企业只是单位的一种类型。在20世纪50年代以后，中国人对于单位有一种特殊的情怀。单位是人在社会中涉及的最为主要的组织形式。人的一生除了家庭以外，接触或联系得最多的就是单位。单位几乎成为所有实体或群体组织的代名词，人的身份实际上就是"单位身份"。[29]人与单位之间已经形成了一种特殊的依附关系。

从形式上看，单位与传统式家族有许多相通之处：它们对自己的成员都具有家长式的权威；个人对团体的义务比个人的权利更加受到强调，而团体本身也必须负起照料其成员的责任。这种演化过程是在国家正式制度中发生的，国家行政组织同个人之间的控制与依附关系成为单位家族式治理的力量源泉。[29]人的一生绝大部分年富力强的时间都与单位相伴。从某种程度上来说，单位是人的福利保障来源和立身之本。很多人的事业成功或失败都是通过单位这一途径来体现的。

（四）单位是人的行为动机表现得最为完整而全面的场所

单位是人的各种身份的综合体现。人与单位形成了最为复杂的社会关系，人的各种复杂感情只有在单位里才能得到最全面而完整的诠释。人在单位所遇到的各种复杂境况都是一种经历：如事业成功的喜悦自豪，升迁晋级的兴奋，发奋努力的暗下决心，勤奋工作而寡言少语，工作进步从而令人羡慕，一时得势的冲动放肆，偶尔高兴得得意忘形，算计别人的暗自窃喜；还有遭受排挤的失落沮丧，被人超越的妒忌怨恨，工作失意的烦恼苦闷，遭人戏弄的羞愤苦恼，进退两难的困局僵持，事业失败的惨痛教训，遭人陷害的愤懑愠怒，被人玩弄的羞涩屈辱，陷入困境的感情纠葛，或许还有更多的难言之隐。只有在单位这个特殊的场所才能将人的各种复杂心情和行为表现演绎得淋漓尽致，活灵活现。

（五）单位的利益就是组织人的利益

单位的利益决定了组织人的利益，组织人又是单位利益的创造者和守护者，两者相互依存。人有了单位就有了收入来源，生活就有了一定的保障。单位的好坏其实就是组织人能从单位获取经济利益的多少。人类只有到了不需要进单位也能生存或者有足够多的财富能维持生计，才会漠视单位的存在作用。

另外，单位的特殊性还在于它是一种权力和利益的结合体。有些"单位组织在社会中承担着包括经济、政治、社会等各方面的功能。从本质上说，单位组织是国家分配社会资源和实现社会控制的形式"。[30]"单位组织中利益和权力的关系，决定了单位人的行为选择和行动策略，从而对单位组织的结构和行为方式，乃至对社会的制度体系产生影响。在单位组织中实际存在的社会关系，更准确地说，单位组织中的社会网络，更直接地决定了单位人的利益和行动策略，决定了单位组织中权力结构和资源的分配结果。"[30]

（六）单位的权力就是组织人的权力

权力本质上就是单位的权力。个人的权力都是凭借单位的权力才能获得，离开单位，所有个人的权力都将不复存在。组织人的权力也是依附于单位权力而存在的，离开了单位组织，组织人也就不再具有这种权力了。单位的权力陷阱就在于个人可以随意滥用单位权力且具有普遍性，这才是危险根源所在。正是因为组织人掌握着单位组织的权力，如果运用不慎就会引起非常严重的危害。所有的官僚主义、贪污受贿、腐化堕落都是由单位权力所致的。

单位内部出现的危害莫过于人才的逆向选择或小团体的利益结盟以及所造成的内部派系相互之间的争斗。这样不仅会导致单位组织内部的力量分散，造成单位整体力量的下降，组织目标的背离，而且极具破坏性。单位权力对内部来说就是单位的规章制度，而单位的制度对所有人员都有同样的约束作用。这就可能成为刁难对手的一种制度武器，能击倒他想要攻击的对象。

单位组织存在一个利益悖论：即单位整体利益的最大化与单位内部每个成员的个体利益的最大化是相矛盾的。应该说单位整体利益的最大化是单位内部各部门协同努力的结果，而并非内部各部门都能达到各自利益的最大化。"短板效应"说明了只要有一个部门拖后腿，就会导致所有部门的优势受损，也就无法达到整体利益的最大化。而单位内部的利益激励机制也正是拉大这种利益分配差距的根源。单位是有边界的，单位内部的人员一般职位越高，经济利益也会得到得越多。在竞争的环境中，人们不会去协助他人取得成功并获取最大的利益而使自己落后于他人。于是每个个体在追逐利益最大化的同时也就不可能兼顾到单位整体目标的利益最大化。

单位内部的激励机制本身希望有利于整体目标最大化的实现，但是由于制定激励机制本身就存在着公平性和科学性的难题，最后必然存在分配是否合理的问题，这就会造成单位内部的矛盾加剧。一般来说，实现单位整体利益的最大化是单位内部有一部分人必须是顾全大局的，如果没有这部分人做出奉献也就不可能会有整体利益最大化的结果。如果存在部分吃亏的人，而且是心存怨气或不甘而被迫接受，那么所产生的潜在的危害对组织而言是十分危险的。这不仅是一种消极的抵制，还可能成为日后造成组织失败或垮台的助推者。这种理论适用于各种组织，甚至包括国家。

古今中外人类社会管理遇到的难题有二，即官僚制和社会财富的分配问题，激励机制只是由财富分配而引申出来的。尤其是进入 20 世纪以来这两个问题更加突出，其实质都和单位组织相联系。正是因为单位具有这些特殊的权利和作用以及强大功能，所以研究单位组织中的人就是至关重要的。在历史的长河中，国家、组织和个人三者之间发生的最大变化就是组织的变化，在中世纪文艺复兴之前是体现国家、家族或家庭和个人三者之间的关系。到了 19 世纪后期，尤其是在工业革命以后，以及进入 20 世纪以来大量企业的出现改变了以往的这种社会格局，形成国家、企业或家庭和个人三者之间的关系。可以说国家和个人的变化都是随着组织形式从家庭到企业组织的演进而变化的。这一变化是社会发展进程中最大的变化。

人类社会的发展只是从家庭转到了企业，由此而发生了社会关系的巨大变化。这一变化在于单位替代家庭不仅是一种物质的变化，而且是社会关系发生了巨大的变化。从社会治理来说，单位所拥有的权力是家庭所没有的，而这种权力的运用又无处不在。因此，单位和家庭虽然都可以对人产生重要约束，但是单位和家庭二者之间有着极大的区别。

（七）单位和家庭的区别

单位是组织，家庭也是组织，按照管理学的分类家庭属于非正规组织。单位和家庭是一个人在社会上谋生和生活最为重要的两个基本组织，对绝大多数人而言，一辈子就是在这二者之间来回穿梭。因此，要分析人的行为，单位和家庭都是不可或缺的重要因素。如果说人的行为受到组织的影响，那么，毫无疑问，家庭组织和单位组织是起决定性作用的。而且这种影响持续时间之久、作用之大足以改变一个人的行为决策和选择，甚至能改变人的性格和脾气。三年或更长时间的军旅生涯可以铸造或影响一个人的生活习惯，并可延续终身。长期的职业习惯能形成人所独有的固定的思维模式和行为习惯，就像教育可以影响人的终身一样。这些因素对一个人的行为具有极其重要的影响和作用。

应该说人的行为在家庭里更趋向于展现自然属性的一面，而在单位则趋向于展现社会属性的一面。在家里可以展示人的真实的一面，一个人所有的性格脾气、内心思想，无论是正确或错误的、高尚或卑鄙的、健康或猥琐的、利他的或自私的等等，任何的想法或行为都可以在家里暴露无遗。在家里既不需要伪装，也不必虚伪，家是人的最为私密的场所。在家庭里人的动机和行为基本是一致的。可以说，在家庭里基本不会出现机会主义。

人在单位的行为和在家庭里的行为会出现很大的反差。在单位里是很少会暴露出自己最真实的想法和不健康、不正确或不道德的思想，单位是公开场合，人的言行都会造成对自己有利或不利的影响，留下好与坏的评价。人在单位里有一种本能式的自我保护意识。单位是一个人机会主义表现最多、最频繁的场所。

人在单位里的动机和行为具有不一致性或可以分离的现象，这也是组织人的一个非常重要的特征。

三、家庭组织

家庭是特殊的组织，是人类最早出现的组织形式之一。摩尔根把人类发展的历史分为蒙昧时代、野蛮时代和文明时代三个阶段。摩尔根认为，人类祖先在蒙昧阶段时就已经出现了家族制度而且"在现代人类的某些分支当中仍然能找到例证"。[31] "人类在蒙昧阶段的后期和整个野蛮阶段中，一般都是按氏族、胞族和部落进行组织的。在整个古代世界，这些组织到处流行，遍及各大陆；它们是古代社会赖以构成、赖以团结的手段。"[32] 现代社会的单偶制家族是到了文明社会阶段以后才出现的。"社会组织的基本单元就是氏族。……在氏族出现之后，经过了不知多少代才开始出现单偶制家族。而直到人类进入文明社会之后，它才得以稳固地建立。"[33] 恩格斯在《家庭、私有制和国家的起源》一书中写道，"亲属关系在一切蒙昧民族和野蛮民族的社会制度中起着决定作用。"[34] 马克思在《德意志意识形态》中也说道，"夫妻之间的关系，父母和子女之间的关系，也就是家庭。这种家庭起初是唯一的社会关系。"[35]

亚里士多德认为，人类"首先就组成家庭。……家庭就成为人类满足日常生活需要而建立的社会的基本形式"。[36] 卢梭则认为"家庭是政治社会的原始模型"，[37] "一切社会之中最古老的而又唯一自然的社会，就是家庭。然而孩子也只有在需要父亲养育的时候，才依附于父亲"。[37]

罗素在研究考察人类生存状况及分工时说道，"各种社会群体中最牢固而且最受本能驱使的，过去是，并且现在仍然是家庭。由于有很长的婴幼期，并且由于幼婴的母亲在食品采购工作中受到了很大妨碍这一事实，家庭在人类当中是必不可少的。"[38]

家庭作为一种自然形成的群体，我们把它视为一种特殊组织来分析，应该不会有人会提出异议。自从加里·贝克尔获得诺贝尔奖之后，他把家庭作为经济学的研究对象，[39] 并且他对家庭中的分工、消费、婚姻、生育等的经济学分析引起了人们的关注。他在《家庭论》前言中表示，"家庭组织及其行为对经济学来讲也是一个强有力的挑战。"[39] 虽然经济学界对他的分析和解释有不同的看法，但是家庭作为一种特殊的组织是不可怀疑的。

贝克尔认为，家庭是人类社会生活最基本的一个细胞，"尽管千百年来社会、经济、文化环境已经发生了巨大的变迁，而家庭却依然保留了对全部制度的最大影响。"[39] 在包括现代市场经济在内的一切社会里，家庭对一半或一半以上的经济活动都承担着责任。通过对家庭的分析，不仅可以窥见人类历史的许多方面，而且可以指导人们未来的行为。[39]

贝克尔对家庭影响人类行为重要性的认识是正确的，但是对家庭和婚姻的产生或续存的经济解释是缺乏现实依据支撑的，尤其是脱离历史和生物学的观点备受争议。摩尔根的研究成果表明，家庭和婚姻的存在远比现代社会人的经济活动出现得早很久。用现代社会的经济观点解释远古人类的家庭和婚姻显然是空中楼阁。家庭变成了"家庭公司"，"婚姻被视为某种经济机构，在这个机构里，家庭活动的分工由一系列暗含的费用来决定，配偶双方通过责任分工是可以'最大化'家庭生产潜力的安排"。[40] 这些经济解释缺乏依据。虽然现代社会的家庭和婚姻与远古人类的家庭和婚姻相比存在较大区别，但是经济绝不是主要的因素。从历史来看，人类的繁衍生存其生物学的意义显然要远比经济学的意义重要得多，也久远得多。否则，人类早已消亡。

亚当·斯密曾经说过："每一个人都会比其他人更敏感地感受到自己的快乐与痛苦……除了他们自己以外，通常与他们一起生活的家庭成员，比如他们的父母、他们的孩子和兄弟姐妹等，都是他们最为钟爱的对象，也就自然地经常成为对他们的幸福或者痛苦有着最大影响的人。"[39] 家庭成员之间的这种相依为命、同甘共苦、荣辱与共的关系是任何组织之间的成员所无法相比的。

"人生最大的快乐和最深的满足，最强烈的进取心和内心最深处的宁静感，无不来自充满爱的家庭。努力进取、积极探索、尊敬同事及乐于和大家在一起，虽然也使人得到满足和快慰，但是如果没有日常和睦的家庭生活给人以安然的幸福感，那么这些满足和快慰都难免不完全。这种由于置身于一个亲密、温暖的家庭所获得的奇妙快乐的感觉，实在是无法从其他地方得到。"[41]

马歇尔在分析人与家庭的关系时认为，"家庭情感一般仍是利人主义的一种纯粹的形式，如果不是因为家庭关系本身是有一致性的话，则家庭情感的作用恐怕就表现不出什么规律性来。事实上，家庭情感的作用是相当有规律的。"[42]

对于一个人来说，家庭是最真实的表现场所，不需要伪装，一般也不会去伪装。率性、真实、坦诚、所有的兴趣爱好、性格脾气都会显现出来，无拘无束，轻松自然，没有秘密，不会算计和欺诈，所以把家庭比作心灵的港湾是正确的。家庭成员之间一荣俱荣、一损俱损。我们相信在家庭里即使暴露出最致命的弱点，也不会遭受到任何的伤害。这就是家庭能够成为最紧密型的组织的原因。家庭成员之间是一种利他和奉献的精神，甚至可以用生命来捍卫。"亲缘之间的利他性"是生物学可以通过实验证实的。这是其他任何组织都无法相比的，谁都不会怀疑，一个人的行为受到来自家庭的影响是最大的。

中国古代"齐家"和"治国"是相通的。"中国一般读书人都记得'天下之本在国，国之本在家，家之本在身'的格言。"[43]在儒家思想中，只有做到齐家，方能治国。"一屋不扫何以扫天下"，"不谋一域何以谋天下"。王亚南在《中国官僚政治研究》一书中写道，中国从汉武帝时董仲舒主张罢黜百家、崇尚儒术。儒家推崇"三纲五常"的教义为社会治理建立秩序。"纲常之教的重心在乎三纲，即所谓君为臣纲，父为子纲，夫为妻纲，亦即君权、父权、夫权的确认。从表面上看，只有君臣的关系是有关政治的，而父子、夫妇关系则是有关家族的。但中国纲常教义的真正精神，却正好在于它们之间的政治联系。"[43]只有家庭和家族稳定，社会才会稳定，国家才能长治久安。于是，控制了家庭和家族就等于稳定了社会和国家的根基。"中国以父家长为中心的家族制和宗法组织，虽然是在专制——官僚的政体实现以后更加强化了，但在这以前，却显然存在着这样一个可供官僚政治利用的传统。国与家是相通的，君权与父权是相互为用的。"[44]

"中国的宗法组织，原是创始于周代"。中华文明能延续几千年而没有中断，而且疆域广袤，人口众多，还不是依靠宗教或迷信的力量就能做到，不得不说是人类发展史上的奇迹，功劳应归于儒家思想。宗法制度和家国统一的思想是起决定性作用的。"家族政治有一种连带责任：在有所劝的场合，就是'一人成佛，鸡犬皆仙'，'满门有庆'；在有所惩的场合，就是一人犯法，九族株连；其结果，父劝其子，妻励其夫，无非是要大家安于现状，在现状中求'长进'，求安富尊荣。而天下就因此'太平'了。"[43]不可否认，这种对人的管制和束缚具有极大的震慑作用，确实行之有效。虽然现在已经不再有株连式的罪名，但是株连式的思维习惯却还是根深蒂固地植根于人们的内心。这也说明人们相信家庭组织对人的重要性是永远不会改变的。

贝克尔认为"尽管随着时光的流逝，社会和经济环境已经发生巨大的变迁，而家庭却依然保留了对全部制度的最大影响力"。[39]纵观古今，家庭组织的特殊性主要基于以下三个因素：

一是血缘关系。对于一个正常家庭来说，成员之间依靠这种血缘关系是最原始、最基本也是最牢固的结合。尽管千百年来社会、经济、文化、环境发生了巨大的变化，但是家庭依然是维系人类社会生活最基本的细胞这一点并没有改变。这是基因的神奇力量，是大自然生物延续的本能。父母为了小孩免受痛苦或灾难，会毫不犹豫地挺身而出，承担任何不幸，为了保护小孩即使牺牲自己的生命也在所不惜。如果说人的动机是决定人的行为的主要因素，毫无疑问这种血缘关系是在家庭和家庭成员之间起决定性作用的因素。

在博兰看来为了家庭成员的生命健康，即使抢劫银行也是理性的行为。"我们的一名最亲密的友人在抢劫一家银行时被抓获。……他的孩子需要动一次费用非常昂贵的手术，并且他希望他的孩子能够接受这次手术，但是在手术不能为期过晚以前，他又没有合法途径凑足这笔费用。抢劫银行是达到其目的的唯一途径。"[45]

二是法律关系。家庭也是一个法律概念，家庭成员具有法律上的一体性，这在古今中外任何国家的法律中都能得到体现。这种权利将受到法律的保护，同时如果家庭成员之间没有履行义务也会受到法律的制裁。极少有人会冒着违反法律的风险而不顾家庭自行其是。每个国家都会制定法律来保护家庭成员的关系和利益。威廉姆森认为，"任何一种将父母置于子女对立面的敌对听证会肯定是破坏性的，它使家庭内部关系处于重负与紧张之中，继而又削弱了作为一种制度的家庭。"[46]

三是经济关系。家庭的经济关系是一种混合型关系，或称为复合体，既可以把每个家庭成员看作独立的经济个体，也可以把他们看作一个经济整体或共同体。因为家庭成员既有每个人自己的收入和支出的权利和消费需求的偏好，同时成员之间也会兼顾他人的需求和爱好。这种家庭成员个体的经济独立性和家庭内部经济的整体性的结合是家庭经济特有的现象。这种特征在其他组织和成员之间一般并不存在。我们说人的自私在一般情况下都是指一个人本身的自私，因为自私的行为可能会给他自己带来好处。但是对家庭而言并不仅是代表个体，这种直接的利益相关性也可以代表一个家庭组织的整体。

休谟认为，"家庭的一切开支虽然一般是在家长的支配之下，可是极少有人不将他的家产的绝大部分用在妻子的快乐与儿女的教育上面，而只留极小的一部分供自己享用与娱乐。"[47]事实上，很多时候一个家庭成员的自私行为并不是为了他自己本身的利益，而是为了家庭的其他成员。这是非常普遍的现象，当一个母亲为了她的小孩多拿了免费食物或多占了公共资源时，人们就会用鄙视的眼光看待她。其实她自身并没有得到任何好处，受益的可能是她的小孩。但是在外人眼里是不会去区分一个家庭和成员之间的这种利益关系的。人们说她自私并不是仅指她个人是自私的受益者，而是她的自私行为被看作为了她整个的家庭。人们普遍都知道这样一个基本事实，一个家庭的资产、收入、财富、债权和债务等所有经济利益关系都是共同拥有的，没有人会严格将他们完全分开看待。对其他人而言，这个家庭的所有成员就是一个经济整体。

马歇尔认为，一个人"他的动机既然包括家庭情感在内，为什么它就不能包括其他一切利人的动机，其作用在任何时间和地点的任何等级的人之中都是如此地一律，以致能被变为一般法则在内呢？这似乎是没有理由的"。[48]显然马歇尔忽视了家庭与其他组织及成员之间的这种本质区别。

把家庭和家庭成员之间的经济关系分别分析清楚是很有必要的。一方面可以证明家庭就是一个利益共同体，而且是一个特殊的组织。家庭成员的行为动机既可以代表他本人，还可以代表他家庭的共同利益。另一方面，家庭成员之间也有各自的个人利益，家庭成员个人的自私行为只有在家庭内部才会表现出来，在家庭内部想多霸占或多使用经济和财富的行为才会被认为是自私的。

假设一位农民将自己种的蔬菜挑到集市去卖，共卖得50元钱，他用10元买了一包香烟，又用10元买了一笼包子充饥，再用10元买了自己喜欢的物品，一共消费了30元。这种行为极其平常和普遍，没有任何外人会认为他的这种行为有不妥之处，他更不会遭受非议。因为蔬菜是农民自己的生产所得，用自己的劳动所得换取自己的消费再合情合理不过了。但是，如果从家庭的收入是家庭成员共同的财富来看，作为家庭成员的妻子或孩子会认为他的这种行为是自私的表现。在得到50元收入时他竟然个人消费了30元，占到60%，而没有顾及家庭其他成员，这种指责也不是毫无道理的。在这里我们看到的这位农民，既无不良的行为动机也无不良的恶习，但不可否认他是作为一名家庭组织成员生活在家庭当中的。事实上家庭组织对他的行为具有约束作用。

我们再进一步假设分析，这位农民是一个种植业或养殖业的专业户，他的收益所得是50万元，他取得收入后一次性地将10万元用于自己的消费和挥霍，虽然只占了收入的 20%，但人们又会怎样评价呢？至少他的家人是绝不会沉默的，也许会吵闹，也许会做出更为激烈的行为，而且邻居或旁人一般也会偏向同情作为其家庭成员的妻子或孩子。

从组织人角度来分析，家庭成员利用自己获得财富的机会优先挥霍或使用构成了对家庭财富"以权谋私"的行为。说农民以权谋私人们会觉得小题大做，但事实上，该农民的行为构成了组织人寻租腐败的各项要件。家庭是一个组织，组织人寻租腐败行为的特征应该是一致的。在这里可以看到，同样是组织人的行为，官员以权谋私和农民以权谋私的行为机制是一致的。我们不能因为同样的事件性质，对于不同人的身份而可以区别对待，这在逻辑上是相悖的。从经济学角度进行的分析和道德的评判标准是不同的，我们不能认为一个人的行为值得同情就可以枉顾是非标准，也不能因为一种行为符合道德标准就认为它一定符合经济学的标准。

上述对家庭的分析只是为了说明家庭是一种组织，而且是一种特殊的组织，并且这个组织对一个人行为的影响常常起决定性的作用。

四、网络组织和虚拟组织

进入 21 世纪以来，随着科学技术的发展，特别是互联网的发展，组织的概念发生了很大的变化。组织的演化路径已从实体组织向虚拟组织或网络组织延伸，由共同的单一目标向多目标或不确定性目标拓展。在社会组织中，非正规组织的数量已远远超过正规组织的数量。现在组织理论的发展已经涵盖整个人类社会。尤其是网络社会已从虚拟化走进人们的生活。美国克莱·舍基的《人人时代：无组织的组织力量》[16]一书的出版也表明了现代社会组织已经进入一个全新的时期。非正规组织和网络组织的力量越来越强大，绝不可忽视。

互联网的发展已经完全改变了人们对组织的认识，人们之间的联系与沟通越来越便利和快捷，"一种看不见摸不着、无组织的组织力量"[16]将人们联系起来。"人与人像日常生活那样联系，凭感觉、缘分、兴趣快速聚散；而不是像机关、工厂那样'天长地久'地靠正式制度强制待在一起。"这种"人人要靠社会性软件联结"的组织已经确确实实改变着社会关系和社会的组织，"关键是人与人之间关系的改变"。这些"具备新能力的群体在形成，它们的工作无须遵循管理规则，克服了限制其有效性的传统桎梏"。[16]

网络组织已成为社会学家关注和研究组织理论的重点，贝克将网络组织定义为"一种跨越正式边界的整合的社会网络"。迈尔斯和斯诺对网络组织的定义是"通过市场机制而不是指挥链联结在一起的一群公司或专业部门"。两个定义所强调的是完全不同的方面：第一个定义认为网络的核心是跨越正式边界的社会关系，而第二个定义则认为关键的特征是协调正式单位之间关系的市场机制。[49]安科拉提出的"新组织模型的关键特点是网络性、扁平性、灵活性、多样性、全球性"[15]，这正是网络组织的特征。

网络组织作为一种虚拟组织或隐形组织，是随着互联网技术的发展而出现的一种组织形式，这种发展趋势已经势不可当并且越来越迅猛。这是一种全新的组织概念。每一个微信群或QQ群就可以视为一个网络组织，大量的微信群和QQ群就足以说明网络组织的普遍性。研究这类组织并不是本书的任务，本书仅仅是想说明这种虚拟组织存在的客观性和特殊性，必然会对现实中的组织人产生实质性的影响和作用。在网络组织或虚拟组织中出现的组织人，我们称为"网络虚拟组织人"或"网络组织人"。网络组织人也是组织人，是现实中的人在虚拟网络中的各种行为表现。网络组织人的具体名称可以五花八门，其实就是现实中的某个特定对象。对各种网络组织存在的现实性是因为它确确实实会影响一个人的行为。现在人们的交友途径已经从陌生人到网友，再到现实中的朋友或情侣，甚至结为连理的也不在少数。

网络组织虽然是一种隐形组织，但不是秘密组织。网络组织虽有隐秘性，但这种隐秘是一种带有个人隐私性质的群体，如大量的微信群就可以被认为是这类网络组织。秘密组织一般是指为了特定的不可告人或不公开的目标而组成的特定的群体。秘密组织可以利用网络而成为一个网络组织。网络组织和秘密组织是一种交叉关系，网络组织中有可能存在秘密组织，而秘密组织中也有可能存在网络组织。

网络组织没有组织架构，没有固定的人数，它是完全依靠或借助于现代网络平台形成的非正规组织。"人们拥有了在机构之外组建群体、共同行动的能力，这是巨大的变化，它不是对当今社会的一种改进，而是一种挑战。"[16]可以说只有"目的或目标"才可以证明这一组织的存在。未来判别是否是组织的唯一标志也许只有目标了。目标也是唯一能够表明这种组织的存在性的事物。一旦离开了目标这一唯一的标志，网络组织就很难称其为组织了。

五、国家组织

国家是组织的观点现在已经得到理论家们的普遍认同。奥尔森的观点具有普遍性，"国家只是组织的一个特殊形态。国家提供共同收益，或者为大众谋福利，这一思想在一个多世纪以前就产生了。"[50]霍布斯早就提出过，"现在的城邦和王国不过是大型的氏族而已。"[51]

恩格斯认为，在人类历史发展的漫长过程中，"国家并不是从来就有的。曾经有过不需要国家而且根本不知国家和国家权力为何物的社会。在经济发展到一定阶段而必然使社会分裂出阶级时，国家就由于这种分裂而成为必要了。……随着阶级的消失，国家也不可避免地要消失。"[52]同时，"国家绝不是从外部强加于社会的一种力量。……确切地说，国家是社会在一定发展阶段的产物；国家是承认：这个社会陷入了不可解决的自我矛盾，分裂为不可调和的对立面而又无力摆脱这些对立面。"[53]列宁根据恩格斯的论述又做了更加精辟的总结，"国家是阶级矛盾不可调和的产物和表现。在阶级矛盾客观上不能调和的地方、时候和程度，便产生了国家。反过来说，国家的存在证明阶级矛盾不可调和。"[54]

马克思主义在考察国家的历史进程中更多的是从阶级冲突的视角审视的，资本主义也并不否认或并不在乎在它之前的历史是一种怎样的对立，而更为关心的是在它产生之后的现实的对抗。如果说国家的产生与部落矛盾或阶级矛盾的冲突对抗具有必然的联系，那么就不能否认国家就是一种组织形式，是一种特殊的组织。从经济的视角得出"国家论"与"阶级论"的一致性是马克思和恩格斯的贡献。

从现代国家来看，国家机构的组成、运行的方式、管理的模式和目标的特征都体现出国家是一种名副其实的组织。国家所有的功能、职责和特征都与组织类同。国家以维护全体国民的共同利益作为自己的目标；国家内部实行组织化的管理模式；国家是社会各种组织的利益集团的博弈场所；国家和企业的功能相似，都具有竞争性；国家与政府之间的关系似乎更像是一种委托代理的关系。

经济全球化正在加速改变国家和世界的经济和政治格局。如同企业有自己的区域一样国家有自己的边界且神圣不可侵犯，这也是组织的一个典型特征。国家的疆界是清晰的，虽然可以作为隔离的屏障，但国家之间的经济交流越来越频繁，要想利用国界阻止人口和经济的流动变得越来越困难。经济与利益互相渗透交错使得东西方国家之间的冲突看似越来越淡化，意识形态的对抗较量似乎趋于缓和。人们讨论更多的是经济、产业、环境、人权、民主和自由。国家及内部之间的矛盾差异更多的是民族、宗教、种族、文化、习俗等，现在人们要进入一个国家的地界并不复杂，而要融入这个国家的民族、宗教、文化、习俗却是非常困难的事。跨越国界的便捷，并不代表民族之间隔阂的削弱和减少。

（一）国家内部所有机构都是组织并实行组织管理模式

国家是组织的观点在于国家内部所有的机构都是组织。代表国家的最高权力机构和联邦政府或中央政府本身就是一个组织，国家管理是一种组织化、多层次的管理模式。可见，国家本身就是一个包容所有内部组织的最大组织。吉登斯认为"国家行政实体均是组织"。[55] 国家分层次的管理模式是最基本的组织特征之一。组织学和管理学中的许多原理也适用于国家管理。事实上"科层制"和"官僚制"就是产生于国家政府组织机构的通病。吉登斯将政府的行政机构表述为"国家机器"，"认为各式国家机器都是由多种组织构成的"。[56]

"国家也是一种组织，执行国家意志的政府在行政管理上是分层次和分部门的，于是一切全民所有制企事业组织就分别隶属于各级政权组织。"由于历史的原因，新中国成立以后，政企一直缠绕不清。所有政府或官办组织或企业都有严格的等级制，无论是地方政府还是科研院校或者企业组织都是如此。"行政管理权限的划分使这些组织不仅都具有行政血缘关系，而且也有了行政等级，'处级工厂''局级公司'的概念便由此而生。"[29] 这种现象的出现在于有许多新兴城市的建立之初本身就是一个大型国有企业或大型组织，一座城市就是一个企业或组织。企业里的所有机构设置几乎和城市功能完全吻合，有行政、司法、公安、法院、医院、学校等部门，甚至官员也身兼两职或数职。没有谁能将其严格区分开来。事实上，这种企业、组织、政府已经完全混合为一体。即使实现政企分离，要真正严格区分还是有困难的。因为对大型企业和大型组织的管理与政府城市的管理功能基本是一致的。这种社会治理结构模式用科斯的交易费用理论来解释有其一定的合理性，也合乎逻辑。

（二）国家的目标就是一种组织目标

国家的目标就是一种组织目标。国家保护国民的利益就是保护自己的利益，民富才能国强，国强才能护民，二者目标是完全一致的。维护全体国民的共同利益和人民生命及财产安全是国家的目标和职责。现代国家的强弱体现在经济实力上，国家要实现自己的强国目标就一定要发展经济。经济强则国家强，经济弱则国家弱。国家的强弱唯有从外交的层面上来看最为明显，自古就是"弱国无外交""穷国易受辱"。在这方面，国家与组织尤其是家庭组织极为相似。

国家只有经济强大、国力强盛，才能保护人民生命和财产安全，维护本国人民的尊严。人民的利益与国家的利益完全一致且具有共同的命运。亡国奴的命运就极其悲惨，历史上的屈辱事件无数，教训极其深刻。现代世界上的国家也是如此。中东战乱导致大量平民流离失所，无数妇女儿童、老弱病残、居无定所者被遣返，被贩卖，被凌辱而惨不忍睹。斯特雷耶认为"在现代世界，最可怕的命运莫过于失去国家。……一个没有家庭的人可以有一个合理而完整的生活，对于没有固定居民身份或宗教归属的人也是如此。但如果他没有国家，他什么也不是。他没有权利，缺乏安全保障，几乎没有机会去得到有意义的职业。在国家组织之外，不存在所谓的救星"。[57]

（三）国家和企业的功能相似，都具有竞争性

国家之间存在着竞争的态势，犹如企业的竞争，二者极为相似。在迈克尔·波尔看来所有与企业相关的内容都与国家相关，原本都只是企业关注的产业政策、比较优势、发展战略、规模经济、技术发展、核心竞争力、竞争优势等都可以上升到国家层面，成为国家的产业政策、比较优势、发展战略、规模经济、技术发展、核心竞争力、竞争优势。波特认为"如何提升国家竞争力"[58]已经成为每个国家从产业界到政府人人关心的主要议题。"新的竞争优势理论必须从比较优势的观念提升到'国家'竞争优势层面。"[59] "在国家层面上，'竞争力'的唯一意义就是国家生产力。"[58]国家经济的升级需要生产力的持续成长，但是企业生产力的提高则必须借助提高产品质量、增加产品特性、改善产品技术和提高生产效率等方式。"假如没有国际竞争，一个国家的生产力是可以单独评估的。但是国际贸易和海外投资一方面带给国家提升生产力的机会，同时另一方面也形成一股力量，使得该国不能稍有懈怠，就算不能持续增加生产力，至少也要维持同样的水平。"[58] "如果生产力较高的产业失去了国际竞争力，那么这个国家维持生产率增长的机能就会受到威胁。"[60]如果在国际贸易中各国政府不再保护缺乏竞争力的产业，各国之间的市场优势地位必然会因竞争力的强弱而出现更大的差异。

现代国家和企业之间的关系已经到了无法完全区分或割裂的状态。在国际竞争的舞台上企业竞争力和国家竞争力之间的界限已经非常模糊不清，有时甚至可以互相替代。"全球化、信息技术和竞争压力改变了许多行业先前扩大规模和范围的发展趋势，当代跨国公司对现代组织理论的许多范畴和假设提出了挑战。从活动领域来看，公司越来越像国家；从参与竞争和与其他行业的关系来看，国家越来越像企业。"[61]在企业的战略目标与国家的战略目标

完全趋于一致的情况下，互借势力、互为依靠也就成为双方发力的平台了。企业是提升国家竞争力的基础，企业要具备国际竞争优势，"决定条件在于企业所处的国家能否在特定领域中创造或保持比较优势，这也就是一个国家的竞争优势"。[62] "国家是企业最基本的竞争优势，原因是它创造并延续企业的竞争条件。国家不但影响企业所做的战略，也是创造并持续生产与技术发展的核心。"[62] 现代国家之间的武装冲突除了边界纠纷等问题之外，几乎都与企业在全球竞争中的战略有关。

科斯特从国家和企业组织都具有竞争性的特点来论证二者之间的类似。"近年来，公司和国家变得越来越惊人地相似。美国的公司提供许多在其他国家由政府提供的社会福利：医疗保健、托儿所、养老金等。公司越来越多地建立和拥有各种法律功能和程序：内设法律咨询服务、内部争端解决程序、处罚听证和申诉程序——很像法院。公司经常会赞助所在社区的艺术展览，支持廉租房建设，向低收入人群提供医疗补贴，帮助自己的员工解决接受高等教育的费用等。这些公司项目的规模有的并不比国家项目小，例如，沃尔玛的雇员数是冰岛人口的 6 倍。从某些方面看，有些'很有社会责任'的全球化公司的所作所为甚至远远超过美国的联邦政府，完全可以与欧洲的福利国家相比！"[63]

（四）国家与国家之间的关系其实就是组织与组织之间的关系

国家是一种特殊的组织，国家与国家之间的关系其实就是组织与组织之间的关系。国家与国家之间的外交联系、相处原则、交流往来、利益纷争、经济贸易、矛盾处理、相互对抗甚至发生战争，都体现出一种正规组织之间的关系。可以说，国家所有的特征都体现出一种组织行为特征。而且这种关系随着时代的发展和经济利益格局的不断变化会发生变化。大国外交政策的调整就说明组织目标相机而变。

汉斯·摩根索的理论对大国外交政策的相机抉择的调整无疑起到积极的作用。"我们所处的历史时期，由于需要以超脱的而不是排他的措辞重新阐述国家利益，因而不同于以前时期的历史。从惯例上来讲，以及今天在很大程度上来说，满足 A 的国家利益，就等于不能满足 B 的国家利益。因此，A 要促进其国家利益，只得冒与 B 发生冲突的风险。现代技术的发展已使这种关系发生了根本的变化。在更大的程度上，A 所追求的某些国家利益不必牺牲 B 的国家利益，但情况恰恰相反，对 A 的国家利益给予满足同时对 B 也会有利。……要使 A 的国家利益能够得到满足，首先必须通过与 B 的合作；其次，

A 所获的利益并不依靠损害 B 的利益，而是依靠 B 也得到利益。换言之，A 的国家利益只有在同时满足 B 的国家利益的情况下才能得到满足。为了使双方都得到满足，就必须超越 A 的利益的排他性并同时兼顾 B 的利益。"[64] 可以说，国家之间从对抗到互惠互利的转变与组织之间的互惠关系的转变是完全一致的。

另外，国家和企业组织的相似性还在于现代国家之间也具有债权债务关系，巨额的主权债务危机也可能导致国家破产。欧洲许多国家已经出现债台高筑的问题，未来还会出现更多的国家被这些债务所困扰。" '国家破产' 即将来临，对此我们确定无疑。"[65] 雅克·阿塔利在《国家的破产》一书中说道："欧洲的公债，相当于欧盟国内生产总值的 100%；其中英国的公债相当于欧盟国内生产总值的 80%；希腊的公债相当于欧盟国内生产总值的 135%，其中三分之二是欠国外的。"

（五） 国家内部是社会各种组织的利益博弈场所

任何国家内部都是由无数个不同利益集团组成的，这些组织代表了各自不同的利益群体，所有矛盾都是这些组织之间的利益纷争、冲突和争夺而引起的。确切地说，国家内部的矛盾几乎都是不同利益组织之间的博弈较量。而政府是平衡协调各种组织利益博弈的裁判或最后的仲裁者。裁判的公正性和公平性都是相对的，没有绝对的客观标准，一般来说，以不至于引发组织利益的悬殊而导致矛盾和冲突的激化造成社会的动荡为准。康芒斯认为 "市场机制本身并不会给经济社会中各个集团带来公平的结果"。[66]

现阶段国家内部的阶级斗争两大对立的矛盾已经淡化，不再表现为社会的主要矛盾。确切地说，这种阶级矛盾并不是消亡，而是转变为当今许多社会组织的矛盾，其对抗性的表现也不再像 20 世纪 60 年代之前那样激烈。今天，国家所拥有的经济分配和再分配的强大功能，已成为各种利益集团组织竞逐的主要目标，各种组织都想从中获得更多的好处。

（六） 国家与政府的关系更像是组织理论的一种委托代理的关系

现在世界上的国家与政府之间的关系实际上就是一种委托代理关系。政府首脑由民选产生，有明确的任期制，有一定的报酬收益。还有罢免制。这种关系与经济制度无关，与国家体制无关，与意识形态也无关。

至于哪种国家制度和经济体制更能适应经济的发展，在经济学理论中目前还无法得出明确的答案或具备确凿的证据，更多的还是意识形态的纷争，而在意识形态的背后则是经济利益的争夺。

诺斯相信只要国家建立一套私有产权制度就可以保护公民的财产不受侵犯，同时为了防止出现官僚主义和机会主义可以采取交易费用理论来加以制约。"国家基础结构的创立旨在界定和实施一套产权，并指定统治者代理人的权力代表。由于代理人的效用函数与统治者并不一致，因此统治者要设立一套规则以迫使他的代理人与他自己的利益保持一致。然而，代理人在一定程度上并不完全受统治者的约束，因为存在着统治者权力扩散。这也会降低统治者的垄断租金。我们可以通过探讨一个经济若干部分的交易费用来预示这种官僚结构。"[67]实际上，国家对代理人的约束和控制能力是十分有限的，这种利益关系既有各自的利益，也有相互关联的利益，互相交错极其复杂。

如何才能取得在相关利益的条件下达到各自利益的最大化，这就是组织人与组织之间的一种利益权衡的选择。只有当组织和组织人的利益同时达到最大化时，效益目标才是最佳，或者说组织效用最优。但是，在现实中这种状态往往都是短暂的，很难维持长久。无论是一个国家还是企业或单位都是如此。只要外部的环境、时间、约束条件等发生变化，就都可能引起变化。

经济体制和制度设置都是人为设计的。虽然西方经济学大师一直坚信并极力在理论上加以证明，只有完全的市场经济才能实现帕累托最优，然而并非所有的经济学家都认同这一观点。尤其是中国 40 年的改革开放实践已经用事实证明了社会主义也可以实现高速增长的经济模式，于是制度本身谁是谁非变得不是那么重要了，走什么道路可以由自己的国家和人民来选择。问题的关键变得越来越现实，就是国家能强盛，人民的生活水平能提高，国家能抵御外来的干涉，经济能持续地保持一个较高的增长水平就是国家体制成功的标志。

林毅夫曾经提出过一个观点："在世界上现有的社会科学理论中，也就只有解释一个文明如何由盛变衰或由衰变盛的理论。怎样解释中华文明这一由盛变衰、再由衰变盛的奇迹，将在下个世纪成为社会科学研究中最具挑战性的一个课题。"[68] "可以说到现在为止，在人类文明史上还没出现过由盛而衰、再由衰而盛的文明。如果我国真能在下个世纪再度成为世界上最大最富强的国家，中华文明将创下人类文明史上第一个由盛而衰、再由衰而盛的旷世奇迹。"[68] "不仅中国的经济学家和其他社会科学家会对此感兴趣，世界上其他国家的经济学家和社会学家也会热衷于这个问题的研究。"[69]组织人理论可以解释一个文明由盛而衰的根源，然而要再想实现由衰而盛的文明也不是不可能，至少组织人理论已经在理论上证明了这种转变的可能性。能否实现在很大程度上取决于一个国家和民族的组织人的智慧和勇气。

六、阶级组织

阶级是一种特殊的组织，无论是马克思主义还是经济学和管理学都明确地表达了这种思想。组织包含了阶级。阶级论和组织论是矛盾的普遍性和矛盾的特殊性的关系，二者是并行不悖的统一体。阶级是组织的论证主要有以下几点：

第一，阶级就是代表一个组织或多个组织。韦伯提出"'阶级'应该是指处于相同阶级地位的人的任何群体"。[50]奥尔森则认为，"阶级是'有组织的人类利益集团'。"[70]对于阶级的定义，列宁给出了十分明确的表述，"所谓阶级，就是这样一些集团，由于它们在一定社会经济结构中所处的地位不同，其中一个集团能够占有另一个集团的劳动。"各种对阶级的描述和定义都在阐述一个思想，就是阶级是由组织形成的。即使阶级对立的双方也从不否认这一观点。在工业革命时期，工人组成的阶级事实上就是以工人组织的形式或面貌出现的，工人阶级就是由许多工人组成的一个或多个组织，离开工人组织的形式，工人阶级就成为一个有名无实的团体或根本就无法存在。

第二，阶级和组织都有明确的目标。由工人组成的工人阶级和工人组织本身就是同一个群体，只是在不同的场合表达方式不同而已。无论是工人阶级还是工人组织，他们的目标都是非常明确而坚定的。

第三，阶级是组织矛盾不可调和的最高层次。组织之间的矛盾达到无法和平解决的阶段，组织矛盾的对立就上升为阶级矛盾的对立，因此，阶级斗争和暴力革命就是对立的组织矛盾无法在和平的条件下解决，只有通过暴力革命来达成组织的目标。列宁说过："一个社会中一部分人的意向同另一部分人的意向相抵触；社会生活充满着矛盾，历史告诉我们，各民族之间，各社会之间以及各民族、各社会内部经常进行斗争，此外还有革命时期和反动时期、和平时期和战争时期、停滞时期和迅速发展时期或衰落时期的不断更换，这些都是人所共知的事实。马克思主义提出了一条指导性的线索，使我们能在这种看起来迷离混沌的状态中发现规律。这条线索就是阶级斗争的理论。"

第四，阶级斗争是阶级为达到目标而采取的行动，这种行动是通过组织的形式来完成的。确切地说，阶级斗争只有通过组织斗争来实现自己的目标，组织斗争才是阶级斗争的具体形式，离开了组织斗争，阶级斗争只能是一种无法行动的口号。

第五，阶级都是与党派相联系的，党派也是一种特殊的组织，无产阶级就是工人阶级斗争的先锋队。工人阶级的先锋队就是在党派领导下组建的，只有党派带领下的武装才能实现无产阶级斗争的目标。毫无疑问，党派和阶级都是首先形成一种组织，没有组织的党派或阶级是不存在的。

第六，国家也是一种特殊的组织。列宁认为"国家是阶级矛盾不可调和的产物和表现。在阶级矛盾客观上不能调和的地方、时候和程度，便产生国家。反过来说，国家的存在证明阶级矛盾不可调和"。可见，阶级也是形成国家组织的基础。因此，组织与阶级、党派和国家的关系是无法割裂看待的，本身就是相互共存的一体。

组织人理论只证明国家、阶级和党派都是一种特殊的组织，并不做主观评价。

一种理论是否科学，绝不能带有任何意识形态的偏见，不做价值观判断。帕累托曾经说过，"一种理论不能只对一些阶级有利，而对另一些阶级有害"。这是帕累托作为社会科学补充的"三个公理"之一。事实上，在社会科学领域，国家、阶级、党派、制度这些词汇本身就是处于意识形态的旋涡当中，因此，要想建立一种可以回避或跳出这些意识形态的偏见，而被广泛接受的具有客观性和科学性的理论是极为困难的。至少到目前为止，社会科学还无法做到这一点。组织人理论有望助经济学甚至社会科学跨过这道难以逾越的坎儿。

参考文献

[1] 斯蒂芬·罗宾斯. 组织行为学 [M]. 14版. 孙健敏，李原，黄小勇，译. 北京：中国人民大学出版社，2012：5.

[2] 斯蒂芬·罗宾斯. 管理学 [M]. 11版. 李原，孙健敏，黄小勇，译. 北京：中国人民大学出版社，2012：16.

[3] 霍尔. 组织：结构、过程及结果 [M]. 8版. 张友星，等译. 上海：上海财经大学出版社，2003：4.

[4] 霍尔. 组织：结构、过程及结果 [M]. 8版. 张友星，等译. 上海：上海财经大学出版社，2003：35.

[5] 巴纳德. 经理人员的职能 [M]. 孙耀君，等译. 北京：中国社会科学出版社，1997：3.

[6] 赫伯特·西蒙. 管理行为 [M]. 杨砾，等译. 北京：北京经济学院出版社，1988：导言9.

[7] 弗里蒙特·卡斯特，詹姆斯·罗森茨韦克. 组织与管理 [M]. 李注流，等译. 北京：

中国社会科学出版社，1985：9.

[8] 查理德·达夫特. 组织理论与设计精要 [M]. 2版. 李维安，等译. 北京：机械工业出版社，2003：5.

[9] 梅奥. 工业文明的人类问题 [M]. 陆小斌，译. 北京：电子工业出版社，2013：45.

[10] 霍布斯. 利维坦 [M]. 黎思复，黎廷弼，译. 北京：商务印书馆，1985：174.

[11] 霍布斯. 利维坦 [M]. 黎思复，黎廷弼，译. 北京：商务印书馆，1985：183.

[12] 霍尔. 组织：结构、过程及结果 [M]. 8版. 张友星，等译. 上海：上海财经大学出版社，2003：34.

[13] 斯科特，戴维斯. 组织理论——理性、自然与开放系统的视角 [M]. 高俊山，译. 北京：中国人民大学出版社，2012：30-37.

[14] 沈泰昌. 系统工程 [M]. 杭州：浙江教育出版社，1986：2.

[15] 德博拉夫·安科拉，等. 组织行为与过程 [M]. 孙非，译. 大连：东北财经大学出版社，2000：6-17.

[16] 克莱·舍基. 人人时代：无组织的组织力量 [M]. 胡泳，沈满琳，译. 北京：中国人民大学出版社，2012.

[17] 斯科特，戴维斯. 组织理论——理性、自然与开放系统的视角 [M]. 高俊山，译. 北京：中国人民大学出版社，2012：2.

[18] 查理德·达夫特. 组织理论与设计精要 [M]. 2版. 李维安，等译. 北京：机械工业出版社，2003：4-5.

[19] 马克思、恩格斯全集：第3卷 [M]. 中共中央马克思、恩格斯、列宁、斯大林著作编译局马恩室，编译. 北京：人民出版社，1958：113.

[20] 大卫·努尔. 关系经济学 [M]. 王震，译. 北京：东方出版社，2009.

[21] 徐斌，旭辉，龙铎. 中国裙带风 [M]. 大连：大连出版社，1989.

[22] 孟宇. 高层圈子——双面人 [M]. 北京：中国华侨出版社，2011.

[23] 鲍勃·比汀. 人脉——关键性关系的力量 [M]. 陈科科，译. 北京：北京理工大学出版社，2011：2.

[24] 袁建财. 48个管理定律精解 [M]. 北京：中国经济出版社，2011：130.

[25] 贝克尔. 歧视经济学 [M]. 于占杰，译. 北京：商务印书馆，2014：18.

[26] 贝克尔. 歧视经济学 [M]. 于占杰，译. 北京：商务印书馆，2014：19.

[27] 奥尔森. 集体行动的逻辑 [M]. 陈郁，郭宇峰，李崇新，译. 上海：三联书店，2011：7.

[28] 斯科特，戴维斯. 组织理论——理性、自然与开放系统的视角 [M]. 高俊山，译. 北京：中国人民大学出版社，2012：416.

[29] 路风. 单位：一种特殊的社会组织形式 [J]. 中国社会科学，1989 (1)：71-88.

[30] 李璐璐，李汉林. 中国的单位组织——资源、权力与交换 [M]. 杭州：浙江人民出

版社，2000：3.

[31] 摩尔根. 古代社会：上 [M]. 杨东莼，等译. 北京：商务印书馆，1992：7.

[32] 摩尔根. 古代社会：上 [M]. 杨东莼，等译. 北京：商务印书馆，1992：序言2.

[33] 摩尔根. 古代社会：下 [M]. 杨东莼，等译. 北京：商务印书馆，1992：474.

[34] 恩格斯. 家庭、私有制和国家的起源 [M]. 中共中央马克思、恩格斯、列宁、斯大林著作编译局马恩室，编译. 北京：人民出版社，1972：26.

[35] 马克思恩格斯选集：第一卷 [M]. 中共中央马克思、恩格斯、列宁、斯大林著作编译局马恩室，编译. 北京：人民出版社，1973：33.

[36] 亚里士多德. 政治学 [M]. 吴寿彭，译. 北京：商务印书馆，1997：5-6.

[37] 卢梭. 社会契约论 [M]. 何兆武，译. 北京：商务印书馆，1996：9.

[38] 罗素. 权威与个人 [M]. 褚智勇，译. 北京：商务印书馆，2010：15.

[39] 贝克尔. 家庭论 [M]. 王献生，王宇，译. 北京：商务印书馆，2005.

[40] 亨利·勒帕日. 美国新自由主义经济学 [M]. 李燕生，译. 北京：北京大学出版社，1985：253-254.

[41] 瓦尔鲁斯. 家庭中的人际关系 [M]. 吴晟，译. 北京：职工教育出版社，1988：1.

[42] 马歇尔. 经济学原理：上册 [M]. 朱志泰，译. 北京：商务印书馆，1997：44.

[43] 王亚南. 中国官僚政治研究 [M]. 北京：中国社会科学出版社，1997：73-74.

[44] 王亚南. 中国官僚政治研究 [M]. 北京：中国社会科学出版社，1997：41-42.

[45] 劳伦斯·博兰. 批判的经济学方法论 [M]. 王铁生，等译. 北京：经济科学出版社，2000：230.

[46] 陈郁. 企业制度与市场组织——交易费用经济学文选 [M]. 上海：三联书店，1996：50.

[47] 休谟. 人性论：下 [M]. 关文运，译. 北京：商务印书馆，1980：527.

[48] 马歇尔. 经济学：上册 [M]. 朱志泰，译. 北京：商务印书馆，1997：序言12.

[49] 斯科特，戴维斯. 组织理论——理性、自然与开放系统的视角 [M]. 高俊山，译. 北京：中国人民大学出版社，2012：333.

[50] 奥尔森. 集体行动的逻辑 [M]. 陈郁，郭宇峰，李崇新，译. 上海：三联书店，2011：121.

[51] 霍布斯. 利维坦 [M]. 黎思复，黎廷弼，译. 北京：商务印书馆，1985：129.

[52] 恩格斯. 家庭、私有制和国家的起源 [M]. 中共中央马克思、恩格斯、列宁、斯大林著作编译局马恩室，编译. 北京：人民出版社，1972：171.

[53] 恩格斯. 家庭、私有制和国家的起源 [M]. 中共中央马克思、恩格斯、列宁、斯大林著作编译局马恩室，编译. 北京：人民出版社，1972：167.

[54] 列宁. 国家与革命 [M]. 中共中央马克思、恩格斯、列宁、斯大林著作编译局马恩室，编译. 北京：人民出版社，1973：7.

[55] 安东尼·吉登斯. 民族-国家与暴力 [M]. 胡宗泽，赵力涛，译. 北京：三联书店，

1998：13.

[56] 安东尼·吉登斯. 民族-国家与暴力 [M]. 胡宗泽，赵力涛，译. 北京：三联书店，1998：18.

[57] 约瑟夫·斯特雷耶. 现代国家的起源 [M]. 华佳，王夏，宗福常，译. 上海：上海人民出版社，2011：1.

[58] 迈克尔·波特. 国家竞争优势 [M]. 李明轩，邱如美，译. 北京：华夏出版社，2002：6.

[59] 迈克尔·波特. 国家竞争优势 [M]. 李明轩，邱如美，译. 北京：华夏出版社，2002：18.

[60] 迈克尔·波特. 国家竞争优势 [M]. 李明轩，邱如美，译. 北京：华夏出版社，2002：8.

[61] 斯科特，戴维斯. 组织理论——理性、自然与开放系统的视角 [M]. 高俊山，译. 北京：中国人民大学出版社，2012：422.

[62] 迈克尔·波特. 国家竞争优势 [M]. 李明轩，邱如美，译. 北京：华夏出版社，2002：17.

[63] 斯科特，戴维斯. 组织理论——理性、自然与开放系统的视角 [M]. 高俊山，译. 北京：中国人民大学出版社，2012：418.

[64] 汉斯·摩根索. 国家间政治：权力斗争与和平 [M]. 徐昕，等译. 北京：中国人民公安大学出版社，1990：664-665.

[65] 雅纳·约尔格·基普，罗尔夫·莫里恩. 即将来临的国家破产 [M]. 钱敏汝，于景涛，译. 北京：东方出版社，2012：前言3.

[66] 奥尔森. 集体行动的逻辑 [M]. 陈郁，郭宇峰，李崇新，译. 上海：三联书店，2011：141.

[67] 道格拉斯·诺斯. 制度、制度变迁与经济绩效 [M]. 杭行，译. [M]. 上海：上海人民出版社，1994：25.

[68] 林毅夫. 本体与无常 [M]. 北京：北京大学出版社，2012：173.

[69] 林毅夫. 本体与无常 [M]. 北京：北京大学出版社，2012：14.

[70] 韦伯. 经济与社会：上卷 [M]. 林荣远，译. 北京：商务印书馆，1997：333.

第五章

组织人的概念和分类

一、组织人的概念

组织人顾名思义就是指组织当中的人，或者说，组织人是指与组织有关系的人，是自然人依附于社会组织的人。换一种说法就是每个人都属于社会组织并与不同的社会组织具有某种关系。人生活在与社会各种组织具有某种特定关系的环境当中，自然也成为其组织中的一员。无法摆脱或脱离组织对他的激励、约束、干预和影响。可以说世界上除了在海上遇险被困在荒无人烟的孤岛上孑然一身的鲁滨孙之外所有人都是组织人，而一旦鲁滨孙离开了荒岛返回大陆或者荒岛上又出现了另外的人，如星期五[1]，鲁滨孙立刻又成了组织人。

我们每一个人都无法脱离组织而生存，无论是谋生需要、享受生活、兴趣爱好、娱乐活动、事业发展、情亲关爱，甚至宗教信仰，都是在与某种组织维系着关系，这是任何人都无法否定的事实。这就说明了每个人都是组织人这一论断并非是主观的臆断，而是经得起事实检验或证实的科学结论。任何组织也都是人的组织，离开了人，组织也就毫无意义或者不复存在。

组织人的概念是与组织对应的，从组织的定义我们已经知道必须要有两人及两人以上的群体才可以成为组织，因此，组织人所要具备的基本条件有两点：其一，组织人就是自然人，或者也可以说世界上每个自然人都是组织人。因为如果有单个的自然人存在，而又没有和任何人类有联系，那么他的存在对任何人来说都是毫无意义的。其二，组织人必须要具有组织才能称为组织人；而只要有两个或两个以上的人形成共同的目的就可以称作或理解为一种组织。因此，任何两个及两个以上的人之间的结合或具有关联性都可以称为组织人；任何脱离世界或与世界隔绝的单个人都无法称作组织人，也都不具有组织人的特征。这两点是理解组织人的关键。

（一）为什么称作组织人

在社会科学中对人的各种社会属性所体现的特征的表述有许多称谓，除了"组织人"之外，还有"社会人""政治人""制度人""管理人""文化人""计划人""宗教人""道德人""阶级人""技术人""单位人""集体人""关系人""非自然人"等五花八门的称谓。这些表述都是从不同学科或不同角度反映人的某种社会属性或特征所表达的含义。我们不否认这些称谓都有其合理的一面。但是，在上述所有这些对人的社会属性的表述所用的词汇中唯有"组织人"更具有现实性和可操作性。组织人一词是人与组织的结合，既包含人的自然属性的一面，又包含组织的社会属性的一面。在上述的各种代表具有社会属性的称谓中，可以说组织人的表述最为精确而贴切，更为主要的是"组织"一词在经济学、管理学、社会性、政治学、组织行为学等学科中都已经有明确的定义，所以，没有必要再去创建一个新的词汇而引发纠缠不休的争论。

为什么要称作"组织人"？理由主要有以下三点：

一是组织的概念与现有的经济学和社会学科中的组织概念完全保持一致，不会产生任何歧义。这符合科学研究中学术概念的一致性，也可避免许多在理论上不必要的纠缠和争论；组织人顾名思义就是组织中的人，而组织的概念在社会学科中是常用的一个基本概念，定义也十分明确。即使组织的概念随着社会的发展有所演变，也并不影响对组织人的理解和运用。要通过正确理解组织才能分析掌握组织人的真实含义，我们真正的目的是要分析组织人的行为动机以及这种行为所产生的经济变化的规律。

组织的概念是一个中性词，不带有任何褒贬之意。并不会像哈耶克论述"个人主义"或"自由主义"的概念那样备受争议，还带有主观主义或意识形态的色彩，以至于哈耶克想证明自己是真个人主义，与假个人主义有所区别，而不得不费尽心思地去刻意解释一番，[2]还担心对概念的曲解会影响到别人对他理论的误解或避免引起不必要的争议。这种用心良苦的颇费周折到最后也未能改变人们对他的个人主义和自由主义的成见。

组织是一个中性的概念还可以说明组织人与组织之间的关系也是中性的，可以做到与历史发展阶段无关，与社会制度无关，与国家政治无关，与经济制度无关，与意识形态无关。无论是社会主义国家还是资本主义国家，市场经济国家还是计划经济国家，都可以适用组织人的理论。但是组织所代表的一个团体或社会群体是有鲜明差别的，有的组织是中性的，如工会组织、企业组织等；有的组织却具有非常明显的意识形态倾向，如宗教组织、党派组织，像无产阶级组织和资产阶级组织就是意识形态完全对立的组织。组织人可以在中性地带和意识形态之间来回穿梭，甚至跨越。这也是人的社会属性存在于意识形态之中而可以独立分析不受困扰的重大突破。意识形态仅是组织的一种属性，对人的影响也是局限于组织对组织人的影响，仅此而已。

二是由于组织的概念已经在各种学术理论和教科书中普遍使用，人们理解和接受的程度较高，在下面的分析中更容易理解和掌握。确切地说，组织人理论的提出不仅适用于经济学，也适用于社会科学的其他学科。而且在这些社会学科的应用当中有些甚至可能会更具有指导现实的意义。组织人理论必将在未来的社会科学中占有一席之地，对整个社会科学的发展具有十分重要的作用。

三是组织人概念具有可进一步拓展分析的空间和手段，具有可量化分析的基础，为数学分析提供可操作的条件。在对人的各种称谓中，最难的是将人的个体性与社会性进行统一。埃利亚斯在《个体的社会》中指出，"这两种观念，一是我们将自己当作社会的那个意识，二是我们认为自己是个体的另一个意识，这两者从未能够彼此统一起来。与此同时，我们肯定也多少清楚地意识到，现实中并不存在那种分隔个体和社会的鸿沟。对个体组成社会和任何社会都是个体的社会这一点，没有人会产生怀疑。"[3]要实现这二者的一致性，组织人是最佳的选择。

我们说"一个组织人"是非常容易理解的表述，因为"组织"和"人"这两个词汇都可以分别和数量词结合，所代表的词义属性和数量指标也是非常明确的。我们可以说组织人 Z 属于 A 组织或 B 组织以表示它们之间的区别，也可以用两个组织人或三个组织人以表示数量的差异。而如果我们说有一个政治人、两个社会人、三个制度人和四个计划人时就会让人感觉有点莫名其妙，这些前缀的词根，如政治、社会、制度和计划，只是表达一种词意，而不具有和数量词结合使用的词性。虽然可以说有三个制度和四个计划，但是和三个制度人、四个计划人是风马牛而不相及的。这些词汇同时与人和数量词结合就会产生歧义或根本就无法正确表达含义。

如果你想告诉别人有三个组织人分别属于三个不同的组织，这种表述含义十分清楚，应该不会产生语法错误和概念上的混淆及歧义。但是，如果将这种意思表达为一个政治人、两个社会人、三个制度人和四个计划人时，没有人会明白你想要表达的真实内容。这也许就是社会科学无法满足罗宾逊所提出的"易于处理"[4]的条件，凯莫勒也说过"施蒂格勒认为评价经济理论有三个标准：符合现实、普适性和可操作性"，[5]唯有组织人可以完成这一使命。

（二）对组织人概念的理解

组织人的概念虽然十分清楚，但是要真正理解其内涵却并不容易，而要完全分析透彻就更加困难。我们有必要对组织人的含义做进一步的解释说明。组织人是人与社会中的各种组织构建所存在的各种关系，虽然只有三个基本要素，即人、组织和二者之间的关系，然而正是这两个关键词汇构成的各种组合造成人的行为不确定性。

对于组织人的含义，我们可以进一步从以下几个层次来理解：

第一，每个人都生活在与各种组织具有某种特定关系的环境当中。人与组织是一种相互依存、无法分割、无法脱离的互为共存关系。组织是社会中的组织，社会是由各种组织构建而成的，人依靠组织而生存，组织也依赖于人而存在。人与组织的关系可以证明这种共存性：有人才有组织，有组织必然就有人。社会上并不存在无人的组织，也不存在无组织的人。人是组织的灵魂。那些虽然有名号或牌子的组织，如果没有人的存在，其实质已经名存实亡，毫无存在的意义了。正规组织只是一个空壳机构或一块牌子或一幢房子，唯有人的存在组织才有实际意义；企业的破产或消亡就意味着组织和人的分离，一旦人去楼空，企业自然就不复存在。

社会上不存在无组织的人，即使孤儿也有出生地，有抚养他的组织或场所，有朋友和伙伴，还有国家。这些都可以成为他的组织关系。假如，一个孤儿在异国他乡遭受欺凌，所有人都会为他声援讨回公道。这时国家就是他的组织。如果一个人在境外出现不文明的行为，谴责此人不是也牵连到许多无辜的人吗？这就是组织的"关联效应"。当你一旦成为组织中的一员，组织与成员就会产生"一荣俱荣，一损俱损"的效应。这种固有的思想观念是非常不易改变的。

第二，每个组织人都会与多个组织具有相关性。世界上的人都是组织人，而且还是属于多个不同组织的组织人。这种关系表明我们有家人、同事、同学、朋友，还有国家、宗教、党派等，这些组织与我们紧密相连。人类就生活在这些组织环境之中。组织人与各种组织的关系是一种平行的关系。一个人是家庭组织成员，同时也是单位职员，还有许多同学和朋友，还会参加某个党派或宗教团体。这些不同的组织分类说明组织人所属的组织是多元且平行的，绝不是单一的。

管理学大师西蒙认为，"个性也不是在真空中形成的。一个人的语言不能不受其父辈语言的影响；他的态度，也同样无法摆脱其同事、教师的影响。一个人，绝不会成年累月在组织的某个岗位上同他人交往、受他人保护，而其知识、信仰、志向、希望、欲求、兴趣、忧虑、打算等皆不受他人的极其深刻的影响。"[6]

第三，组织人包含网络组织人或称虚拟组织人。互联网技术的发展出现了大量的虚拟组织或称网络组织，这些网络上的组织都是现实中的人在网络中表现出的虚拟形态，因此也称网络组织人或虚拟组织人。

第四，人与组织的关系仅仅体现一种相关性，并不一定具有主次之分。在人与组织的关系中，个人并不代表就是从属的客体，组织就一定是主体。个人与组织的主次关系有时可以交替互换。组织的首脑或首领可以成为组织的代表，这时的首脑或首领就是组织，组织也是首脑或首领。就像总统就是国家的象征，国家政策也体现了总统的意志，二者相辅相成。

家庭也是一个组织，父亲作为家长可以代表家庭的组织，此时父亲和家庭组织就是等价关系；同理，家庭成员有时也可以作为家庭组织的代表。企业总裁可以代表自己的企业参与各种经济活动，但也可以委派其他领导或职工代表企业参加企业外部的某些活动。

第五，组织与我们每个人是形影不离的，它无时不在、无处不在。人的所有行为除了自身生理或心理需求外，几乎都与他人或组织有关联。无论是生活、学习、娱乐，还是工作、事业、宗教、信仰，都无法脱离组织而独自进行。市场经济的分工和交换就意味着组织的存在和重要性。

第六，组织人的身份是随着时间、地点和情况的变化而不断变化的。由于组织人是与多个组织具有相关性的，因此，组织人所体现出的多重组织关系也会不断发生改变。

社会一般是根据地位和财富来划分阶层的，而社会层次的不同也影响或决定着一个人的命运，因而人们也非常看重这种关系。组织人具有同层次交往或高攀的偏好，这是人类在社会属性中所表现出的最为现实的特性。要想能够改变原来不佳的现状，组织是唯一可以利用或借助的梯子。事实上，人们相信关系和人脉是有用的，而且确确实实是在起作用。然而，组织人所具有的组织关系祸福难料，既可以是一种福星，也可能是一种灾祸，还有可能"城门失火殃及池鱼"。

第七，组织人与组织之间的关系有正式与非正式之分。这是根据正规组织和非正规组织得来的。在正规组织里，组织人为组织工作可以获取工资和报酬。这里的正规组织是指就业单位或执业单位，如企业、学校、公司、政府、党派等组织机构；工作是指组织人为上述单位和组织提供劳务或承担任务，并获取工资和报酬。正规组织与组织人之间有着直接的利益相关性，这种关联一般是一种公开的关系。正规组织对组织人的行为所具有的约束条件要强烈得多，这是源于经济利益的关系。显然，对于一个人来说，只有一个或很少的几个组织属于正规组织，其余绝大多数都是非正规组织。这种区分在于分析对组织人的约束条件是不同的，即对人的行为所产生的影响也是不同的。

组织人与各种组织的关系有着亲疏之别，并不是所有的组织关系都处在同一重要的位置而不变，而且这些亲疏关系也会随着时间、地点和环境的改变而改变。一般来说，就比较固定的组织关系而言，可以分为三类：第一类是家庭（包括亲属），这类组织是自然形成的，人们无法选择或者一旦选择就难以改变，这类组织关系是最为紧密型的关系；第二类是就业单位或执业单位、宗教、党派，这类组织一般都是为了生存或谋生的需要和精神需要，绝大多数是一种经济利益和精神寄托的组织关系，这类组织多数为正规组织，而且联系、接触较为频繁，也是一种紧密型的关系；第三类是朋友、同学、邻居等一些时紧时松的或不经常联系的关系人。

区分这些组织关系只是为了说明组织人和组织之间关系的重要性是有排序的，但是这种排序并不是严格按照某一固定意义的重要性顺序排列的，而是会不断变化的排序。不同的人、不同的国家和在不同的环境下的差异是非常大的。在所有的组织关系中，随着时间、地点、环境、条件等因素改变排序也会发生变化，有时甚至最不起眼的微小关系也会成为影响一个人行为最重要的因素。

第八，组织人的变化是根据组织的变化而改变的，有什么样的组织，就会有什么样的组织人。"组织对个人最重要的影响是确定个人在社会分层系统中的位置。20世纪80年代，人们发现组织在分层过程中起着最关键的作用。组织内不同工作的分工形成了不同层次或等级的差异。"[7] 组织的分层有两种含义：组织内部的分层和社会组织的分层。组织内部的分层仅是岗位不同、职级不同和薪酬不同。而组织的社会分层则不然，等级阶层非常明显且很难相互融入。

组织人与组织的关系是形成人类社会的全部历史。无论是人类社会的哪个阶段，奴隶社会、封建社会、资本主义社会还是社会主义社会或者将来共产主义社会都可以运用组织人理论来解释。

二、组织人的分类

我们之前的阐述分析只是为了证明所有的人都是组织人这一基本事实，这一结论并不是一种假设，也不是一种仅靠主观臆断得出的结果，而是观察现实中每个人的行为动机，归纳和推理所得出的抽象认识的结论。可以说组织人是一种揭示人类行为动机的不证自明的结论，不仅可以通过自省来确认，还可以通过实证的方式加以检验论证。然而，我们又如何来认识这种组织人之间的差异以及所产生的行为动机的区别呢？

事实上，每个组织人的区别是非常大的，对待同一事物或目标任务，不同组织人所表现出的行为动机是有差异的，有时这种差别非常显著。这也证明了不同组织人之间的差异是客观存在并且因人而异的。如何认识组织人的这种差别是进一步分析组织人行为动机的前提，也是经济学能够进行进一步分析的关键。因此，对组织人进行分类是进一步理解和分析组织人经济学的至关重要的环节，是形成组织人理论的基础。

根据组织人在组织与个人之间所做出的行为选择的差异性，对组织人进行分类，可以划分为三类：纯组织人、混合组织人和自我组织人。这种分类的依据是组织人的行为动机所表现出来的一种倾向性或意性。它所反映出的是组织人的一个重要信息特征，也是组织人特点的充分体现。

另外，根据混合组织人在组织和个人自我之间倾向性的程度不同，还可以将混合组织人分为强混合组织人和弱混合组织人两类，简称强组织人和弱组织人。

组织人的分类如图 5-1 所示。

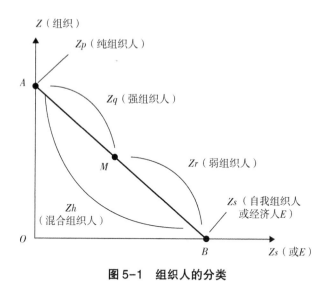

图 5-1　组织人的分类

纵坐标 Z 代表组织，横坐标 E 代表个人，组织人 Z_E 的行为区间在 A 点和 B 点之间。组织人的全部行为在斜线 AB 上，我们把 Z 轴上 A 点称为纯组织人 Zp，把 E 轴上 B 点称为自我组织人 Zs，区间（A，B）称为混合组织人 Zh。根据混合组织人的行为动机选择的倾向性，取 AB 中间点 M，将 AM 上的点即偏向 Z 组织大于偏向 E 个人的称为强组织人 Zq；将 MB 之间的点即偏向个人大于偏向组织的称为弱组织人 Zr。这里"强"和"弱"的称谓没有意识形态或主观主义的褒贬含义，仅是一种反映组织人在组织和个人之间的行为选择的倾向性而已。

对纯组织人、混合组织人、强组织人、弱组织人和自我组织人的定义如下：

纯组织人是指按照组织的目标行动或履行职责，完全不考虑个人利益的人，即使损失个人的利益也以组织的目标和利益为行动准则，是个人完全服从组织的人。这种人称为纯组织人，用符号 Zp 表示。

混合组织人是指个人只部分地按照组织的目标行动或履行职责，在考虑组织目标或利益的同时也考虑个人的利益的人。混合组织人用符号 Zh 表示。

强组织人是指个人服从组织的目标或利益大于考虑个人的利益，或者说个人首先考虑或服从组织的目标和利益，其次才考虑个人的利益的人。强组织人用符号 Zq 表示。

弱组织人是指个人服从组织的目标和利益小于考虑个人的利益，或者说首先考虑个人的利益，其次才考虑或服从组织的目标和利益的人。弱组织人

用符号 Zr 表示。

自我组织人是指完全只考虑个人的利益而不考虑组织目标和利益的人，是一种自私自利的人。自我组织人用符号 Zs（或 E）表示。

如果用 β 代表组织目标利益，λ 代表个人利益，ε 代表组织目标利益（β）与个人利益（λ）的比值。那么纯组织人、混合组织人和自我组织人的目标利益区间如下（见表5-1）：

纯组织人的目标利益区间为：$\beta=100\%$，$\lambda=0$；则 $\varepsilon\to\infty$。

混合组织人的目标利益区间为：$0<\lambda<100\%$，$0<\beta<100\%$；则 $0<\varepsilon=\beta/\lambda<1$。

强组织人的目标利益区间为：$50\%\leq\beta<100\%$，$0<\lambda<50\%$；则 $1/2\leq\varepsilon=\beta/\lambda<1$。

弱组织人的目标利益区间为：$0<\beta<50\%$，$50\%\leq\lambda<100\%$；则 $0<\varepsilon=\beta/\lambda<1/2$。

自我组织人的目标利益区间为：$\lambda=100\%$，组织目标利益 $\beta=0$；则 $\varepsilon=0$。

表5-1　各类组织人的目标利益区间

组织人的分类	点的区间位置	λ	β	$\varepsilon=\beta/\lambda$
纯组织人 Zp	纵轴 Z（A 点）	0	100%	∞
混合组织人 Zh	除去两端点的斜线（AB）	$0<\lambda<100\%$	$0<\beta<100\%$	$0<\varepsilon<1$
强组织人 Zq	斜线中点以上部分（AM）	$0<\lambda<50\%$	$50\%\leq\beta<100\%$	$1/2\leq\varepsilon<1$
弱组织人 Zr	斜线中点以下部分（MB）	$50\%\leq\lambda<100\%$	$0<\beta<50\%$	$0<\varepsilon<1/2$
自我组织人 Zs 或经济人 E	横轴 E（B 点）	100%	0	0

从图5-1和表5-1可以看出组织人的分类和利益目标区间是全覆盖的，它反映了一个人的全部行为动机，而且可以明显看出自我组织人其实就是经济人，经济人是一种完全以个人利益为动机的行为模式，是组织人的一种特殊形态。

组织的目标收益 β 取决于组织人的性质，则有纯组织人（Zp）优于混合组织人（Zh）优于自我组织人（Zs），即

$$Zp>Zh>Zs \text{ 或 } E$$

或 $$Zp>Zq>Zr>Zs \text{ 或 } E$$

在经济谈判中，纯组织人（Zp）比混合组织人（Zh）更加坚持原则，在商谈价格时，纯组织人不会因为谋取自身利益来损害组织的利益。混合组织

人（Zh）有可能为了能够捞取个人自身利益而损公肥私，中饱私囊。

（一）纯组织人

纯组织人是指绝对服从组织目标或对组织绝对忠诚的人；这种人会不折不扣地执行组织的要求或目标，维护组织的利益，不带有任何违背组织的私心杂念和个人利益，把组织的目标和指令当作个人行动的指南，对组织绝对忠诚而"没有任何借口"。[8]

对于任何组织来说，都希望它的成员是纯组织人，对组织忠心耿耿。在企业中"忠诚胜于能力"是得到普遍认同的观点。"在职场，能力是第一位的。实际上，仅仅有能力还远远不够，只有忠诚，才是决定你在组织中的真正地位的关键因素。比尔·盖茨说：'这个社会并不缺乏有能力、有智慧的人，缺乏的是既有能力又忠诚的人。相对而言，员工的忠诚对于企业来说更重要，因为智慧和能力并不代表一个人的品质。对企业来说，忠诚比智慧更有价值'。"[8]古今中外，任何对忠诚的赞美都不会过分，忠诚被公认为人类最好的品质和美德。任何组织都信奉"忠诚第一"的重要性。"在任何企业里，都存在一个无形的同心圆，圆心是老板，圆心周围是忠诚于企业、忠诚于老板、忠诚于职业的人。离老板越近的人，是忠诚度越高的人，而不一定是职位越高的人。"[8]忠诚比能力重要是一些职场中的人所信奉的真理，很多高层管理者天天和老板相处却未必能得到老板的信任，也许就和忠诚度有关。巴纳德认为忠诚是组织中人的一种协作意愿，"其中主要有'忠诚心''团结心''团队精神''组织力'"。[9]

纯组织人是一个完全忠诚于组织的人，而忠诚又是检验一个人品质的试金石。如果从对社会和他人有利的积极层面来理解，纯组织人是一个完全大公无私或纯粹利他的人。具有高尚的道德情怀、无私的奉献精神和忠贞的坚定意志的人，是民族、国家和社会最为宝贵的精神财富，是社会积极向上的精神力量，是社会正能量的灵魂。甚至是可以超越意识形态和国家、民族成为人类共同称赞的榜样，是人类追求共同价值取向并得到认同的人。有些职业对忠诚度要求极高，如军人，尤其是在战争状态下"军人以服从命令为天职"是唯一的信条。只有做到不打折扣地服从组织目标或指令才是实现组织目标的保证。但是从消极的层面来看，有些纯组织人也会对社会产生极大的危害，如异教徒、恐怖分子等。

事实上，一个人不可能一辈子都处于纯组织人状态，只有在特定的时间、特定的目标和特定的环境下才可能是一个纯组织人。随着组织目标、环境和时间的改变，人的状态也会发生改变。甚至同一个人在同一时间和环境下对不同的目标和事件也会表现出不同的状态。

从管理学来说，将每个人都打造成纯组织人是最高的目标境界，尤其是长期能做到或保持纯组织人状态就需要满足一些附加条件，要做到纯组织人与组织之间的关系，一般需要三个条件：一是与组织中的成员具有某种特殊的关系，如家庭、血缘、利益等依靠特殊的关系来维系；二是对待组织在思想意识上达到信仰的高度或宗教的虔诚，依靠精神和宗教的力量来支撑或维持；三是组织必须具备极其严厉的具有威慑力的约束条件，使组织人迫于约束条件的压力而服从组织。前两者完全依靠个人内在的动力因素，这种自觉的力量具有持续性且能够维持较长时间，而后者依赖约束条件的纯组织人在约束条件弱化或消失时就难以再继续维持。

可以认为，纯组织人是执行组织目标任务和指令的化身，组织目标的实现与组织目标是否正确和组织人的行为有关。只要组织目标明确，纯组织人就会执行到底。对纯组织人的绩效而言，如果未能达到预期目标，要么是组织目标本身出现失误或差错，要么是纯组织人过度服从或理解组织目标的偏差以及纯组织人的能力有限所导致的失误。但是造成这种过失或失误的行为与混合组织人所犯的机会主义错误是有本质区别的，这种区别的唯一标准就是组织人是否与自己个人动机和利益存在着相关性。纯组织人是没有任何个人私利行为的，而混合组织人则是掺杂着个人的利益和动机以及投机的行为。威廉姆森认为"如果不存在投机，那么一切行为就都能符合规则；而且也无须事先全盘计划一番。即使遇到不可预料的问题，各方为了维护共同利益的最大化，也能按照一致遵守的原则去处理"。[10]

纯组织人是一种典型的人的社会属性特征，但可否认为也是一种近乎自然的属性呢？就像狗对人的忠诚一样已经成为一种经过长期驯化的结果，成为一种本能的属性。事实上，记者或媒体对所有包括突发性利他行为的事后采访几乎都是一致的答案：利他行为者丝毫没有利己动机，几乎都是出于一种本能的反应。如跳入水中救人，双手去接高空坠下之人，冲进大火中救人，见义勇为的壮举以及许多乐善好施之人等。这些更像是一种对特殊条件反射的自然行为。既不需要理由，也没有动机，更不会是利己主义。

根据组织人分类我们可以知道，这种纯组织人行为特征是每个人都具备的潜质。这也可以证明在紧要关头每个人都可能成为一名纯组织人。也许这就是人类社会经过几万年、十几万年甚至上百万年的进化和教化，形成了群

居动物的所有生存本领，是自然属性与社会属性的混合体。中国古老的观念
"人之初，性本善"或许可以帮助我们认识和理解纯组织人的行为。还有一些
事例可以证明教化对人的影响具有程度上的差异，如小孩子比成年人更听家
长或老师的话，年轻人更容易受到来自社会外部的影响，没有遇过挫折的人
更容易相信别人，思想单纯的人更容易上当受骗等。如果说小孩子更容易成
为纯组织人，那么一定是社会力量和自然力量综合形成的结果。这些看似属
于人的社会属性的特征已经成为一种类似本能的自然属性，共同构成人的基
本特征。纵观人的一生或某个阶段，都是利他行为和利己行为交替进行，没
有一成不变且持续的利己或利他行为。这就是组织人的真实写照。

（二）自我组织人

自我组织人是一种完全只考虑自己个人的利益而不考虑组织目标和组织
利益的人。从图 5-1 和表 5-1 可以看出自我组织人就是经济学中的经济人，
$Zs=E$，经济人是组织人的一种特殊形态，组织人包含了经济人。

"经济人的行为本质似乎是家喻户晓的，每个人都可以通过内省的方式
在自己身上看到这种本质，因而没有必要再来详尽说明这种本质究竟是什
么。……只是到 19 世纪后半期之后，他们的继承者，出于重建经济学的需
要，加之历史学派的批判，认为必须根据古典学派的经济人思想来重新论述
经济人行为，才把'经济人'看作是一种有一定结构和特定内涵的实体抽
象。"[11]从此，经济人被认为具有自利、理性而且追求利益最大化的行为
特征。

"经济人假设"的抽象是一种完全的自利模式，经济人有特定的标准原
型，即"100%自利、100%理性、100%自我约束的标准原型，是一种狭隘的
自利模式（即 $\delta=0$❶）"。[12]而且，约翰·凯恩斯一再申辩说："经济人"仅
仅是对人的经济行为的一种抽象，其运用范围也严格地限于经济市场领域；
一再申明经济学家并没有假装这一抽象及其运用，适用于对"非追求财富行
为进行解释"。[12]主流经济学家在这些约束条件下是不会轻易挑战经济人的假
设，"否则就会陷入一种毫无意义的同一反复：它赋予我们解释每种行为的能
力，但最后却什么也不能解释"。[12]对于经济人，"我们的困境是：如何扩展
关于'自利的经济人'的视野，同时又能避免'什么都不能解释'的侵袭，
有效防止对它的滥用。"[12]

---

❶ δ 是利他主义参数，且 $0<\delta<1$。

　　经济学的不幸就在于一直以来人们既想保留原有经济人固有模型的不变，同时又想另起炉灶塑造一个完全不一样的经济人，于是，各种五花八门的新经济人、超越经济人或利他经济人应运而生。

　　由于意识形态的影响，一直以来，人们都把西方经济学创立的经济人归属于资本主义的产物，市场经济的本质就是建立在自利的基础之上。社会主义经济理论体系从未接受过经济人，也正是由于社会主义经济理论拒绝接纳经济人，所以，社会主义经济理论就没有自身的稳固基础，也难以建立社会主义经济理论体系。马克思主义经济学理论更多的是为政治即阶级斗争服务的，马克思通过经济学研究来证明社会主义和共产主义的存在是社会发展的必然趋势。这与资本主义是完全对立的。于是，马克思自然就成为社会主义和共产主义意识形态的代表。但是，马克思的经济学理论还无法支撑社会主义经济理论的基础。因此也常常遭遇西方经济学的攻击。在意识形态面前，经济人作为西方经济学的基石自然也成为最坚定的守护者。可是，社会主义经济学至今无法取得突破性进展，不是说没有或不存在社会主义经济学之说，其根源是社会主义经济学还没有找到自己的理论根基，没有可以支撑起社会主义经济学理论大厦的基石。这块基石绝不是一块普通的基石，而是要能够跳出意识形态的束缚。只有跳出意识形态才能够得到东西方经济学家的一致认可，否则将难以完成历史使命。

　　事实上，经济人本身也是中性的，并不是资本主义所特有的本质，而是人类自身的本质特征。可以从心理学和生物学得出的命题，显然是人的自然属性的一部分。既无法回避，也无法消灭。这是一种动物本能，遵循生物个体进化论法则。道金斯认为，"如果你注意一下自然选择进行的方式，似乎可以得出这样的结论：凡是经由自然选择进化而来的任何东西应该是自私的。因此我们可以预见到，当我们去观察狒狒、人类和其他一切生物的行为时，一定会发现它们的行为是自私的。"[13]经济人的自私正好迎合了资本主义的教义，也揭示了资本主义的本质，反映了人的自然属性的一面。应该看到，在现阶段的生产力条件下，经济人已经成为市场经济最坚定的守护者，于是市场经济就成为全世界绝大多数国家所选择的经济模式。

　　一直以来，经济学对经济人的认识总是强调或突出单个个体的自然秉性，可是经济学本身却无法证明人的这种自利性，从而想得到进一步的论证也总希望能从生物学、心理学或基因学中去寻找突破口来求证人性的这种禀赋特质。达尔文的"自然选择，适者生存"就是最为有力的证据。道金斯毫不掩饰地说，"我将要论证，成功的基因的一个突出特性是其无情的自私性。这种基因的自私性通常会导致个体行为的自私性。"[14]正是这些"动物本性"才使得经济人能够处在虽然摇晃得厉害却始终不倒的地位。任何挑战都不足以构成对经济人的威胁。

可惜的是，对于人的行为动机来说这只是一条腿。其根本性的缺陷或失误就是忽略人作为社会组织成员这一基本事实，殊不知人的社会属性对人的行为影响远远大于生物学的作用。因而，把人看成生物体的纯自然学科的研究对象是无法得到人作为社会动物的行为动机的正确结论的。人的行为动机除了作为生物体的本能需求之外，更多的行为是与某个社会组织有关联的。

随着社会经济的发展，人的行为特征也会发生变化，这种变化最大的特点是趋社会性。从生物学来讲，今天的人与200多年前斯密年代的人几乎没有区别，真正的区别在于社会功能的强大和科学技术的进步所带来的人与人和社会及各种组织之间所产生的联系紧密性和依赖的程度发生了巨大的变化。这是一种对社会或组织的依赖。斯密年代手工作坊的面包师和酿酒师依靠自己的劳动来交换产品并获取利益，充其量是一种自产自销的谋生者；而今天的人除了少数自产自销的谋生者外，绝大部分是通过与社会和组织相互联系并依赖雇佣或合同形式谋职来谋生的。

谋生的社会化揭示了今天的人已绝非单纯的自产自销式的经济人；更多的是一种社会组织中的自我组织人，无论是政府官员、公职人员、职业经纪人、企业高管、律师、医生、教师等，还是基层的工人、服务者、打工仔都是通过社会组织来实现其劳动价值。体现出更多的是一种具有某种社会组织性质的经济人。虽然二者都有自利的行为，但表现形式是有很大区别的。一个农夫的自利是想提高自己农产品的价格，而在市场经济中想涨价的空间是很有限的。一名政府官员、企业高管、律师、会计或医生所表现出的自利行为就要复杂许多，而且能给自己带来的利益也会大得多。后者更加强调依赖于社会组织才能实施或得逞；而且后者的自利行为所产生的社会危害也远远大于前者，这是因为后者并不是单纯意义上的经济人，而是具有能借助社会组织的权力或力量并带有组织性质的经济人也叫自我组织人。

今天这种伴随社会功能的强大已经深入到我们生活的所有领域，无论是就业、谋生、就医、求学、出行、娱乐、生活都已经无法离开社会组织而独行其是。想要脱离社会组织将寸步难行。人类呈现出的更多的是社会组织层面的经济人。明白这个道理对理解当今社会管理、制度建设及经济政策具有积极意义。

由于经济人已经被经济学赋予了相对固定的经典含义并被广泛应用，所以，为便于人们理解和准确把握，我们还是继续沿用经济人的概念，而不是自我组织人。但是弄清楚这二者的关系是十分重要的。

如果从组织人的角度分析，自我组织人才是标准的经济人。在图 5-1 中 Zs 点是自我组织人（也叫经济人 E），除这点之外的其他所有人都是组织人。严格来说 E 点也是组织人，是自我组织人 Zs。为了便于分析和理解，我们暂时把 E 点作为经济人从组织人中分离出来，在 AB 之间的都是组织人，这样，人就成为组织人和经济人的共同体。就像一枚硬币的两面，一面是组织人，另一面是经济人，它们是不可分割的一个整体的两部分，是一个人在不同时间、地点、环境、事件等条件下所做出的不同行为表现。

按照以前对经济人的理解分析，经济人所包含的范围是除了 A 点纯组织人之外的其他所有人，因为混合组织人和自我组织人都带有自利的行为动机而被纳入经济人的范畴。因此，我们要把以前的经济人与今后的经济人区别对待。以前的经济人是一种自利行为的统称，既包含自我组织人也包含混合组织人；而以后的经济人则是一个完全自利并不包含混合组织人的经济人。混合组织人和经济人二者的区别将在混合组织人中加以论述。

对组织人体系中的经济人的理解并不是对以前经济人是一种自利行为的统称的背叛，而是一种更加精确的判断认识，可以分清并纠正原来对经济人存在的一种笼统而模糊的认识。经济人只有在组织人体系中才显得更加清晰而准确。

现在可以认识到，为什么一直以来备受质疑的经济人假设虽然摇摇欲坠似乎难以为继，却还能支撑着经济学大厦迟迟不会倒塌。经济人既然是组织人的一种特例，说明也是一种无法被否定的科学理论，具有一定的现实性和科学性的基础。即使有缺陷也不可能被经济学否定而抛弃。从哲学和逻辑学来看这种关系正好是特殊性与普遍性的关系，经济人是特殊的个性，组织人是普遍的共性，特殊性必然与普遍性相联系而存在，没有特殊性也就没有普遍性；只有特殊性、个性而没有普遍性、共性的事物是不存在的。正是由于具有这种性质，经济人才能一直成为经济学的基石而无法被撼动。那些想废除经济人的企图是在拽着自己的头发就想离开地面的痴心妄想者，也注定会失败。

从经济人到自我组织人的转变还可以看到经济学之前所有想美化经济人

的主观愿望实际上都是徒劳的，任何想把这种主观上自私自利的经济人拉回到具有利他或利社会及组织的行列都是一厢情愿，事实上也不可能达到目的。人们厌恶经济人是因为它的名声不好，经济人就是自私自利的代名词。二百多年来从对经济人的认识过程和对它的定义之争以及后来对它的各种解释就可以清楚地看出经济学家的矛盾心态。一方面经济学把经济人定义为自利且追求最大化利益的对象，这也是经济学分析的基点；另一方面又想粉饰经济人以免遭受社会的攻击，于是把自私表述为自利以体现人类自身的品行并不是那么可憎可恶。

（三）混合组织人

混合组织人是指在组织与个人利益之间以及在不同组织之间权衡选择并做出行为判断的人。确切地说，混合组织人的行为动机是一种投机的行为选择，在考虑组织目标或利益的同时也考虑个人的利益。我们仅凭直觉就完全可以判断出现实中的人其实准确地说都是混合组织人，既考虑组织目标也考虑自己利益，二者兼顾，很少有维持单一目标的纯组织人或经济人。

根据混合组织人在组织和个人之间的不同选择，可以将混合组织人分为强组织人和弱组织人。当个人服从组织的目标或利益大于考虑个人利益，或者说个人首先是考虑或服从组织的目标和利益，其次才考虑个人利益时，这种人称为强组织人。当个人考虑或服从组织的目标和利益小于考虑个人自己的利益，或者说首先是考虑个人利益，其次才考虑或服从组织的目标和利益时，这种人称为弱组织人。

区分强组织人和弱组织人对于管理学、社会学和政治学等具有重要的现实意义，一般来说，组织选择用人不可能都是纯组织人，但是至少也得是强组织人，否则会对组织造成不利。虽然从理论上来说人都是基本趋同的，但是从本质上来看，从性格、教育、文化、修养、个性、能力和兴趣等多方面还是有很大区别的，会受主观因素和客观因素影响。中国古代就有说法，要想治国平天下就必须具备修身齐家的本领，从修身、齐家、孝道、谦让、和善、机智来判断一个人的品质标准，反而现代社会却将这些最本质的东西给忽视了。

在组织与个人之间的利益权衡判断而做出投机取巧的行为动机选择是混合组织人最为典型的特征。威廉姆森认为，"如果不存在投机，那么一切行为就都能符合规则；而且也无须事先全盘计划一番。即使遇到不可预料的问题，各方为了维护共同利益的最大化，也能按照一致遵守的原则去处理。"[10]这也充分说明了正是混合组织人投机的行为才导致各种成本的增加。库利认为"利己主义有无数的变种"。[15]这恰恰反映了混合组织人的行为特征，而不是对经济人的描述。混合组织人和经济人的界限是很容易被混淆的。混合组织人的行为也往往被认为是经济人的行为选择。目前对经济人的解释具有扩张的趋势，无限扩大经济人的解释范围，如新经济人、超越经济人、趋社会性、利他偏好等。因此，当前经济人的范围似乎已经包含了混合组织人和自我组织人两类，但对纯组织人是无法解释的，这一点已经得到经济学家的共识，也被认为是困扰经济学最难的问题之一。

混合组织人和经济人最大的共同点就是二者都表现出人有自利的动机行为，然而其表现的形式、程度及范围却有所区别。

（四）混合组织人和经济人的区别

混合组织人和经济人看似都具有自利的行为特征，而且从以前对经济人的解释可知它和混合组织人都具有机会主义的投机行为特征，似乎二者很难区分。其实二者之间是有比较明显的划分界限的。

第一，衡量标准不同。混合组织人是根据在组织和个人之间考虑目标利益的多少来作为划分标准的。虽然这种划分用语言来表述有时很难作为判定的依据，但是用数学方式表示就很清楚了，这种趋势的函数值始终存在并落在 AB 之间（见图5-1）。如果考虑组织的利益大于个人的利益，在 AM 区间内的人就是强组织人，反之，在 MB 区间内的人就是弱组织人。目前对经济人的解释是将其外延扩大化了，包含了混合组织人和自我组织人。按照现有对经济人的理解，即当判断如果服从组织的利益大于个人自利行为得到的利益，他就会选择服从组织。而当判断如果服从组织的利益小于个人自利行为所得到的利益，他就会选择不服从组织或有限地服从组织。严格来说，这已经将经济人的含义扩大化了。经济人原本的含义应该是完全只考虑自己的利益，以自己的利益为衡量标准，并追求利益最大化。就像自我组织人只考虑自己而不考虑组织的目标和利益一样。所以，经济人应该是和自我组织人等价的关系。

第二，选择目标程度不同。经济人是西方经济学在市场经济条件下的最大化选择，这种以利益为目标的最大化选择是经济学分析的核心。如果经济人还有次优或其他投机的选择，最大化理论就会失去它原本的意义。西蒙认为是"寻求满意，即寻找一个令人满意的或'足够好的'行动程序"。[16]现在对次优或其他投机的选择解释是因为人的理性是有限的，加上信息的不对称性等外部环境因素造成经济人无法达到最大化的选择，而并不是说自动放弃最大化的选择。"现在，每个人或多或少地都认为，理性行为就是指效用函数或福利函数等良序函数的一致的极大化。"[17]不可否认，在市场经济中的理性最大化选择是主流新古典经济学的核心思想，而且这种认识是正确的。

虽然混合组织人和经济人的选择都具有自利性，但是经济人选择的是理性最大化，而且其目标具有唯一性；而混合组织人不具有最大化的目标思想，即使想谋利也未必得到最大化的结果；因此，理性选择最大化的利益只是经济人的唯一目标。而混合组织人的选择并不具有利益最大化的目标，更不具有唯一性。

第三，选择目标和范围不同。混合组织人和经济人都是以自利为目标的行为选择，但是经济人对目标最大化的选择是唯一的、不变的；而混合组织人是在组织之间或者组织和个人之间的目标或双目标，甚至多目标的选择，并且目标最大化的选择并不是唯一的，而且是一种动态的选择。

混合组织人与经济人对利益最大化目标的理解是有区别的。经济人的利益最大化是一个简单而直观的命题，判断十分容易和直接，无论是理性还是有限理性都是对经济利益的判断和选择，即使对未来预期利益的判断也仅局限在经济的范畴内或者政策对经济的影响。这种动机和行为的一致性用自利来诠释是十分恰当的。

不可否认，混合组织人也在追求利益最大化的目标，两者的目标看似一致。但是，组织人对利益最大化的理解和行为与经济人是完全不同的。组织人更多地通过含蓄、迂回、间接的方式来达到自己的目的。

动机和行为的分离不能直接用自利来看待，即使有时也表现出一致性，但也是要在组织人认为不会对他造成更大的损害和产生负面影响时。这就比经济人的自利表现要复杂得多，判断也更为困难，大大增加了不确定性的难度。

另外，经济人仅仅是在市场经济中对经济利益的获取，而对非市场经济的解释力并不强，只是到了20世纪的后期才出现贝克尔、布坎南等对非市场经济领域的扩张。可是，混合组织人的目标选择适用于所有的社会历史阶段和经济形态。

第四，投机程度不同。严格来说，经济人理性最大化的选择并不算是一种投机的选择，而是一种以自我为中心具有明确目标的选择，并不存在投机取巧的成分。"'经济人'这个简单漫画的好处是，它为我们分析经济运行的方式提供了一个明确的出发点。如果我们看一下人们作为一个整体行动的方式，我们将发现，他们通常接近于'经济人'的行为，尽管发现这样做的单个人可能很困难。"[18] 虽然这种明确的自私选择会遭到人们的唾弃，但是不能否认经济学所赋予经济人的这种目标选择是一种确凿的事实。混合组织人完全就是一个投机主义者，是一个为适应环境而变化的求生者。他会随着组织目标或组织制度约束条件的不断变化而选择自己的最佳战略占优策略。这种机会主义还表现出同时在不同的组织之间的选择。因此，混合组织人的自利选择在大多数情况下是一种被动且后选择者，是随着组织目标和关系的变化而变化的，而且投机程度也不尽相同。更多的时候通过一种迂回、曲折、间接甚至虚伪的方式来达到自利的目的，这比经济人的自利表现要复杂很多，判断也极为困难，还增加了不确定性。混合组织人的机会主义在古今中外的文学名著中描述得可谓入木三分和精彩绝伦，所运用的谋略表现得淋漓尽致或达到出神入化的境界足以让世人叹为观止。

应该说，把经济人作为"投机人"而可以放弃最大化的选择是一种对经济人假设的背叛，也并不符合新古典经济学中经济人假设的本义。如果作为投机性的经济人可以放弃最大化的选择那么这种经济人的假设又有何意义，又如何能成为经济学分析的依据呢？如果说经济人的理性也包含"投机"的成分，那么"最大化"的提出就会遭受质疑。布坎南就说过"还没有哪一位经济学家否认过非'经济的'交换的发生。有些个体的买主会故意地付给卖主高出为获得产品或服务所需的价格，而有些卖主则可能故意接受低于买主所愿意支付的价格"。[19]

虽然混合组织人的自利特征用经济人也可以勉强解释，二者的自利行为貌似相似，但严格来分析是有本质区别的。对于人的这种复杂的行为动机，运用混合组织人和自我组织人的理论解释显然比经济人的解释更有说服力，而且更符合现实。如果说弱组织人和自我组织人还可以勉强用经济人来解释，那么强组织人用经济人来解释就有些牵强了。对纯组织人就更无法解释了，而组织人理论则可以轻而易举地解决这些经济学难题。

经济学认为人类的一切活动都是为了追求个人的经济利益，这是人的天性，是人的本能要求，是人类参与一切活动的本质。这些对经济人的行为动机的认识和表述今后将不再是经济学的全部，而只是经济学中的一部分。

一直以来，经济学家一度对经济人假设能开展应用于经济学的数学分析而感到自豪，同时也对脱离现实的经济人的解释并不满足；于是，冥思苦想以寻找经济人的"替代品"，试图能找到更接近现实主义的"人"，却始终未能达成心愿。但是，经济学家相信，"经济人肯定是一个关于人的局部特性的、'过度简化'的假设。它虽然在理论和实践上仍然存在难题，但正如宾默尔所言，'它唯一的优点就在于，所有的其他替代物都比它更差'。"[12]

在确认了这种"替代品"是一种绝无可能的存在的时候，又想另辟蹊径无限扩大经济人的解释范围，用词也尽量选择中性或褒义词汇而忌讳贬义词汇以极力粉饰经济人的"自私贪婪"形象，如用"自利"而不用"自私"，甚至不惜创立"超越经济人"的思想以探求从生物学基因中寻找证据来美化经济人及其包含利他行为动机的企图。组织人理论并不是要全盘否定经济人，而是要将经济人打回原形，还原其本来的面目：经济人就是一个自私自利的家伙。而人类文明的进步和社会追求公平公正以及利他行为的正义力量的倡导者都是组织人的努力践行成果。如果说经济人是人类社会物质财富进步的原动力，那么组织人就是人类社会精神文明包括法制、制度和秩序的建立及维护者。

（五）反组织人

前面对于组织人的分类都是指组织人与组织之间的正相关的关系，事实上，现实中还存在大量负相关的关系。不是所有的组织人的关系都是正相关的，也可能出现负相关。

反组织人也叫反组织关系，是一种负相关的行为，也可以看成是负组织关系，是组织人与组织的目标成相反的对立关系。当组织人行为与组织的目标成对立关系时，就是反组织人。反组织关系根据对立的程度也可以划分为反纯组织人和反混合组织人。自我组织人不存在反相关性关系。这也说明反组织人的行为只是对组织有害，对其个人并不造成危害。

反纯组织人是组织人对组织目标的完全背叛，或者说就是存在于组织内部的"你死我活"的敌人。反混合组织人是组织人对组织目标的部分背离，还没有完全背叛，同时也能获取个人利益。

正相关的关系说明组织人和组织目标的方向是一致的，只是执行程度存在差异，而负相关的关系说明组织人和组织目标的方向相反，是一种抵制或背离组织目标的行为。组织人不但不执行组织目标，有时还具有抵制、背叛、欺骗和破坏性。

由图 5-2 可以看得十分清楚，纵坐标 Z 在原点 O 以下的部分就是反组织关系，从 O 到 $-Z$ 是组织目标的负值。而横坐标轴 E 不变，是指自我组织人不会改变利益关系，这也说明经济人的谋利并不会受到影响，影响仅对组织目标而言。

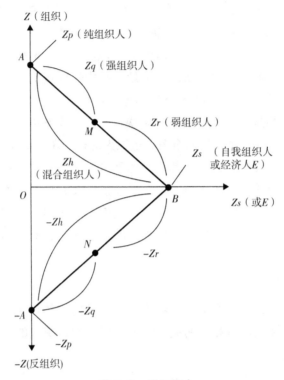

图5-2 反组织人

从组织是一个群体或团体来看，反组织似乎很难理解，也许并不存在有负的组织机构。但是，如果从组织是一种关系来理解，反组织关系就是一种人与组织或人与人之间不和谐、不友善、不合作的关系；是组织人之间一种对立、抵触、背叛甚至对抗或敌对的关系。反组织关系是一种负相关性，这种性质对于组织来说具有极其重要的影响。

一个组织人绝对不会给自己的冤家或对手提供任何方便，甚至还会采取报复或阻扰行动，处处设法刁难。这种情况在朋友之间、同事之间、同行之间、官场之间，甚至亲属之间都会发生。这种关系从外界是很难判断或根本无法辨别的，只有当事人或了解内情的人才会知道真相。曾经的同事或同学，既可能是好友或闺蜜，也可能是冤家对头或死敌。当这种组织关系是一种正相关，就会使组织人的行为朝着有利于组织的方向发展；如果是一种负相关，那么就会使组织人的行为朝着不利于组织的方向发展。

反组织人和组织人的负面效应都对组织造成损害，但是二者之间是有区别的。

首先，反组织人或反组织关系都是针对组织内部的关系而言，组织人的负面效应是针对组织外部关系而言。

组织人的负面效应是指组织人的行为给社会或他人带来负面的后果，如恐怖主义行为。从人的行为特征来判断是一种组织人和组织目标同方向的行为。负面效应是指造成对组织之外的社会或他人所产生的危害。而反组织关系是一种组织人和组织目标反方向的行为，而且组织人的行为反而更加有害于组织及其内部成员。

其次，组织人的负面效应是指组织人和受害对象一般并不具有组织关系或相关性，也就是说，二者之间并不具有组织关系的特征。而反组织关系是指二者之间具有一定的组织关系特征。所有的"窝里斗"、内讧纷争、暗中使坏都是一种反组织人的行为，所产生的内耗和危害对组织来说具有极其严重的破坏性。从某种意义上来说，可以造成组织的存亡甚至朝代更迭和国家的变迁。历史上的大量史料足以证明这一深刻教训。

有的时候，反组织关系不是你在找"事"，而是别人在找你的"不是"。有点像遭遇意外的事故一样无法避免，是一种无法抗拒的"天灾人祸"。别人在引你入圈套或陷阱。这种组织关系不是你想要得到的，而是别人迫使你成为他的反组织关系。得利的一方是正收益，失利的一方是负收益；一方得利越多，另一方失利也越多，双方利益成反比。

参考文献

[1] 笛福. 鲁滨孙漂流记 [M]. 徐霞村, 译. 北京：人民文学出版社, 2000：182.

[2] 哈耶克. 个人主义与经济秩序 [M]. 贾湛, 等译. 北京：北京经济学院出版社, 1989：1-16.

[3] 埃利亚斯. 个体的社会 [M]. 翟三江, 陆兴华, 译. 南京：译林出版社, 2008：6.

[4] 科斯. 企业、市场与法律 [M]. 盛洪, 等译. 上海：三联书店, 1990：1.

[5] 科林·凯莫勒, 乔治·罗文斯坦, 马修·拉宾. 行为经济学新进展 [M]. 贺京同, 等译. 北京：中国人民大学出版社, 2010：4.

[6] 赫伯特·西蒙. 管理行为 [M]. 杨砾, 等译. 北京：北京经济学院出版社, 1988：导言7-8.

[7] 霍尔. 组织过程、结构和结果 [M]. 8版. 张友星, 等译. 上海：上海财经大学出版社, 2003：10.

[8] 杰伊·瑞芬博瑞. 没有任何借口 [M]. 任月园, 译. 北京：中国青年出版社, 2009：1.

[9] 巴纳德. 经理人员的职能 [M]. 孙耀君, 等译. 北京：中国社会科学出版社, 1997：67.

[10] 威廉姆森. 资本主义经济制度 [M]. 段毅才, 王伟, 译. 北京：商务印书馆, 2004：73.

[11] 杨春学. 经济人与社会秩序分析 [M]. 上海：上海人民出版社, 1998：160.

[12] 杨春学. 经济人的"再生"：对一种新综合的探讨与辩护 [J]. 经济研究, 2005 (11)：29-31.

[13] 道金斯. 自私的基因 [M]. 卢允中, 等译. 北京：中信出版社, 2012：5.

[14] 道金斯. 自私的基因 [M]. 卢允中, 等译. 北京：中信出版社, 2012：3.

[15] 查尔斯·霍顿·库利. 人类本性与社会秩序 [M]. 包凡一, 王源, 译. 北京：华夏出版社, 1999：155.

[16] 赫伯特·西蒙. 管理行为 [M]. 杨砾, 等译. 北京：北京经济学院出版社, 1988：导言21.

[17] 贝克尔. 人类行为的经济分析 [M]. 王业宇, 陈琪, 译. 上海：上海人民出版社, 1995：183.

[18] 伊萨克森, 汉密尔顿, 吉尔法松. 理解市场经济 [M]. 张胜纪, 肖岩, 译. 北京：商务印书馆, 1996：45.

[19] 詹姆斯·布坎南. 同意的计算：立宪民主的逻辑基础 [M]. 陈光金, 译. 上海：上海人民出版社, 2014：17.

第六章

组织人的经济模型

　　组织人理论同样需要运用数学模型来说明自身的理论。亨德森认为，"在经济理论的历史发展中，纯语言的分析是第一阶段。"[1]随着社会经济的发展和经济数量关系的增速加快且日益复杂，纯语言分析显然不可能满足要求，数学成了必备的工具。经济学虽然被定义为一门社会科学，[2]如何能够成功闯过"中间地带"迈向科学殿堂，已经成为考验经济学的关键。组织人替代经济人成为经济学中行为理论的基础，必将大大减少经济学中的模糊性和不确定性，为经济学朝着精确科学发展提供了坚实的支撑。未来的经济学之路是如何重新建立经济学模型和满足经济数学的公理要求。[3]

　　经济学要想成为一门精确科学不可能离开数学的支撑，组织人的经济学也不例外。涅姆钦诺夫说过："研究事实、数字、现实生活，乃是经济研究的基础。"[4]经济变量之间的数量关系研究正是数学的贡献，我们反对唯数学至上论和滥用数学的倾向，但是并不否认数学在经济学中的重要地位。事实上，数学是经济学中最重要的工具之一。经济学要对人的行为做出正确的判断和假设，以及人的行为对经济关系产生的变化规律，和经济变量关系的研究所形成的理论及证明，都必须借助于数学。"正确地利用数学方法，有可能检验各种经济假设。"[4]

　　亨德森指出，"从根本上看，一种理论包括三个确定的要素：（1）作为参数并且被假定为由分析框架外部给定的数据；（2）变量，即在理论本身中确定的数量；（3）行为假设或假说，它们规定根据确定了的变量值运行的情形。"[2]可以肯定地说，目前经济学对现实经济分析和预测的失误或差错，并非是数学的问题，而是经济学对人的行为假设的缺陷，以及所设计模型的欠缺导致最终失败的结果。如果能够对人的行为做出基本正确的判断，那么经济学的作用也将得到极大的提升。

对于组织人理论的数学运用，本书做了一些基础性的研究，下列的基本模型和公式推导得出的理论仅为开启未来经济学的大门提供钥匙和思路。我相信，组织人理论在经济学领域中的数学分析是一个庞大的知识宝库，前景无法估量，有待甘愿为之奋斗的有识之士去开垦发掘。

根据前面对组织及组织人的分析，我们知道组织是一个群体的概念，组织对组织人的影响最终都是通过某个组织人对另一个组织人产生影响的。真正表现出来的都是个人之间的行为即组织人的行为。组织的干扰或影响确切地说就是组织人的干扰或影响。为了易于理解和表达更为直观，本书都用组织人来表示组织或组织人对其他组织人的影响。

一、组织人的结构图形

（一）人与组织及社会的关系

人与组织及社会的关系如图6-1所示。中心小圆表示组织人；围绕中心小圆并与之交叉重叠的许多圆表示各种组织，如家庭、单位、学校、朋友、社团、党派、宗教等；中心圆与各种组织交叉重叠的阴影部分表示各种组织关系，没有重叠的空白部分表示组织人自身个体即自我组织人或叫经济人。组织人是由各种组织关系和自我个体组成的，或者说，人就是由个人和各种组织关系构成的组织人。最外面的大圆表示社会。社会是由无数个组织组成的，所有的人都是组织中的成员，而且相互交叉，关系错综复杂。社会包含组织，组织包含个人，即人 ∈ 组织 ∈ 社会。社会包含了所有组织，而组织包含了所有的人，这就是三者之间的关系。

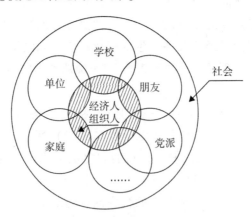

图6-1　人与组织及社会的关系

用字母表示如图 6-2 所示：Z 表示各种组织；中心圆是组织人 Z_E，中心圆的空白部分是自我组织人 Zs 或经济人 E；围绕中心圆并与之交叉重叠的许多圆表示各种组织 Z_i；最外面的大圆是社会 S。

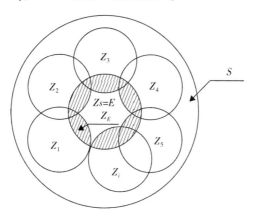

图6-2　人与组织及社会的关系

（二）组织人的分类及关系

如图 6-3 和图 6-4 所示，中心圆表示组织人 Z_E，阴影部分表示各种组织关系，中心圆的外圈表示纯组织人 Zp，阴影部分表示混合组织人 Zh，中心圆的空白部分表示自我组织人 Zs 或经济人 E。

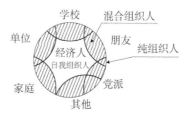

图6-3　组织人的分类及关系

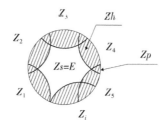

图6-4　组织人的分类及关系

圆中 Z_1 阴影部分的组织人 Z_{E1} 是由外圈的纯组织人 Zp_1 和阴影部分的混合组织人 Zh_1 相加而成的；外圈交叉的每一段都表示某个组织的纯组织人 Zp，交叉的每一个阴影部分都表示与某个组织的混合组织人 Zh。所以，组织人 $Z_1=Zp_1+Zh_1$，即 $Z_1=(Zp+Zh)_1+E_1$；以此类推。

从图 6-4 可以看出，组织人 Z_E 的行为区间就是整个圆的部分，它表示一个确定区间范围内的值。这就证明了组织人 Z_E 的行为是确定的，而不是一种不确定性的假设。

二、组织人的行为模型

人的行为所反映的社会属性和表现出来的社会特征都与某个组织密切相关，人除了受到自身因素的影响外，更多的是受到来自组织的影响。人所有的社会特征一定与某个组织存在关联性，而且人的行为的社会属性都是通过组织才能表现出来的，组织也是唯一能够在人与社会之间架起的桥梁。在某个特定的时间里，人的行为只和某个组织有关联。也可以说，人的行为如果与任何组织无关，那么其社会属性也将不复存在。

（一）组织人行为的基本模型

根据组织人的分类，用符号表示各类组织人，即 Z_E 表示组织人，Zp 表示纯组织人，Zh 表示混合组织人，Zs 表示自我组织人，E 表示经济人，Zq 表示强组织人，Zr 表示弱组织人。

这里设 Z_E 为组织人的行为目标，Z_i 为组织目标，表示不同组织 i 对组织人的影响因素，E 为个人目标。组织人的行为是在不同组织之间以及组织与个人之间的选择。从图 6-2 和图 6-4 可以看出组织人与组织之间的关系可以表示为：

组织人的行为目标 Z_E=组织目标 Z_1+组织目标 Z_2+组织目标 Z_3+⋯+

组织目标 Z_i+自我个人目标 E

由于　　　　　　　　组织人 $Z_1=Zp_1+Zh_1=(Zp+Zh)_1+E_1$　　　　　(6-1)

而且　　　　　　　　　　　$E=E_1+E_2+E_3+\cdots+E_i$

所以　　$Z_E=\left[(Zp+Zh)_1+(Zp+Zh)_2+(Zp+Zh)_3+\cdots+(Zp+Zh)_i+E\right]$　(6-2)

即　　　　　　　　　$Z_E=Z_1+Z_2+Z_3+\cdots+Z_i+E$　　　　　(6-3)

用函数表示为：

$$Z_E=f(Z_1)+f(Z_2)+f(Z_3)+\cdots+f(Z_i)+f(E) \qquad (6-4)$$

即 $$Z_E = \sum f(Z_i) + f(E) \tag{6-5}$$

其中，Z_1 为组织 1 的目标，Z_2 为组织 2 的目标，Z_3 为组织 3 的目标，Z_i 为组织 i 的目标，每个组织人有许许多多不同的组织关系，每个组织都有自己的目标对组织人产生影响，只是在不同的时间、地点、环境和条件下，不同的组织所产生的作用或影响有所不同。有时组织 1 可能是起决定作用的因素，随着时间和环境的改变，组织 2 可能变得重要起来成为主要因素。

当且仅当组织 1 的目标 Z_1 是组织人唯一的目标时，组织人对组织 1 来说是纯组织人；以此类推。如果组织人还兼顾其他组织或个人的目标，那么这时的组织人就是一个混合组织人。

由式（6-5）可以得出，当所有组织目标 $f(Z_i) = 0$ 时，即
$$\sum f(Z_i) = 0$$
则　　　　　　$Z_E = f(E)$，即 $Z_E = f(E) = E$
这时　　　　　　组织人 Z_E = 经济人 E

当所有的组织目标被放弃或忽略时，个人目标就是起决定性的最终目标。组织人的个人目标也就是经济人的目标，也只有在组织人不考虑所有组织目标时，组织人自身的目标才是组织人唯一的目标，也正是经济人的目标。因此，所有组织的目标加上组织人的个人目标组合成了组织人行为的全部区间的范围。这也证明了组织人 Z_E 的行为是确定的，而不是一种不确定性的假设。

（二）反组织人行为的基本模型

根据第五章组织人分类中反组织人的图形（见图 5-2），我们知道反组织人的行为正好与组织人的行为相反。组织人的行为目标是 Z_E，而反组织人的行为目标则是 $-Z_E$。从上面组织人的行为模型公式可以得出反组织人的行为目标是：

$$-Z_E = (-Z_1) + (-Z_2) + (-Z_3) + \cdots + (-Z_i) + E \tag{6-6}$$

用函数表示为：

$$-Z_E = f(-Z_1) + f(-Z_2) + f(-Z_3) + \cdots + f(-Z_i) + f(E) \tag{6-7}$$

即 $$-Z_E = \sum f(-Z_i) + f(E) \tag{6-8}$$

组织人个人的目标 E 始终是正值，最小为 0，不会出现负值。从图 5-1 和图 5-2 可以看出，组织人个人的目标在横坐标 OB 之间，不存在负数。这也说明反组织人的行为只是对组织有害，对其个人并不造成危害。甚至可以背叛组织，损害组织利益而谋取私利。

◉ 组织人的经济学

3. 组织人行为的完整模型

由组织人和反组织人行为的基本模型可知，组织人的行为对于组织来说事实上存在着两种趋势，可以表示为±Z_i，"±"号表示组织人的行为对于组织来说具有正负两种相关性。即

$$Z_E = (\pm Z_1) + (\pm Z_2) + (\pm Z_3) + \cdots + (\pm Z_i) + E \qquad (6\text{-}9)$$

用函数表示为：

$$Z_E = f(\pm Z_1) + f(\pm Z_2) + f(\pm Z_3) + \cdots + f(\pm Z_i) + f(E) \qquad (6\text{-}10)$$

即 $$Z_E = \sum f(\pm Z_i) + E \qquad (6\text{-}11)$$

公式（6-11）包括人的全部行为动机的模型，人的所有行为特征都包含在其中。

这是人类思想家、理论家和经济学家都在探寻并迄今为止还坚信不可能存在有确定性的人的行为动机模型，它将对经济学乃至整个社会科学产生重大的影响。

我们用 r 表示组织对组织人影响的关系程度，r 的取值范围是 $-A \leq r \leq A$ 或 $-1 \leq r \leq 1$。r 的数值越大，表示组织人与组织的关系越密切，或者说组织人的目标越靠近组织目标。$r = \pm A$ 或者 $r = \pm 1$ 就是纯组织人，$r = 0$ 就是自我组织人。r 为负数时，就是反组织人，表示一个变量的增加可能引起另一个变量的减少，叫作反相关或负相关。即随着组织人的行动变化增大，组织人的目标与组织目标相距越大，对组织的危害性也会越大。当 $r = -A$ 或者 $r = -1$ 时，就是反纯组织人，是组织人对组织目标的完全背叛，或者说就是存在于组织内部的目标完全相反的组织人。对于组织来说，这种人的危险性最大，造成的危害也最严重。

为了表述简便，我们在以下的分析中一般使用"组织人行为的基本模型"，而不再使用"组织人行为的完整模型"，不再包含反组织人的行为模型。

4. 组织人行为动态模型

一般来说，组织人的行为会随着时间的变化有所改变，我们引入时间变量 t，这样组织人的行为就是一个动态三维图：横轴代表自我组织人 E；纵轴代表组织目标 Z；当时间变量 t 从 t_1 到 t_2 时，纵轴上的组织目标 Z 也从 Z_1 到 Z_2，以此类推，如图 6-5 所示。随着时间的改变，纵轴也围绕横轴不断旋转移动。当时间变量 t 从 t_1 到 t_i 时，组织目标 Z 也从 Z_1 到 Z_i。

·100·

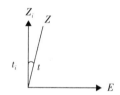

图6-5　组织人的行为随时间变化

用公式表示为：

$$Z_E = f(Z_i) + f(E) + f(t) = \sum_{t \to i} \left[f(Z_i) + f(E) \right] \quad (6-12)$$

即

$$Z_E = \sum_{t \to i} \left[f(Z_i) + E \right] \quad (6-13)$$

公式（6-13）是组织人行为的动态模型，组织人的行为随着时间的改变也发生改变。

三、组织人的偏好分析

偏好理论一直是经济学家引以为豪的经济学理论发明之一，几乎是没有争议，且能完全达成共识的理论。但这一经济学理论是有缺陷的。其根源是，一直以来，人们都将人的生物学偏好等同于经济学偏好，这是一种误判。生物学偏好是人的一种动物性偏好，而经济学偏好是人的行为选择性偏好，二者存在巨大的差异。经济人只考虑到人的自然属性，这时将人的生物学偏好等同于经济学偏好是可以理解的。然而，要将这种偏好应用于经济学必然会遭遇挫败或陷入窘境，由此造成经济学偏好理论与现实经济存在着诸多矛盾或悖论。

（一）消费偏好的悖论

经济学认为人的偏好是一种相对稳定的模式，即"A 喜欢苹果胜于香蕉"就是一种偏好。这种分析看似非常完美，在理论上毫无破绽，也无隙可击。问题是这种分析与现实经济是否存在必然的联系。如果理论与现实存在不一致的行为，那么，理论就有问题了。如果说"A 喜欢苹果胜于香蕉就是 A 的偏好"，那么 A 应该购买苹果而不是购买香蕉才是符合偏好的理论逻辑。如果说 A 的偏好是苹果，但是，A 却经常喜欢购买香蕉，或者说，"A 购买香蕉胜于购买苹果"，那么"A 喜欢苹果胜于香蕉的偏好"又有何现实意义呢？这才是问题的关键所在。为什么会出现"A 喜欢苹果胜于香蕉的偏好"却有"A 购买香蕉胜于购买苹果"的行为呢？现实情况是 A 的女儿 B 喜欢香蕉胜于苹果，于是就有了"A 喜欢苹果胜于香蕉的偏好"却又会出现"A 购买香蕉胜于购买苹果"的现实行为。不可否认，在现实生活中，这种理论与实际的差异极为常见。

如果说 A 厌恶辣椒（厌恶是一种负偏好），却每天购买辣椒，这显然与偏好理论相悖。因为 A 虽然厌恶辣椒，但是 A 的妻子 C 却喜好辣椒，于是就会出现" A 厌恶辣椒，但是每天购买辣椒"。这些现象比比皆是。虽然这些现象与偏好理论并不冲突，但如果这些理论偏好与实际的差异大量存在，那么经济学中的偏好理论又如何能指导实践呢。如果我们不能根据 A 的偏好来判断 A 的行为，仅知道 A 的偏好又有何用处呢？

（二）行为偏好的悖论

如果 E 喜欢跳舞（A）胜于喜欢唱歌（B），我们只能判断 E 的偏好是 $A > B$；但是，在时间点 t 并不能确定 E 一定就会选择跳舞而不选择唱歌，事实也可能正好相反。现实情况是 E 的行为选择依据是判断去跳舞重要还是去唱歌重要，与 E 本人的偏好已无必然的相关性。如果今天是歌唱晚会，而且 E 是队员，那么 E 参加唱歌就确凿无疑了。同理，如果今天是舞蹈排练，而且 E 是队员，那么 E 参加跳舞也就毫无异议了。

对于组织人 E 来说，在某个时间点对他的行为产生影响的组织是不同的，A 组织、B 组织和 C 组织并不是同等重要的。在时间点 t 对 E 来说只有一个是最重要的，会直接影响 E 的行为。事实上经常会发生很纠结的事情：是去 A 组织跳舞还是去 B 组织唱歌，或者去 C 组织旅游。E 的行为有可能在时间点 t_1 的选择排序是 $A > B$ 或 C，在时间点 t_2 的选择排序是 $B > C$ 或 A，在时间点 t_3 又会是 $C > B$ 或 A。即使有时想同时兼顾，也不可能在时间点 t_1 既在 A 组织跳舞又在 B 组织唱歌。这就是组织对 E 的行为选择的影响，也是 E 在不同组织之间的选择。

对 E 的行为产生影响的组织既可能是一个团体或庞大的机构，也可能就是某一个人。只有在排除所有的组织对 E 的行为产生影响，或者 E 也不考虑所有的组织关系时，经济学的偏好理论对于组织人 E 来说才是唯一的选择。

（三）组织人的偏好理论

组织人的偏好才真正是经济学偏好理论的基础，组织人的偏好不仅具有生物学的自然属性偏好，还包含外部环境因素的社会属性偏好，只有二者的结合才能全面反映人的行为偏好。

组织人的偏好是一个组合方程。根据前面对组织和组织人的分析，我们知道组织对组织人产生的影响是组织中的某个人，因此，我们分析组织人的偏好时将对他产生影响的组织改为组织人，这样更加易于理解。

假设：组织人 E 的偏好是组合（E_1，E_2，E_3，$\cdots$，E_i），组织人 Z_A 的偏好是组合（X_1，X_2，X_3，$\cdots$，X_i），组织人 Z_B 的偏好是组合（Y_1，Y_2，Y_3，$\cdots$，Y_i），组织人 Z_N 的偏好是组合（N_1，N_2，N_3，$\cdots$，N_i）；那么，组织人 E 最后的偏好取决于下列组合：

$$E = (E_1, E_2, E_3, \cdots, E_i)$$
$$Z_A = (X_1, X_2, X_3, \cdots, X_i)$$
$$Z_B = (Y_1, Y_2, Y_3, \cdots, Y_i)$$
$$\vdots$$
$$Z_N = (N_1, N_2, N_3, \cdots, N_i)$$

则　　　　　　　组织人 E 的偏好 $=Z_A+Z_B+\cdots+Z_N+E$ 　　　　（6-14）

这里的关系是　　　　$E \cup Z_A \cup Z_B \cup \cdots \cup Z_N$

在这个方程组中只有一个是最后的解。一旦组织人 Z_A 的偏好成立，那么，其他 E，Z_B，$\cdots$，Z_N 的偏好都将是零。

事实上，在绝大多数情况下，组织人 E 的偏好选择是通过比较得出的，例如，先进行 $E \cup Z_A$，得出 Z_A；然后进行 $Z_A \cup Z_B$，还是得出 Z_A；以此类推，最后得出的结论是 Z_A。

即最后组织人 E 的偏好是 $E' = Z_A = (X_1, X_2, X_3, \cdots, X_i)$，而不再是自己的偏好 E（E_1，E_2，E_3，$\cdots$，E_i）。

如果组织人 E 的自身偏好是 E'，但却选择偏好 A，这就说明在时间点 t 的偏好是 A，或许在时间点 t' 就会发生变化。因此，对于组织人的偏好，时间点 t 是一个很重要的变量。尤其是被动型偏好的环境因素一旦改变或消失，组织人 E 的偏好也会随之改变。

勒帕日曾经说过，"我们的个人行为和消费方式的确也不是完全不受制约的。事实上，我们身处的社会环境强烈地影响着我们的个人选择；反之，我们的态度和个人选择又会间接地改变——从好的或坏的方面——周围人的满足程度（模仿、示范、赶时髦等方面的作用）。这就是著名的偏好'相互依赖'问题。"[5]

组织人偏好理论完全可以解释这种偏好"相互依赖"的问题，同时也能反映人的行为与偏好之间的真实状况，而且组织人的偏好是动态的。这里可以分为两层含义：第一，就组织人自身来说，偏好是相对稳定的，与经济人的偏好完全一致。组织人只有在完全处于脱离或摆脱组织的影响下，才显示其自身的偏好。不过事实上这种情况是很少见的。第二，如果有组织施加影响，组织人的偏好可能会发生变化。这种变化的区间就在自己和组织之间变动。这里事实上已经包含了组织人 E 在不同组织之间选择的偏好。如果组织人 E 的偏好是 E'，组织人 Z_A 的偏好是 X，那么只有在 E' 和 X 之间选择，不可能会出现其他的选项（如 Y）。

动态偏好是组织人偏好的基本特征。但是偏好在发生变化之前，是有一个时段区间的，在某一区间内是稳定的，而且并不是毫无规律或无踪迹可寻的。从理论上可以得出并认为组织人 E 有无数个偏好的结论是成立的，但是在现实中却要简单得多，因为与组织人有关联的组织 i 并不是无穷大的数，而是有限的常数。一般来说，在有限的时间里对组织人产生影响的组织个数不会超过 5 个，即 $i \leqslant 5$。并不是指组织人 E 的亲朋好友或组织关系不会超过 5 个，而是指在时间点 t 能对组织人 E 产生偏好行为的改变且具有影响力的组织或人。

（四）组织人偏好的类型

组织人的偏好主要有以下几种情况：

第一，自身偏好。自身偏好是组织人自己的偏好，即在没有受到组织影响时完全体现组织人自己的偏好。这种偏好一般是比较稳定的。新古典经济学中的偏好就是指这种状态下的偏好。

第二，替代偏好。替代偏好是一种主动型偏好，即组织人考虑组织或他人的偏好来替代自己的偏好。这是一种推测或替代的偏好。假如组织人自己喜欢吃肉，而他的女儿喜欢吃鱼，当二者必选其一时，他会选择买鱼而不是买肉，更不会去买鸡或鸭。此时女儿的偏好就替代了他的偏好。如果他的妻子是素食主义者，那么，他还需要同时兼顾女儿和妻子。反之，如果儿女为了孝敬父母，在选择商品时，父母的偏好（如喜辣或忌甜食）就成为儿女的偏好（忌口可以理解是一种负偏好）。这些都已经成为商家针对不同消费群体的偏好来选择经营策略的分析依据。

第三，被动偏好。被动偏好是组织人受到组织或他人制约的影响所服从的偏好，这是任何组织人都会经常遇到的偏好。组织人替代他人的选择，并非由本人自己直接选择。这种选择体现的是一种组织的意志或意图。如被动吃辣，小孩穿衣是大人的安排，你的偏好是别人决定的，或者别人的偏好是你决定的。这种为他人选择的偏好在现实中比比皆是。无论你喜欢不喜欢，高兴不高兴都不是由你自己所能决定的，你只有去适应或磨合来改变自己。人们喜欢吃辣并不是由于别人家喜欢吃辣受到的影响，而是自己的父母或家人喜欢吃辣，并从小就开始养成吃辣的喜好，到了成年自然就无法再改变这种饮食习惯。而且这种喜好不是天生的，一开始是要受到痛苦的磨炼慢慢适应才喜欢的。在痛苦适应和磨炼的过程中是没有抗争或反抗的力量的。

对一个对客观世界还未真正认知的小孩来说，这种组织选择对其影响是起决定性作用的。如一个人小时候的生活习惯、兴趣喜好、依赖程度都是受到家庭父母和学校的影响，所有的生活饮食、学习习惯、兴趣爱好都会受制于家庭父母和学校的教育。有许多方面这种影响是根深蒂固的，或许会影响小孩的一生。学校和教育的重要性就在这里。

一个组织人陪同他的客人去吃饭、娱乐、运动或者进行商业谈判时，他客人的偏好肯定就成为他的偏好，而他自身的偏好将不再体现。还可以延伸推论得出"随从""仆人""小人"在"主子"面前无偏好，并非是指个人真的无偏好，而是个人的偏好无法得到体现，有也似无。

上述三种偏好中，第一种自身偏好是利益的驱使，属于稳定型；第二种替代偏好是对至亲好友的谦让，以及出于对他人的礼貌和尊重，属于主动型；第三种被动偏好是对权威的屈服，属于被动型。总之，三者必选其一才是组织人最终在某一时刻显示的偏好。这说明"每一个人一次只能用一种力量发挥作用，或者说，他的整个行为只能同时投入到一种活动中去"。[6]除此之外，还会出现许多其他的影响因素，但其实都可以归类于上述三种。

现实中对组织人偏好影响最大的是以下三种情况：①权力或权威是产生被动型偏好的根源；②对至亲好友中家庭亲属或长辈以及对他人出于礼貌和尊重，是产生主动型偏好的根源；③利益的驱使是产生自身偏好的根源。这三者之间的博弈选择充分证明了组织人偏好是一种全方位、动态型或即时的偏好。由于组织人的偏好可能经常会受到组织的制约或影响，因此，组织人的偏好必然是一种动态的模式，随时都可能发生变化。

也许有人会提出质疑，人的偏好与人的行为是两回事。确切地说，经济学关心的是人的行为而不是偏好，偏好只是经济学为了能达到判断行为的目的而希望从偏好中去寻找二者之间的相关性。一直以来，经济学认为自己已经从偏好理论中找到了这种相关性的确凿证据，殊不知，找到的只是一部分，而不是全部。这也是经济学模型经常偏离现实经济的一个重要原因。不可否认，这些问题经济人理论无法给出合理的解释，而组织人理论却可以给出非常合理的解释。

经济学认为人的偏好是一种稳定的模式，是固定不变的选择。经济学的错误就在于根据这种带有缺陷的偏好去判断人的全部行为。事实上，在现实中人的行为是在不断变化的，从个人的偏好并不能推断出确切的行为事实。偏好与行为只是一种相关性，并不具有必然的联系。

我们应该尊重这样一种事实，就是人的生物学偏好与经济学偏好是有很大区别的。如果将这种偏好理论应用在经济学中必然会出现与现实生活大相径庭的情况。殊不知，经济学的偏好是一种选择偏好，而选择偏好必然会受到外界的干扰或约束，而且经常会发生变化。

首先，经济学理论的偏好本身就是对人的行为的真实反映，如果偏好理论与人的行为存在差异，那么，偏好只反映一个人的生物学偏好，对经济学却毫无实际用处。

其次，判断偏好没有绝对的标准，即使同一个人在不同的时间和环境也会表现出偏好的差异。而且偏好反映的是一个人真实的意愿，显然，一个人真实的意愿与所希望达到的诉求或目的和表达之间存在着差距。人们不是经常看见一位母亲为了能鼓励小孩多喝牛奶，谎称自己也很喜欢喝牛奶吗？如果这位母亲真的通过这种方式改变了小孩的喝牛奶习惯，那么我们有什么理由说这位母亲不是一种偏好呢？至少，从这位母亲的行为可以得出人的生物学偏好与经济学偏好存在着事实上的差异。

最后，如果说偏好也可以有机会主义，那么这种偏好绝不是生物学中的稳定型偏好，而是经济学中的选择性偏好。只有选择性偏好才会受到来自外部环境的影响而带有机会主义。经济学的偏好理论是表示一个人的行为选择。显然在现实中还没有一个人能够对待任何事情都完全按照自己的意愿行事，不考虑外部因素而自由选择。

四、组织人的最大化理解

组织人对利益最大化含义的理解与经济人是有区别的。经济人的利益最大化是一个简单而直观的命题，十分容易判断。无论是理性还是有限理性都是对直接利益的判断和选择，即使对未来预期利益的判断也仅局限在经济的范畴内或者政策对经济的影响。这种动机和行为的一致性用自利来诠释是十分恰当的。

不可否认，组织人也存在追求利益最大化的目标，两者是一致的。但是，组织人对利益最大化的理解和行动与经济人既有相同之处，也有较大的差异。

首先，纯组织人的利益最大化的目标就是服从组织目标。无论是组织还是个人，能否取得最大化结果并不重要，重要的是丝毫不改变这种信念。无论是处于主动状态还是被动状态，都无法动摇或改变这种选择。

其次，自我组织人的利益最大化与经济人是完全一致的。这里不再赘述。

最后，混合组织人的利益最大化是一个非常复杂的判断过程，更多的是表现出通过迂回、含蓄、复杂、间接的方式来达到自己的目的。

五、组织人的交易模型

从组织人对偏好的影响，我们可以得出在经济活动中外部环境及组织人的影响是非常重要且无法消除的因素，对于经济学中市场交易的需求和供给也是如此。现在的市场交易理论模型是以经济人为基础的，没有考虑外部环境及组织人的影响因素，而组织人的影响是不可忽视的重要因素。组织人理论的市场需求和供给是在现有的理论基础之上加入组织人影响的变量。组织人的要素已成为经济学不可或缺的内生变量，通过改变商品的价格或成交量，对企业产生影响。

在市场交易的图形中，由于组织人的影响会出现两种情况：一种是交易量不变，价格上下移动，如图6-6所示；另一种是价格不变，交易量水平移动，如图6-7所示。

（一）组织人对价格的影响

在市场交易图形中，收入＝价格×成交量＝$P \times Q$＝$(P+\Delta p)\ Q$。

P 代表价格，Q 代表成交量，Δp 代表组织对市场价格的影响，即 $\pm \Delta p$，"+"表示加价，"−"表示减价。可见组织的影响 Δp 是内生变量。

图6-6 的交易图形中，需求量不变，受组织人的影响，价格从 P 下降到 P'，下降了 Δp，使得市场供需曲线垂直向下移动。

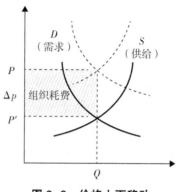

图6-6　价格上下移动

经济人表述的市场价格均衡点是在点（P，Q），而组织人实际成交的市场价格均衡点则是在点（P'，Q），价格从 P 下降到 P' 就是企业给组织或组织人的一种让利、回扣、行贿或组织人的索贿。交易数量并没有改变。价格的变化 $P-P'=\Delta p$ 表示组织人的影响可以是一种增加或减少的双向影响，即 Δp 有 $\pm\Delta p$ 之分。如果是 $-\Delta p$，说明这是一种加价行为。

图 6-6 中的阴影部分是"组织耗费"或"组织人耗费"。组织耗费为正，表示卖家受益，买家受损；组织耗费为负，表示买家受益，卖家受损；数值越大损益越多。

（二）组织人对交易量的影响

在市场交易图形中，收入=价格×成交量=$P\times Q=P$（$Q+\Delta q$）。

Δq 代表组织对市场成交量的影响，即 $\pm\Delta q$，"+"表示成交量的增加，"–"表示减少。

在图 6-7 的交易图形中，价格不变，受组织人的影响，成交量从 Q' 到 Q，增加了 Δq，使得市场交易曲线水平向前移动。

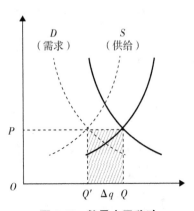

图 6-7　数量水平移动

经济人表述的市场供给量均衡点是在点（P，Q'），而组织人实际成交的市场交易量的均衡点则是在点（P，Q），供给量从 Q' 增加到 Q 就是企业给组织人的一种数量上的增加，也表示为一种让利、回扣、行贿或组织人的索贿。交易价格虽然没有改变，但是数量增加了。数量的变化 $Q-Q'=\Delta q$ 表示组织人的影响也可以是一种增加或减少的双向影响，即 Δq 有 $\pm\Delta q$ 之分。如果是 $-\Delta q$，则是一种数量上的克扣。同理，图 6-7 中的阴影部分也是"组织耗费"或"组织人耗费"，数值越大损益越多。

对于一个企业老板来说，一件商品的价格能卖 100 元就不会以 90 元或者 80 元出售，只有在他认为是卖给朋友或老乡的时候才会优惠 10 元或 20 元，这正是组织人的表现行为而不是经济人的表现行为。这里朋友或老乡都被看成是他组织中的人而享受优惠。相反，有些人对待朋友或老乡反而不优惠却加价 10 元或 20 元，这也是组织人的动机心态，一方面认为这些朋友或老乡的关系还不至于可以让他达到优惠的程度，另一方面认为这些朋友或老乡肯定对他会有信任而能接受这个价格，即使表示怀疑也碍于面子不会拒绝而不得不接受。这些现实中的经济现象用经济人是无法正确解释的。在经济人的世界里，最大化就是 100 元，低了你不卖，高了我不要。只有市场经济中组织人的行为动机才会出现这种价格的偏离。无论是"老乡见老乡，两眼泪汪汪"，还是"老乡见老乡，背后打一枪"，都是组织人的行为动机特征。

 参考文献

[1] 亨德森. 中级微观经济理论：数学方法 [M]. 苏通，译. 北京：北京大学出版社，1988：4.

[2] 亨德森. 中级微观经济理论：数学方法 [M]. 苏通，译. 北京：北京大学出版社，1988：1.

[3] 亨德森. 中级微观经济理论——数学方法 [M]. 苏通，译. 北京：北京大学出版社，1988：68.

[4] 涅姆钦诺夫. 经济数学方法和模型 [M]. 乌家培，张守一，译. 北京：商务印书馆 1980：10.

[5] 勒帕日. 美国新自由主义经济学 [M]. 李燕生，译. 北京：北京大学出版社，1985：257.

[6] 威廉·冯·洪堡. 论国家的作用 [M]. 林荣远，冯兴元，译. 北京：中国社会科学出版社，2016：30.

第七章

透明组织人

从组织人分类中可以得出纯组织人 Zp 对组织的忠诚度要高于混合组织人 Zh 和自我组织人 Zs。对于组织来说，总希望每个成员都是纯组织人。然而，组织人的形态并非一成不变或从一而终的，它是一种动态的过程。确切地说，分类只是在某一时间、地点和环境下的状态，我们无法判断一名组织人在某一时刻一定是纯组织人还是混合组织人。只有事后才能鉴别，有时事后也未必能知道，更不可能在事前做出准确的判断。所有的预测都是依靠假设和推理。虽然假设和推理是一种判别组织人类型的有效手段和方法，但是不能排除也有例外的可能。电视剧《潜伏》中的余则成就是一个例外。古今中外的这种例外事件多如牛毛，所造成的影响及其后果也是巨大而惨痛的，甚至会改写历史的进程。霍尔明确表示，"如果加入某组织的成员表面上对组织非常忠诚，而实际上是另一精英的代理人，那么，常规的加入便变成了'潜入'。"[1]

在组织人的行为模型中，组织目标 Z_i 表示不同组织和组织人 i 对组织人的影响因素，我们相信造成组织人 Z_E 的行为变化的原因是源于对组织或组织人 Z_i 中 i 认识的缺乏和忽视，i 是一个组织或组织人的关系人，当 i 是一个变量且隐秘的时候，就难以判别组织人 Z_E 与其组织或关系人 Z_i 之间的相关性以及关系紧密程度。所有的例外都出自这个重要而神秘的关系人 Z_i。只有当 i 是一个常数的时候，组织人的行为动机才可以是明确的。因此，我们将 i 设为常数，即 $i=C$，此时的组织人称为"透明组织人"或"透明人"，是一种对"人的透明度"的表述。

这里所指的"透明组织人"仅仅是指可能影响组织人行为的各种组织关系人 Z_i 信息的透明度，并不包含组织人的所有关系人或个人隐私。由于 i 可能不止一个人，因此 i 是大于 1 的整数。虽然组织人 Z_E 的朋友可能有许多，但是一般来说在某时某刻，现实生活中可能影响组织人 Z_E 行为的 i 不会超过5个，即 $i \leqslant 5$；很少有超过10个且以上的。

透明人只是表示组织人和与之行为可能有关系的人 Z_i 的信息已经公开或被人知晓的组织人。当今社会个人信息，很难再隐匿而不被人知。要想真正做到"隐身"几乎是不可能的，尤其是在家庭和单位里更是如此。但是，各种社会关系则不然，相对于组织人个人信息而言，与之有关系的人的信息更为复杂而隐秘，很少有人或组织能够对一个组织人的各种关系了如指掌。我们不可能知道组织人 Z_E 有多少同学、同事和朋友，也不会知道哪些人会对组织人 Z_E 的行为产生影响。

透明人并非就代表纯组织人。当各种可能影响一个人行为的组织关系人 Z_i 的信息全部公之于众或被人知晓时，他就是一个"透明人"。可以肯定，人的各种组织关系信息透明度越高，说明一个人受外界的影响就会越少，或者说，要想隐瞒人们对他是否受到外界的影响就更加困难。无论与组织人的关系人 Z_i 的能量有多大，一旦 Z_i 的信息公开就难以再对组织人实行干预和影响。毫无疑问，"人的透明度"越高说明隐私就少，要想采取蒙骗、隐瞒、欺诈、失信、腐败等手段谋取私利或危害他人就越困难。所有的瞒天过海、花言巧语、欺上瞒下、巧言令色都是为了谋取私利或保护自身的利益。如果组织人不受 Z_i 的影响，那么谋取私利也就难以达到目的。可以肯定地说，组织人要想谋取私利必须要有另一关系人 Z_i 的存在并协助或配合才能完成。就像寻租和腐败行为一样，受贿必须要有行贿之人，否则不能成立。除非是个人偷窃或贪污行为。

关系人 Z_i 无论是主动还是被动，客观上都要与组织人联合才能完成目标。一般来说，关系人 Z_i 既可以迂回帮助组织人实现谋利的目的，自己同时也可以获得利益。正是由于关系人 Z_i 的介入才使得组织人的行为扑朔迷离，即使有制度也无济于事。许多国家都在推行官员财产申报制度，正是出于人们对于官员"透明度"提高的期盼。因此，透明度高的人特别是政府官员应该得到人们的信赖。

在我国"透明人"与"透明财产"同样重要。"透明财产"是一种结果的透明，虽然可以通过反映收入与财产不符的嫌疑线索或矛盾达到制约官员的目的，但是在现有的金融制度和技术条件下，还无法消除藏匿或隐瞒的手段。因此，有效性显然大打折扣。"透明人"是一种程序及过程的透明，虽然识别难度较大，但是也并非不可能。法院审判的回避制度就是例证。这是为后续问责提供了法律支持。法官的朋友可能很多，但是与某一件特定案子存在相关性还是偶然的个别事例。同理，政府官员在某一项工程中涉及的关系人也只是偶然的个别事例。就某个人来说，行贿受贿数额较大的几乎都是少数个别事例。

中国人是非常重视人际关系的，当遇到任何困难的时候，首先想到的就是应该去找谁或哪个朋友及熟人能帮助解决问题。最好是亲属当中有这样的人，其次是与自己关系密切的朋友，再次可通过各种关系去寻找。哪怕有一点点关系就如同抓住救命稻草一般满怀希望。只要能找到关系人 Z_i 就有希望。即使在今天的社会里，政务公开已成常态，还是有很多人相信没有关系难以办成事情。因此，关系人 Z_i 就显得非常重要。i 越多说明触角面越广，神通越大。

人们对组织人关系中秘密的 Z_i 非常看重还有一个原因，就是神秘的 Z_i 被认为是组织人的"背景"或"靠山"，在没有完全掌握清楚之前是不会轻举妄动的。也许开除一名食堂员工会得罪某个校长、处长或主任；也许处罚一名职工会牵涉某个副市长、董事长或经理；即使一名种田的老农也可能是某个书记、县长或行长的父亲或亲属。在神秘的关系人 Z_i 面前，任何贸然的行动都会给自己带来隐患，甚至不幸。任何藐视组织关系人 Z_i 的实力都将会面临寸步难行的处境或被碰得头破血流的下场。

在企业经营中对于可能影响公平交易的行为，会计准则有专门的术语叫"关联方及其交易"，《国际会计准则第 24 号——关联方披露》所指关联方是"在财务和经营决策中，如果一方有能力控制另一方或对另一方施加重大影响，它们则被视为关联方"。[2]中国《企业会计准则第 36 号——关联方披露》规定，"关联方，是指一方控制、共同控制另一方或对另一方施加重大影响，以及两方或两方以上同受一方控制、共同控制或重大影响的，构成关联方。"[3]对于"关联方及其交易"是必须要对社会公开披露的，这是一项法律制度。可见关联方可以影响企业的正常决策和重大行为，甚至改变市场正常交易秩序。因此，对于企业关联方透明度的要求如此严格是有道理的。对于组织人也是如此。

假如，组织人 Z_E 的行为受到 Z_i 的影响或者说受到 Z_i 的制约，Z_E 完全听命于 Z_i，那么 Z_E 的行为实际上就是 Z_i 的行为。而人们只知道组织人 Z_E 的信息却不知道 Z_i 的信息，这时就不可能对 Z_E 的行为做出准确判断，组织人 Z_E 的行为可能也并不是 Z_E 自己真实意愿的表达。这一点在第六章组织人偏好中已经进行了充分论述。如果组织人 Z_E 是普通百姓也就是生活琐事，无关大碍。如果组织人 Z_E 是政府官员或者国家总统，那就非常可怕甚至危险了。因为涉及国家和政府的任何经济、军事等重大决策时都会出现人们无法想象的后果。西方国家的许多对外政策都可以证实这一点。任何为 Z_i 谋利的企图都可以成为组织人 Z_E 的冠冕堂皇的理由，甚至可能还会不惜利用各种手段寻找借口。

在市场经济中人们普遍追逐经济利益，其动力十分强烈。正像加尔布雷思所说："生活中的许多事物，如汽车、情妇、癌症等仅对其所有者才有意义，但货币则不同，对其他所有者和所无者均有同样的意义"。[4] "人们并不怀疑追求金钱或持久的金钱关系都可以引起古怪而十分邪恶的行为。"[5] 由于人们逐利的动力和手段是受到市场经济制度的约束和限制的，不可能在公开场合凌驾于法律和道德之上，即使会不择手段也只能在暗中作祟。作为政府官员或公众人物更加不可能会公开越过法律和道德的底线。

如果组织人 Z_E 的行为是一种正当或正义的行为，并没有接受或屈从 Z_i 的摆布，继续一意孤行反抗 Z_i 的干涉，就有可能会出现 Z_i 再联合 Z_B 或 Z_C，甚至联合更多的关系人对组织人 Z_E 进行施压，这时如果组织人 Z_E 顶不住压力就会妥协就范；如果还是继续反抗，可能会出现鱼死网破的结果。最后的结局也许会更加扑朔迷离，各种可能性都会发生。任何一种意外的或不经意的力量都会打破这种平衡。虽然组织人 Z_E 的命运令人担忧，但是组织人 Z_E 的行为却应该得到尊重。可以说，真正的纯组织人在职场上和事业上不可能做到左右逢源，而且命运往往也都是悲壮的。任何坚持原则的一意孤行都会被看成是思想呆板和顽固不化。

在上述的博弈中，如果组织人 Z_E 是透明人就没有这么复杂或难办了。组织人 Z_E 做出义无反顾的抉择是没有余地的选择。因为，一旦组织人 Z_E 的关系人或关联方 Z_i 都在人们的视野之内，那么，人们对于组织人 Z_E 的决定就可以做出十分明确的判断。毫无疑问，组织人 Z_E 绝不会冒着葬送自己前程的危险为 Z_i 谋利；一般来说 Z_i 也绝不会对组织人 Z_E 主动提出这种过分且似乎是无理的要求，毕竟组织人 Z_E 是要冒着被解雇或承担法律责任的风险。

组织人 Z_E 的行为受到 Z_i 的影响或者制约还会出现抵制的反向作用。当 Z_i 成为透明时，组织人 Z_E 的选择还会被看成是与 Z_i 形成的公开的叫板，组织人 Z_E 是选择刚正不阿还是圆滑处世或者巴结讨好就可以全面反映他个人的性格特征，而且这种选择是一种公开的选择。

应该说，透明人是一种阳光下的行为选择，不过制度透明仅仅是提供人们判别组织人是否按照透明的要求行事，却无法做到识别混合组织人的机会主义动机和行为。只有实行透明人制度，才能识别或预防组织人的机会主义。

透明组织人是未来社会人类的基本形态。随着科学技术的进步和大型计算机的运用以及人类自身的信息透明，在大数据时代每个人或绝大多数人都将会是一个透明人。这既是人类社会发展的必然趋势，也是一种历史发展的规律和方向，是不以人们的意志而改变的现实。只要组织人是透明人，所涉及的关系人或关联方 i 就是一个常数，这时我们就基本可以对组织人的行为做出确定的判断。因为对于透明组织人的行为动机的判断只需要运用技术或数学等工具手段就能了如指掌，当人的行为动机已经没有不确定的变量时，用数学方法就能实现。

管理学大师西蒙通过解释棋艺的理性抉择途径来说明人的理性选择是有限的，"实际上，棋手不会去考虑全部可能策略并从中选取最佳者，而只不过构造和检验相当少的可能策略；他一旦发现了一个满意策略，就立即做出抉择。"[6]这就证实了如果人的行为动机是一种公开透明的策略选择，那么，所有的选项都"已全部为人所知"。实际上，围棋赛就是一种自己尽量避免失误，而让对方失误的策略，所有的"斗智"和"诈术"都是为了达到这一目的。如果各种"诈术"谋略手段是公开透明的，那么如同人机围棋大战一样，"阿尔法狗"就可以轻松取胜人类。

对于透明人或人的透明度是否具有现实意义和是否能够实现的忧虑完全可以排除，所有支持这一观点的强烈愿望在西方国家已经具备很好的范例。每个人的经济收入和信用卡的使用就已经达到了透明的程度，对绝大多数人来说，几乎没有可能有收入会藏匿不报的想法或恶意透支信用卡的行为，否则后果严重。因此每个人的经济状况几乎已经达到透明的程度。当人们的收入和消费清单如同小学生的习题本那样清楚而透明时，没有人会把这种个人经济透明和个人隐私联系起来看待，更不会因为这种经济收支透明而害怕泄露隐私会遭到伤害。

另一个事例就是每个国家的官员、机要人员、军人和公务人员的社会关系对于他的上级来说也是基本透明的，几乎所有的人在三代以内的亲属关系要一清二楚，这既是政治的需要，也是国家安全的需要。所有国家或企业的保密要求都会强调这种透明度的重要性，涉及公共安全也一样，如航空安检几乎已是裸检。在以自由和法律为至高无上的国度里也不会有人为了维护自己的隐私而敢于冒险拒绝接受检查，只能配合。在可能受到恐怖威胁的辩词中，无论对于这种"裸检"来辨别"人的透明度"是否有必要是持赞成或反对意见，都不可能改变这种现实。

如果说在经济和出行等多方面人们可以接受这种"被透明"的要求，那么除了私生活以外，一个人就没有什么隐私可言了。坚持这种观点的人源于这样一个信念：所有的个人隐私一旦可能造成或威胁他人的安全或利益损害时都可以被要求公开透明。这就使实现提高"人的透明度"的目标前进了一大步。

虽然我们对于未来提高人的透明度具有信心，而且这将会是人类未来实现世界真正和平的基石。但是毫无疑问，这种信念要完全实现还是极为困难的或者需要一个漫长的过程。应该承认目标和方向是正确和清晰的，剩下的只是时间问题，它取决于人们的努力和信念以及科学技术发展的进程。

应该说组织人理论对于组织的冲突的理解和解释是具有现实意义的，尤其是"透明组织人"这个重要的概念具有积极作用。一个人处在透明或不透明的状态下判若两人。

我们现在的问题不是害怕透明，而是不知道或无法证明透明是给人类带来更多的福祉还是灾难。因为当一个人成为"透明人"的时候是极易受到他人的攻击和伤害的，没有防护屏障就无法阻挡或难以抵御来自外部的各种骚扰或干扰，甚至攻击。我们之所以拒绝透明就是因为害怕受到伤害。近年来的电信诈骗案不断上升就是佐证，人们信赖闺蜜、同事、朋友、同乡却屡屡遭受他人暗算也是如此。谁又能保证不被欺骗呢？往往有时候就是你认为最有能力或应该信任为保护你的人，恰恰就成为伤害你最重的人。即使夫妻之间也是如此，因为透明度太高，本是相互隐私的最坚定的守护者，然而这种信念被抛弃的也大有人在，给对方所造成的伤害也更加严重。

所有组织的上级都希望自己的下级能更透明些，以便掌握主动，而上级却不希望自己成为下级的透明人，这样会觉得失去了威信。同时，下级也会认为自己透明就是对上级的忠诚的体现，或希望能得到上级的信任、提携和庇护。所有的抵触或拒绝都会被认为是不服从或不听话的表现，所以下级总是容易受到引诱、欺骗和伤害。年轻人或女性就更容易遭受来自上级或异性上级的伤害。

事实上，没有人能够真正逃避这种信息被透明的困境。今天的上级可能就是昨天的下级，而今天的下级又会是明天的上级。在仕途上没有谁是一步登天，只是一种循环轮回而已。要想真正做到"隐身人"是不可能的，尤其是在家庭和单位里，一个人在这两个最重要组织关系中一般是无法脱离或逃避被透明的命运。

今天是互联网的时代，媒体的力量正加速形成全社会透明化，网络和大数据所产生的力量非常巨大，绝不可轻视，无论是发现社会正能量的榜样，还是挖掘反面教材的形象，都不是难事。"人肉搜索"已经成为强大的"杀伤性武器"，随时都会有人一不小心撞到枪口上。无辜遭遇"躺枪"已经成为无法避免的社会现象，没有人能够幸免遭遇被透明的伤害。

因此，当认识到人类都是"透明人"时，也让人充满了恐惧。从"阿尔法狗"人机围棋大战和智能机器人的发展中得到启示，足可以检验或证实这种担心不是没有道理的。组织人理论可以证明只要关系人 i 是已知的，那么人就可以成为"透明人"，这就符合完全公开信息的条件，因此，人的行为就可以被识别判断。然而，一旦人处在完全信息透明的条件下就会有意想不到的后果。有几种担忧，也是警示：

（1）只要在信息完全透明的条件下，人不是智能机器人的对手。人的投机、狡诈、欺骗、自私都不再可怕，这些手段在下围棋时都可以运用，但是并不可能影响或改变结果。智能机器人的运算能力和识别能力超级强大，远远超过人类。

一般认为人类的优势或长处在于应变能力和对人体语言模糊信息的细微观察，如观察肢体动作和表情等；人工智能目前可能还无法达到人类的水平，但是有证据表明不久的将来人工智能完全能够实现这一目标。

（2）未来社会查证和识别"透明人"会成为一项关键的技术和工作，是所有社会学科，即社会学、管理学、经济学等都应该共同面对和关注的问题。然而，查证和识别"透明人"是一把双刃剑，会给人类带来祸福难料的命运。尤其是上升到组织的高层更是如此。如果高层组织人是"隐身人"，就会面临组织内部的风险或者道德风险；如果高层组织人是"透明人"，就会面临尤其是组织外部的风险。

（3）未来社会如何保护人的隐私和强调透明会成为法律和社会争论的焦点。这是无法回避的两难选择的现实问题。例如，如果要确保航空安全，"裸检"就会成为一项制度，甚至可以上升到法律层面。那么保护人体隐私就将不复存在。更为可怕的是，所有"裸检"摄像都有可能泄密而成为网络公开信息。另外，住宿、交通、通信、银行、快递、网络注册等实名制后，所有人的信息都会成为公开信息，个人信息反而毫无安全可言，人身安全毫无保障。"大数据"的运用已经使人产生担忧。目前个人信息的泄露已经达到非常可怕的程度。电信诈骗屡屡得逞且如此猖獗便可见一斑。法律的惩处还没有完全起到震慑的作用。还有，法律仅仅是对危害程度较为严重的个人信息出售、诈骗或谋利等进行制裁，对利用相对少量的信息或者用于非直接的经济目的行为并无制约，这也会给他人有可乘之机。

参考文献

[1] 霍尔. 组织：结构、过程及结果 [M]. 8 版. 张友星，等译. 上海：上海财经大学出版社，2003：23.

[2] 财政部会计司. 企业会计制度讲解 [M]. 北京：中国财政经济出版社，2001：614.

[3] 《新〈企业会计准则〉简要读本》编写组. 新《企业会计准则》简要读本 [M]. 北京：中国财政经济出版社，2006：264.

[4] 约翰·肯尼思·加尔布雷思. 神秘的货币 [M]. 苏世军，周宇，译. 郑州：河南人民出版社，2002：5.

[5] 约翰·肯尼思·加尔布雷思. 神秘的货币 [M]. 苏世军，周宇，译. 郑州：河南人民出版社，2002：4.

[6] 赫伯特·西蒙. 现代决策理论的基石：有限理性说 [M]. 杨砾，徐立，译. 北京：北京经济学院出版社，1989：51.

第八章

组织人的行为特征分析

　　组织人的行为特征是对人的自然属性和社会属性的综合反映。之前对于人的行为研究汗牛充栋，只是缺乏侧重于人的社会属性的研究，缺乏系统性理论，尤其是缺乏系统性的概括论述。组织人的行为特征与经济人的行为有着较大的区别，这些特征正是构建整个社会科学对人的行为模型一般化的论述，是社会科学的基本原理，就像数学中的公式那样固定而适用。这是建立社会科学大厦的基础，也是经济学理论的基石。

　　人的行为科学只能从两个方面得出答案，一是自然属性，二是社会属性。对于人的自然属性研究，生物学、心理学、遗传学、基因学、经济学、管理学都有大量的研究成果。而对于人的社会属性的研究，只有每个学科支离破碎的片段，没有系统的论述和相互关联的论证，缺乏统一的理论。这就是金迪斯提出的各自为阵的现状。组织人理论有望突破这种局限性而实现统一。

　　确切地说，人的自然属性是从自然科学领域研究得出的人类行为特征模型。自然属性研究偏向自然科学，体现的是与人相关联的自然特征。而人的社会属性是从社会科学研究得出来的行为模型。社会属性研究偏向社会学、管理学、组织学、经济学等社会科学，体现的是与人相关联的社会特征。唯有组织人才能将这二者完美结合，形成统一的人类行为科学，并适用于所有学科中关于人的行为模型。

　　了解和掌握组织人的行为特征对于组织来说至关重要。它直接关乎组织的成败与存亡。如果组织是一个企业，那么最坏的结局无非就是破产。如果"人心不死"还可以重出江湖，重操旧业，从头再来。如果组织是一个国家，那就绝不会表现得这么轻松而无关紧要或轻描淡写了。这不是危言耸听，可以肯定地说，人类历史的变迁、朝代的更迭、国家的消亡、组织的垮台、企业的倒闭，都是因组织人的行为和组织之间的关系所造成的危机而导致的后果。同理，民族的振兴、国家的繁荣、组织的兴旺、企业的强盛也都与组织人的行为密切相关。

对于经济学来说，这些组织人行为特征所描述的仅是人的行为动机以及诱因和动力，并不是经济学本身。经济学是对建立在此行为基础之上而引起经济变化的研究。经济学研究人的行为动机所产生的选择从而引起各种资源和经济财富变化的经济规律，及对人类和社会所造成的经济影响；以及如何预测和防范经济风险，以达到消除经济危机或将经济危害降低到最低限度，从而有利于社会经济的健康发展，提高人类福祉。

为了能用组织人理论对人的行为特征做出科学的解释，并能够像自然科学发现理论规律那样不断地取得"知识积累型"的进步，本书采用定义的方式将组织人和其行为特征程式化，以便于后人可以在此基础之上逐步增添完善。就像自然科学那样不断去发现新的理论以补充和完善旧的理论。这种增添的过程就是经济学和社会学科不断进步和发展的历程。

组织人的行为特征有以下几种。

定义1：世界上所有人都是组织人。

这是组织人最基本的定义。除了与社会失去联系的孤独的人之外，所有人都是组织人。即便是远离地球在太空中飞行的宇航员，哪怕只有一个人，只要他能与其他人保持通信联系，他就属于组织人。

当今社会虽然结构复杂，有国家元首、政府官员、科学家、工程师、教授、出版社编辑、公务员、企业经理、银行信贷员、CEO、会计师、医生、保险公司职员、企业工人、快递员等，这些看似毫无关联的社会成员，从事的职业不同、文化程度不同、社会地位不同、兴趣爱好也不相同，而且职业差别很大，但是他们有一个共同特征：他们都在为某个组织工作或服务并取得报酬，他们都是组织人。当今社会所有人都是组织人，今天的世界就是组织人主宰的世界。组织人的行为决定和影响着一个企业、一个单位、一个地区、一个国家乃至世界的变化和命运。虽然他们偏好不同，目标不同，但有时他们所表现出来的某些行为特征却惊人地相似。

定义2：组织人是指人与组织或者人与其他人所形成的各种组织关系，也是一种社会关系或人际关系。这一定义可以延伸并推导出一名组织人至少与两个及以上的组织具有关系。

组织人是组织与人的关系，是人隶属于组织的关系，也是人与人之间的关系。当人与组织形成一定的关系时，人就成为组织人。社会是由无数的组织组成的，而世界上所有的人都分别隶属于这些不同的组织。所有的社会关系都是通过组织才能把人归集于不同的组织名下。麦格雷戈认为，"当我们描述各种社会关系时，总是倾向于为某人贴上一个最能体现其特征的、单一、固定的标签。比如，我们说某人是父亲、丈夫、朋友、管理者等。然而，每个人在不同的时间里，所担任的角色也会变化。举例来说，作为父母，有时也会成为孩子的伙伴、老师、法官、保护人等。因此，在父母担任不同角色的情况下，所采取的行动以及影响方法也应随时进行调整。"[1]组织人的这种多重社会或组织的身份也揭示了组织人是一种复合体或混合体。

每个人都是隶属于多个不同组织的组织人。每个组织人至少与两个及以上的组织有关联或具有相关性。这种关系表明我们有家人、有亲属、有工作、有单位、有同事、有同学、有朋友、有邻居，还有国家、有信仰、有宗教、有党派等等，这些词汇所代表的组织与我们紧密相连。人类就是生活在这些组织的环境之中。社会上不存在单个组织的组织人，这是由组织的属性决定的，组织有不同的分类，决定了组织是无处不在的。组织人与各种组织的关系是一种平行的关系。一个人是家庭组织成员中的一员，同时也是工作单位中的一员，还有许多同学和朋友，也许还是某居民小区的居民，或许还参加了某个党派或宗教团体。这些不同的组织分类说明组织人所属的组织是多元且平行的，而不可能是单一的。无论这种组织关系是自然形成的还是有意加入的，是紧密型的还是松散型的，是固定的还是临时的，是持续型的还是即时型的，是公开的还是秘密或隐蔽的，都表明人与组织存在不可分割的相关性。

世界上的组织有多少个？巴纳德认为"在美国，其数量有好几千万，可能超过了人口总数。参加这类正式组织的数量少于 5 个或 10 个的人很少。有许多人甚至参加了 50 个或更多的组织。他们的个人行为直接受到他们与这类正式组织的关系的支配、修正或影响"。[2]一个人涉及的组织越多，受到各种组织的影响就会越大。中国人习惯把这种所涉及的组织看成是一种关系。关系多则被认为关系复杂，关系较少的就是关系简单。

定义 3：组织人可以分为纯组织人、混合组织人和自我组织人三种。混合组织人可以分为强混合组织人和弱混合组织人，简称强组织人和弱组织人。详细解释见第五章。

定义 4：组织人分类中的自我组织人就是现代经济学中的经济人，经济人是组织人中的一种特例，即自我组织人 Zs = 经济人 E。详细解释见第五章。

我们要认识到目前经济学对经济人内涵的无限扩充是一种十分有害的行为，既不可能达到彻底否定经济人的目的，又无法将经济人打造成一个完美的、无所不能的"超人"，最终只会造成经济学理论的混乱。组织人将会打破人们企图将经济人打造成"超人"的幻想，而是将经济人恢复到它初始的原本形态。这不论是对经济学还是对整个社会学科来说，都将具有积极的革命性意义。

组织人并不排斥经济人，而是对经济人的扬弃和发展。人们对组织人的了解或接受是需要有一个过程的，我相信，要不了多长时间就会从被动接受转向主动接受。就像当初人们从地心说转向日新说那样慢慢适应。不可否认，这种适应是需要时间的，不仅要对新理论进行论证，还要对新古典经济学理论进行全面修正和完善，这是一个庞大的系统工程。

定义 5：组织人包含网络组织人或虚拟组织人。

从 20 世纪 90 年代开始，尤其是进入 21 世纪以来，随着互联网技术的发展，组织的形态发生了巨大的变化，出现了大量的虚拟组织或网络组织。组织形态的变化必然促使组织人也随之发生改变。在虚拟组织或网络组织中出现的人就是一种虚拟人或网络人。因此，严格来说，现代组织人的概念就从包含自然人和虚拟人演变为网络组织人和虚拟组织人两种。网络组织人是人在网络中的虚拟形态的称谓，它并非是虚幻的网络虚拟人，也不是网络游戏中的虚拟人物，而是现实中的人在网络中的虚拟形态。

每个网络组织人的背后其实都有一个或多个真实的人与之相对应。无论网络组织人有多少个名称或称呼，其实隐藏在背后的就是一个人或多个人。这样把人和网络组织人一一对应起来，有助于我们更清楚地认识到现实和虚拟世界是有必然联系的。这种联系就是将网络组织作为纽带，把网络中虚拟的人和现实中的人对应起来，我们才能判断现实中的人的动机和行为。如果网络中的虚拟人不能和现实中的人对应或等同起来，它就不具有现实中的人的行为动机，也就不具备组织人的特征。例如，网络游戏中的虚拟人物就不属于网络组织人。网络组织人和人是等同关系，网络组织人可以看成是一组符号、一个名称或者一个图标，一个人可以有一个或多个网络组织人与之对应，就像一个人有许多名字一样。也可以是一个网络组织人代表许多人。

今天的社会是网络社会，分清楚自然人和虚拟人十分有必要，这也是认清网络组织人和虚拟组织人特征的需要。可以说网络中的各种言论都是出自网络组织人，而网络组织人的背后就是现实中的人，也就是组织人。这是现实与虚拟的结合，任何想利用虚拟网络危害社会或他人的言行都将会受到制裁。网络注册"实名制"就是将现实与虚拟有效结合，以保障网络安全的重要举措。

定义6：组织人的行为动机是在个人与组织之间以及个人与不同组织之间的权衡选择。

组织人的行为除了受到个体自身的因素影响之外，主要是受到与他相关联的组织的影响或制约。也可以说自身的因素和关键组织对组织人的行为起着决定性的作用。这是组织人行为动机最基本、最典型的特征。

虽然组织人的基本行为模式是 $\Sigma Z_i + E$，但是，在不同的时间和地点起着关键作用的却是一个或少数几个关键组织，一般来说，家庭和单位是最重要、最频繁发生的组织选项。对有些偶尔遇到的重要事项的选择，有些特殊的人物或组织也会起着重要作用。这是反映组织人在自身和外界各种组织因素的综合影响下的行为模式。自身因素一般是指人的内在自然属性，包括心理、生理、兴趣爱好、价值观、信仰等，而组织因素反映的是与他人有关联的社会属性，二者综合决定了组织人的行为模式。

事实上，这一论断早已被科学家所证实，与之前的科学研究成果基本吻合。组织学家阿吉里斯已经发现了影响人类行为表现的各种因素，"一项最新研究成果表明，从根本上讲，人们在组织中的一切行为表现都是由于下述某一方面或多方面因素共同作用的结果：①个体因素；②一些小型的非正式群体因素；③正式组织因素。组织是一个整体。管理者和科学家在对组织中人们的行为进行分析时所面临的实际情况是上述三种因素的集中体现。"[3] 如果将这里的正式组织和非正式群体都理解为组织，即广义的组织，那么这种表述就已经非常准确地表达了组织人的行为模式。

这一特征还揭示了人所具有的社会属性的一面，作为研究人类自然进化论的大师达尔文也认为"人是一种社会性动物。谁都会承认人是一个社会性的生物"，[4] "人既然是一种社会性的动物，我们几乎可以肯定地认为，他会遗传一种倾向，一面对他的同伴表示忠诚，另一面对他的部落的领导表示服从；因为就大多数的有社会性的动物来说，这些品质是共同的"。[5]

人的行为所受到的自身因素的影响，主要是指人的生理需求，如维持生命的需求，满足七情六欲的需求，以及追求更高目标的精神追求。马斯洛总结为五大需求理论。[6] 人的自然属性属于一种本能需求，是最原始、最基本的原动力。它直接影响或驱动人的行为模式。如饥饿和口渴可以直接驱使人去寻找食物或水。这也反映出人的自然属性是可以由个体的人单独完成的行动，无论外界对他有无影响都不会改变他的行动方向，最多可以影响进程而被迫处于一种忍耐状态。不过也是有限度的。否则，作为生物体的人将会终止或结束生命的延续。

人除了自然属性所引起或产生的行为动机之外，与他有关联的组织对他的行为动机也会产生重要的影响，这就是人的社会属性的表现。社会及外部环境对人的行为影响都是通过不同的组织对人产生的作用。这就是人的社会属性的表现。不可否认，许多时候组织对人的行为起着决定性的作用，尤其是家庭、工作单位、合作伙伴和党派、宗教组织等对人的行为影响最大。在现实生活中经常可以看到这样的报道：许多人都会助人为乐；吃苦在前，享受在后；当水资源极度匮乏时还将自己的水送给别人；甚至在危难时刻将生存的机会让给别人等。这些事例足以证明组织对组织人的影响之大是客观存在的事实。

组织人在选择陪 A 打球还是陪 B 散步是很有讲究的，如果 A 是领导，B 是一般同事或朋友，那很可能会陪 A 打球；如果 A 是领导，B 是妻子，不同的国家和不同的民族的人选择是不一样的。中国人可能会选择陪 A 打球，而美国人则可能会选择陪 B 散步。这是因为中国人对外界的组织观念要比对内，即家庭观念要强；而美国人可能会更看重家庭。但是，如果仅此就得出美国人比中国人更爱家庭，那就大错特错了，其实这仅是一种表面现象。中国人爱家庭是一种藏于内心深处且行动多于口头表达的方式，虽不善于言辞流露但却根深蒂固，中国人相信内外有别。相比之下，美国人更擅长口头表达关爱。

组织人的行为动机是在自己和不同组织之间或者是在不同的组织与组织之间的利益权衡的选择。这是一种趋利避害的选择，每个人对自己的行为选择都会有一个基本的判断，利益最大化或者危害最小化是这种选择的原则。利益最大化是指组织人处理与组织之间的关系可能带来利益的变化，在不会影响到组织关系的前提下能最大限度地维护或保全自己的利益；危害最小化是指服从组织、服从哪个组织以及服从多少才会对自己所造成的损失最小。虽然"在一个复杂的社会中，人们除了调整自己的行为去适应那些对他来说似乎是社会过程的盲目力量，或者是服从上级的命令，不可能再做出任何别的选择"。[7]但是不可否认，每个人即使在服从组织或上级命令时也会对自己的境况做出基本判断，是有利于还是不利于自己的处境。

曼海姆认为"真正的阻碍是，每个人都受制于一个既定的关系系统，它在很大程度上阻碍了人的意志。但是这些'既定的关系'说到底也还是取决于个体的不受控制的决定。所以，任务在于通过揭示掩藏在个体决定背后的动机，来消除困难的根源，从而使个体真正能够进行选择。那时，只有那时，个体才可能真正做出决定"。[8]

定义7：组织人的行为是随不同时间、地点和环境的变化而改变的。这种变化包含两层意思：一是组织人的身份关系在不同的时间、地点、条件、环境、事件下经常会发生角色互换。二是组织人的行为模式是在纯组织人、混合组织人和自我组织人三者之间转换的，是完全动态的行为表现，而且发生这种转换一般都是暂时的或有条件的。

由于组织人与多个组织具有相关性，因此，组织人所体现出的多重组织关系也会不断发生改变。一名医生的组织关系至少有家人、亲属、同学、同事等。在医院他是医生，同时他也是一位孩子的父亲，是他父亲的孩子，是同学中的一员，也是同事中的成员。当他在医院上班时，有亲属或同学来找他看病，亲属或同学的组织关系就显得比其他病人要亲近些，这时他的组织关系立刻会随之产生作用和效果。"组织成员优先原则"就会很自然地从他的行为中表现出来。组织人在与各种组织关系人之间存在着有亲疏关系的差别，并不是所有的组织关系人都处在同一重要的位置，而且这些亲疏关系的组织人也会随时间、地点和环境的改变而改变。

组织人的行为模式转换是与组织人的身份关系转换和环境变化同步进行的。一位母亲的行为会因为在单位和家庭之间的角色转变而瞬间发生变化。例如，一位一贯自觉遵守纪律的母亲在上班的时候接到电话得知自己的小孩生病时，她会毫不犹豫地放下工作而赶回家带小孩去医院看病。这是非常普遍且合情合理的行为，即使单位的纪律再严格或处罚再严厉都无法改变她的行动。她可以提出请假，但是无论是否准假都不能改变她要回家的信念。但是，如果她的工作是无法歇息或停止的，如空姐，情况可能就会不一样。她唯一要做的就是寻找替代方案。要么找人替代她的工作，要么找人替代她带小孩去医院看病，二者必居其一。这就是组织人的一种行为选择。而在这二者之间的选择就是一种行为模式转换的利益权衡判断。

有些时候纯组织人向混合组织人或自我组织人转换是有条件的。只有组织人自己判断认为转换的收益可能会大于原有保留组织人的自身价值，才会选择向混合组织人或自我组织人转换。而且转换的频次和幅度是根据风险大小来决定的，或者判断转换的风险自身能够控制。通俗地讲，不是人不会变坏，而是要让人变坏的获利筹码太小。不是纯组织人不会变坏，而是他觉得要让他变坏的获利筹码太低，风险太大，成本太高，还不足以能改变他的选择。虽然这是一种机会主义的思想和选择，但是在没有做出机会主义的行动之前，应该还是属于纯组织人。

一旦外部环境和条件发生改变就会对人产生影响或使人随之改变。例如，组织人晋升的空间如果被阻断，纯组织人向混合组织人或自我组织人转换的可能性就会增大。职场中出现许多人"53岁和58岁的现象"，即在53岁退位和58岁快退休的年龄，以及长期担任副职、高管等晋升无望或"怀才不遇"的组织人容易发生蜕变。帕金森也认为："如果把退休年龄的规定用 K 来表示，不论这个 K 代表几岁，反正人活到 $K-3$ 的年纪时，工作效率就下降了。"[9]

定义 8：组织与组织之间以及组织与组织人之间的关系最终都体现在两个组织人或关键少数几个组织人之间的关系，而且都是个人与个人的关系。

真正代表组织与个人产生联系或发生关系的其实就是一个或几个组织中的成员，即组织人。无论是企业或政府的合作、竞争、谈判还是指挥、服从、执行，都是发生在个人与组织中的另一个组织人之间的关系。所有的社会关系都是组织与组织以及组织与组织人之间的关系，最终都体现在个人与个人之间的关系。阿罗说过"实际上，通常来说，对于任何规模大小的组织来说，都是由一些个人做出决定，而其他人执行决定"。[10]你与某一企业谈判时，其实就是与企业中某个领导或代表谈判。当你与某个政府合作时，其实就是与政府中某个领导合作。认识到这些是非常重要的。为什么政府的项目由于某个领导的调离就会遭遇搁置的宿命？为什么企业公关总是死死盯住某个关键要员不放？为什么作为一项国家的重大政策也会遭遇这种朝令夕改或半途而废的命运，如美国的医改法案？任何事件的背后都会有一个或几个起关键作用的人物，这也就是所有的历史事件都会与某个特定的人物联系在一起。事实上，任何事情深入挖掘后都会发现最终都是人与人之间的关系问题。

马克思将资本和资本主义的生产关系最终都认定为人与人之间的关系，这是非常正确的科学论断。"人和人之间的社会关系可以说是颠倒地表现出来的，就是说，表现为物和物之间的社会关系。只有在一个使用价值作为交换价值同别的使用价值发生关系时，不同个人的劳动才作为相同的一般的劳动相互发生关系。因此，如果交换价值是人和人之间的关系这种说法正确的话，那么必须补充说：它是隐蔽在物的外壳之下的关系。"[11]从本质上来说"财富是两个人之间的一种关系"。[11]可是以前很少有人能真正明白其中的含义。组织人理论证明了马克思理论的正确性和科学性。

组织是一个集体或一个群体，往往会给人造成一种错觉和误会，一说到组织的决定，人们就会感到茫然而不知所措。组织是对一个整体的表述，机构庞大，人数众多，个体无法与整体相抗衡。即使再强大的个体，在一个庞大的组织群体中也是很渺小的，个体对组织而言始终都是弱势群体。但是，人们一般不会想到组织的名义是个人意志的体现。例如，"这是学校的决定""这是单位的意见""这是企业的决策"等，这些具有权威性的语气能使组织中的成员服从命令。但其实可能体现的就是某个组织人的意思或图谋。但是这种权威性与合法性是不容置疑的。无论是企业或组织之间的交易、合作、兼并、委托、竞争、谈判，以及组织内部的管理等，最终都体现在两个人或几个人之间的关系上。

这种特征不仅表现在组织内部，在组织与组织之间也是如此。管理学大师西蒙认为，"组织问题不在组织本身，而在有关的人。……我曾认为组织是重要的，但我现在认为，个性问题要重要得多。重要的是人。"[12]两个企业或组织之间的谈判，就是具有决策权力的两个人或几个人之间的谈判，能否达成共同协议完全取决于最为关键的双方称为"代表"的两个组织人。人们通常戏称为"搞定这一个人就等于全部都搞定了"就是指这个意思。这也是公共权力往往最后都会成为寻租者一对一的竞相寻租的目标。

"由此可见，人们会根据各自激情的不同而对同一事物给予不同的名称，比如赞成某种个人意见的人，称之为意见，而反对的人则称之为异端邪说；然而异端邪说也就是个人意见，只是怒责之意更大而已。这样一来，他们就会把一群人的多头行动当成人民的统一行动，而这一群人则可能是为一个人的恣意所操纵的。"[13]

定义9：组织人的行为和动机既可能一致也可能不一致或相互分离。确切地说，纯组织人和自我组织人的行为动机是一致的，只有混合组织人才会出现不一致。机会主义是混合组织人的一个重要特征。

纯组织人是为组织的目标而行动，动机是为了组织，行为也是为了组织，行为与动机一致。而自我组织人是完全为自己打算，行为动机也是一致的，就像经济人一样。因此，纯组织人和自我组织人的行为与动机是一致的。

混合组织人的行为选择是根据自己与不同组织和人之间的关系而做出的

一种利益权衡的选择。只有混合组织人才会出现行为和动机不一致的特征。人类大量的行为动机所表现出的都是这种混合组织人的行为动机模式，是一种行为动机分离的状态。即心里所想的和嘴上所说的以及实际行为所做的三者不完全一致或完全不一致，这是人类最为复杂的现象。三者之间的表现有 9 种组合，即 $C_3 = 3^2 = 9$。如果除去心里所想的，因为心里怎样想只有自己知道，虽然内心世界是最为主要的动因，但是与别人毫无关系，在外人看来只有言和行是能感觉到的。这样剩下的就只有 4 种组合，即 $C_2 = 2^2 = 4$。再除去纯组织人和自我组织人的言行一致的表现，其实混合组织人只有言行不一致的两种行为动机模式。说复杂是极为复杂，说不复杂也确实不复杂。

威廉姆斯对机会主义的认识是深刻的，"按照威廉姆斯的观点，人不仅具有有限的理性，他们还时常表现出机会主义行为。威廉姆斯把机会主义定义为'不择手段的牟求私利'以及做出'不实陈述'。简单地说，机会主义就是开拓有利于自己的情境。威廉姆斯并不假定每个人都会表现出机会主义行为。他假定仅有些人可能表现出机会主义行为，并且很难事先区分出来。即使那些表现出机会主义行为的人也并不是始终如此行事。威廉姆斯假定只有那些表现出机会主义行为的人有时候这么做，并且事先预测他们什么时候做或者什么时候不做都是很困难或代价昂贵的。"[14]

当一个经济学家为自己的观点辩护的时候，人们无法知道他是在做冠冕堂皇的学术论述还是某个厂商代言人的辩护词，区分的唯一标准不是他的观点如何，而是他有没有言行不一，昧着良心说假话。既然学术观点允许有争论，我们就不能鄙视与自己观点相左的人。专家所代表的是一种个人对科学的态度和信赖，影响力自然要远远大于普通人。对于专家所表达的言行一致的观点，无论从科学还是道德方面人们是无可厚非的，人们愤慨而谴责的是那些言行不一致的行为。

熊彼特说过，"解释一个人为什么说他所说的话，不管解释得怎样有理有据，都不能告诉我们他说的是真话还是假话。"[15]事实上，在世界各国，无论是自然科学还是社会科学，无论他之前的社会地位多么显赫，还是科学成就斐然，只要他充当"特殊的辩护人"，[16]昧着良心替人当喉舌，说假话，都会留下无法抹去的污点而遭人唾弃。古今中外莫不如此。经济学家经常被指责为最不靠谱的鼓吹手，根本的原因是经济学家的个人信仰、意识形态、知识结构、文化背景、擅长专业、学术流派、个人偏好，乃至课题经费赞助商等因素的影响，使你无法准确判断他的观点是自己所为还是代人言所。

　　人类的动机、言论和行为三者是人的基本功能，动机是源泉，是言行的指导，如果没有外在因素的影响或干扰，三者之间应该是统一的，即内心所想的和言语表达的以及行为方式应该是方向一致或目标统一的。正是因为组织人受到组织的影响或干扰因素加上自己的私心杂念才使得人类这三者之间的分离而变得反复无常。正是因为混合组织人才使得整个世界变得反复无常。然而，这三者的分离也才真正体现出一个组织人的聪明才智和价值取向的理性选择，这也是人类特有的功能。如果说经济学要成为一门科学，就必须在这里与生物学、心理学和遗传学分道扬镳，任何想从生物学、心理学和遗传学中得到人类行为动机的结论用于经济学的分析都将是徒劳无益的。经济学可以证明人类的这种人格分裂不仅是正常的行为，还是一种常态下的理性选择。

　　马斯洛认为"我们见过的最好的人身上也有'不可救药'的罪过和缺点；在比我更为全面地研究过这些罪过和缺点之前，我也并不认为对涤荡不尽的人类邪恶能够有所了解"。[17]我们并不否认混合组织人在经济学、管理学和社会学中所起的作用是十分显著的，混合组织人的二面性或多面性也是造成人类灾难的根源。

　　确切地说，人在绝大多数的时间和绝大多数的情况下都表现出混合组织人特征。人其实都是混合组织人。而混合组织人最显著的一个特征就是动机和行为的分离。很少有人能真正判断出这种分离的真实性。人类的正义和邪恶的较量也是在这方寸之间。人类对自己人性的最严厉的谴责就是这种动机和行为的分离而产生的劣行以及所造成的恶果。我们并不惧怕经济人的自私，因为我们知道经济人是自私的并有充分的心理预防和制度约束。因为动机和行为的一致性即使再可恶，人们也可以识别而加以防备，还可以抵抗，因而并不感到可怕。

　　人们最难识别和防备的就是这种动机和行为分离的假道士。而经济学中所有的经济危机、市场缺陷、通货膨胀、金融风险、制度失灵以及信用危机无一不是人类这种动机和行为相分离的产物。组织人的经济学主要就是揭示混合组织人的这种动机和行为的分离而对经济产生的影响。经济学理论一直被指责缺乏科学性，正是因为对人的行为缺乏严格的区分和对混合组织人缺乏真正的认识。

　　混合组织人有一个非常冠冕堂皇的金字招牌就是个人可以代表组织；有一个非常好的挡箭牌就是可以以组织的目标和制度为借口；有一句漂亮的口

头禅就是"制度是这样规定的，我也没办法"；有一个非常好用的工具就是可以拿着鸡毛当令箭。其实在这些背后都是暗藏着能够谋取私利的企图。制度学派一贯所崇尚并引以为豪的制度重要性理论在混合组织人看来其实就是鸡毛和令箭的区别。鸡毛是无足轻重的，但是有时可以当令箭使用；而令箭是利器可以伤人的，但是有时也可以当作鸡毛玩耍。制度学派存在致命的缺陷正是败在混合组织人那种具有高超的绝技所导致的制度失灵。实行"透明组织人""阳光工程"和科技手段运用才是解决混合组织人机会主义的有效手段。

定义10：组织人有强化自己组织目标的偏好，在强化组织目标的同时也是在维护自己的利益。

组织人强化自己组织目标的偏好，有两层意思：第一，从社会层面分析是对组织权力的维护。任何权力都是组织的权力，强化组织目标与维护组织权力是等价的；是一种组织利益共同体的守护，实质上是一种本位主义的特征。第二，从自然层面分析是一种组织的认同，西蒙认为"组织认同"是"表示一种特殊的情结"，[18]人们对自己所从事的职业、所学专业、所接触和认识的事物，都会倾注一定的情感，这种情感会影响或形成个人的一种特有情结。这种情结则会直接或间接地影响组织人的行为。不能将这种情结与经济利益画上等号。虽然许多时候它们之间也会存在一定的关系，但是仍然有很大区别。

组织人强化组织目标偏好的行为可以分为有意识和无意识两种。例如，下达指标层层加码，各类统计数据层层增加或减少，通知开会时间会层层提前等。

组织人对组织目标的强化还可能成为对组织权力的滥用。任何组织人都有利用自己的职权和优势为自己谋利的倾向和偏好，这就是组织人的权力运用。哪怕有时这种权力是微不足道的，只是体现了组织人的意志而已。但是当有些组织人的行为和意志是关乎一个地区或国家的重大政策和决策时，这种权力的运用就非同小可。其实所有人都是组织人，只是所处的地位、职位、职业、专业和能力不同，他们对社会和他人所造成的影响或危害就大为不同。他们的行为不仅是影响了他们自身的处境，更是影响地区和国家的重要因素。

如果一名银行信贷员可以偏离制度规定为某家企业发放一笔贷款，并收取好处费，那就意味着这家银行的信用风险增加了一分。如果一家中介信用评级机构为了继续保持业务往来并能收取费用，那么就会按照企业的要求保留原有的信用等级，而不是根据制度规定，一旦不符合标准就应该降低信用评级。这种行为就加大了社会的风险。美国的次贷危机不正是这些因素失控造成的后果吗？所有的监管部门都形同虚设，成为一种摆设。虽然每个环节和每个人所起的作用是微小的，而最后的结果却是这些微小的汇集和积累所造成的。正是"千里之堤毁于蚁穴"的真实写照。

定义 11：组织人对认为可能会成为自己组织的人存在"组织人优先"的偏好。

这种偏好或好感是一种生物学意义上的反映，如心理学。在陌生人和熟人或朋友之间人们会更相信熟人或朋友，因为熟人或朋友可以建立一种组织人的关系。在两个朋友之间人们会更相信比较要好的那个朋友，因为人们相信越要好就会越真诚。只要存在有可能会成为组织关系的人就会优于那些不属于自己组织人的信任度。人们习惯遵循"组织人优先原则"。

这种偏好和好感可以作为信任、合作、配合、帮助的基础。任何能够带来有可能成为组织关系的都会产生这种好感的因素，如同乡、同学、同事、同行，同专业、同爱好的人，甚至口音、语言等。组织人之间产生这种好感的前提是相互之间存在形成组织关系的可能性。当人们在一大群陌生人的旅游团队中发现有一位同学或熟人就会对他倍感亲切；当一个人在举目无亲的环境中突然听到乡音就会激动不已。

当两个陌生人在异国他乡得知对方是来自同一地方，或者同单位、同系统、同行业、同专业、同学校，甚至同兴趣、同爱好、同经历、同语言、同去一个目的地时都会生产好感。而这种好感就会影响人的行为。"组织人优先原则"就是建立在这种认同好感的基础之上的。因此，有的人会利用这种关系来寻求合作和帮助；也有的人会借助这种偏好来伤害或对付"自己"人。

定义 12：组织人的情感具有传递效应，而且这种传递效应仅局限于具有组织关系的组织人之间，可分为正面效应和负面效应。

组织人的情感具有传递效应说明组织人存在外部的关联性或关联效应。即人们对组织中组织人 Z_A 的情感可以延伸到组织人 Z_B。这种延伸仅局限于组织人之间，可引起正反两方面的关联效应。

正面效应是指对组织人 Z_A 的友善、信任、好感、认同、牵挂、赞扬等可以传递至该组织中的组织人 Z_B 或其他成员。我们对一位父亲的信任和友好会传递至他的家人或小孩，对他的小孩也会表现出关爱和友善；对一位英雄的缅怀也会连带延续至他的家人或后代；对一位教授的敬重会连带到他的学生或家人。

负面效应是指对组织人的猜疑、怨恨、愤怒、妒忌、敌视等也会连带传递至该组织中的其他组织人。恐怖分子已经让这种关联性的负面效应达到极致，让许多无辜的人们也成为复仇的对象而造成伤害。

这是一种人类心理学和生物学情感的延续。这种认知辨别能力完全依靠一种经验性或先验性的直观判断和认识。但是这种行为却表现为一种社会属性。不能简单地把这种"人的情感传递效应"归于心理学，因为它已经牵涉到许多毫无关系的人。这种情感的延伸既有自然属性的因素，也有社会属性的因素。

组织人的传递效应完全取决于人们对其组织的识别和认可，只要认定这种组织关联性成立，就会成为传递效应的对象。这种对组织关联的认同会连带到家人、亲属、同事、同学，甚至扩大至一个地区、国家、民族、宗教、党派等等。世界上绝大多数的冲突或民族冲突，甚至上升到武装冲突都是这种连带的效应。这是非常可怕的现象。

定义13：组织人的行为受组织中的直接上级的影响最大。

这是根据管理学分层设置和管理的理论及实践得到的结论。韦伯的科层制管理模式典型的特征就是上级管理下级，一级管理一级。现行的正规组织机构都是分层制管理模式，无论是政府机构还是企业都是如此。基于现行组织管理中直接上级负责分配下属的工作任务，能够有权决定下属的经济利益和职务升迁，因此会产生重大影响。

在正规组织机构中，无论是行政管理或行业管理，都是上一级管理下一级，权力和目标逐层分解往下延伸，最后到基层的办事员或产业工人。这种叫科层制管理的模式中都是顶头上司即直接上级领导布置工作、分配任务，直接决定下级的利益得失，因而对下级的影响也最大。

一个行政机构和其下属单位共同组成的行政管理系统，不仅是这个行政机构的行政主权范围，而且也是它的利益基础。[19]

由于"行政机构同其下属单位具有共同利益"，所以上下级之间对于其共同的上级来说利益是一致的，有时甚至是捆绑的。如"一票否决制"就是对这种共同的下级形成利益共同体联盟的最强的约束力。因为对于共同的上级来说，所有的下级都存在关联性，是"一荣俱荣，一损俱损"的利益集团组织。

有句古话叫"县官不如现管"，就是这种直接上级领导所造成的现象。

"县官"虽然权力大，但是并不会直接影响他的利益，因而，尽管会产生畏惧感，而对行为的影响却并不大。

定义 14：组织人的自私行为不只是为了个人利己，也可能是有利于组织或组织中的其他人。

这是组织人的自私与经济人的自私二者之间存在的显著差别。对于利己的行为普遍认为是一种个人自私的表现，这种观点也可以反过来表述，即所有自私的行为一般来说都是对自己个人有利的，这里的利益不仅指经济利益，也可能是一种心理满足。如果一个人的行为对自己毫无利益可言，别人就无法指责他的行为是自私的。社会上人们在判断一个人的行为是否自私的标准就是与他的利益相关性。即使这种行为对社会或他人有害也不能认定是一种自私的行为，这是两种不同的判断和评价标准。

在看待个人利己行为的问题上，经济学的标准与社会道德的标准基本是一致的，现代经济学就是建立在经济人自利的假设基础上的学科，从理论上是难以被推翻的。这是人作为一种生物个体的本能反应。就像人会本能地趋利避害，遇到危险或大火就会逃跑一样。如果这种自利假设不能成立或者不能完全成立，那么现代经济学的理论体系将会受到严峻的挑战，甚至颠覆性的冲击。

到目前为止，所有对自私自利的认识、判断和评价都是从个人或者说是从人的生物学个体的角度来衡量的。经济学的标准就是如此。但是，对于组织人的自私行为的判别就要复杂很多。组织人的行为既可能是利己的，也可能是利组织或组织中的其他成员的。这是组织人的社会属性所决定的，也是组织人区别于经济人的重要特征。所以判断组织人的自利行为是一项复杂的事情，它既涉及组织人自身的个体，还会涉及不同组织的问题，甚至是国家、民族、法律、宗教、意识形态等方面。只有在特定的范围和条件下才能做出相对客观的评价。

对于组织人自私适用的标准也不尽相同，而社会和道德的标准也会复杂得多，有些甚至还会得出完全相反的结论。例如，组织人 Z_E 是 A 组织中的成员，组织人 Z_E 对B组织的"使坏"行为在A组织看来不是自私的，可能还是集体主义或利他的；而在B组织看来，组织人 Z_E 的"使坏"行为就是自私的，至少是有利于 Z_A 组织的。这就出现两种完全对立的观点。组织人与组织所形成的关系就是产生这种不同标准的根源。

即使在利组织或他人之间也会有所区别，这种有区别的选择是组织人有目的的一种利己自私的表现。例如,同样是利组织的自私行为,是有利于 A 组织还是有利于 B 组织,组织人 Z_E 的行为就会做出机会主义的选择。对待他人也是一样。一般来说,利己不损人是上策,利己少损人是中策,损人不利己是下策。

组织人与组织的关系所表现出的行为特征构成了人类社会的全部历史。如果说经济人假设只是市场经济的产物,那么组织人理论就是人类全部的历史。无论是人类社会的哪个阶段,都可以运用组织人理论来解释。而且历史的事实已经可以证明,到目前为止,随着社会经济发展、科技进步和历史变迁,人类所走过的历程显示人与社会组织的关系越来越紧密,后一阶段的历史必定超过前一阶段的历史。人类自身的生存从未像今天这样需要相互依赖,谁也无法脱离社会组织而生存。

组织人的行为构成了社会科学的全部,而经济学所要关注和研究的重点是组织人的行为变化所引起的经济或资源的改变及其规律的科学性。这一定义显然已经远远超出了市场经济的范畴,它涵盖了人类社会的全部经济和历史的发展阶段。

参考文献

[1] 道格拉斯·麦格雷戈. 企业的人性面 [M]. 韩卉,译. 北京:中国人民大学出版社,2008:27.

[2] 巴纳德. 经理人员的职能 [M]. 孙耀君,等译. 北京:中国社会科学出版社,1997:3.

[3] 克里斯·阿吉里斯. 个性与组织 [M]. 郭旭力,鲜红霞,译. 北京:中国人民大学出版社,2007:9.

[4] 达尔文. 人类的由来:上 [M]. 潘光旦,胡寿文,译. 北京:商务印书馆,1983:163.

[5] 达尔文. 人类的由来:上 [M]. 潘光旦,胡寿文,译. 北京:商务印书馆,1983:164.

[6] 马斯洛. 动机与人格 [M]. 许金声,程朝翔,译. 北京:华夏出版社,1987:40-62.

[7] 哈耶克. 个人主义与经济秩序 [M]. 贾湛,等译. 北京:北京经济学院出版社,1989:24.

[8] 卡尔·曼海姆. 意识形态和乌托邦 [M]. 艾彦,译. 北京:华夏出版社,2001:267-268.

[9] 诺斯古德·帕金森. 官场病:帕金森定律 [M]. 陈休征,译. 北京:三联书店,1982:87.

[10] 肯尼思·阿罗. 组织的极限 [M]. 万谦,译. 北京:华夏出版社,2006:63.

[11] 马克思、恩格斯全集:第13卷 [M]. 中共中央马克思、恩格斯、列宁、斯大林著作

编译局马恩室，编译. 北京：人民出版社，1958：22.

[12] 赫伯特·西蒙. 管理行为 [M]. 杨砾，等译. 北京：北京经济学院出版社，1988：导言 7.

[13] 霍布斯. 利维坦 [M]. 黎思复，黎廷弼，译. 北京：商务印书馆，1985：76.

[14] 塞特斯·杜玛，海因·斯赖德. 组织经济学 [M]. 原磊，王磊，译. 北京：华夏出版社，2006：149.

[15] 约瑟夫·熊彼特. 经济分析史：第一卷 [M]. 朱泱，等译. 北京：商务印书馆，2001：63.

[16] 约瑟夫·熊彼特. 经济分析史：第一卷 [M]. 朱泱，等译. 北京：商务印书馆，2001：27.

[17] 马斯洛. 动机与人格 [M]. 许金声，程朝翔，译. 北京：华夏出版社，1987：17.

[18] 赫伯特·西蒙. 管理行为 [M]. 杨砾，等译. 北京：北京经济学院出版社，1988：198.

[19] 路风. 单位：一种特殊的社会组织形式 [J]. 中国社会科学，1989（1）：71-88.

第九章

经济学难题和案例分析

一、"X—Y 理论"的合理解释

管理学中有一个非常有名的"X—Y 理论",是由美国心理学家道格拉斯·麦格雷戈在 1960 年出版的著作《企业的人性面》中提出来的,这是基于人的两种完全相反且对立的假设的理论。X 理论认为人们有消极的倾向面,而 Y 理论则认为人们有积极的倾向面,这是麦格雷戈的人性假设与管理方式的理论。X—Y 理论的提出一度引起企业界的管理学革命,美国、日本的许多大型企业纷纷采纳运用,一些研究所也开展了 X 理论和 Y 理论的实验。事实证明,两种理论都有成功的经验,也都有各自的追随者。可是,对于这种两者截然相反的假设,在理论上一直无法解决。

麦格雷戈将传统理论的假设定义为 X 理论,"在每个管理决策者和管理行动的背后,都有一种人性与人性行为的假设。其中一些假设堪称深入人心。……这些假设却颇具隐讳。具体假设如下:

(1)一般人都对工作具有与生俱来的厌恶,因此只要有可能,便会逃避工作。

(2)由于人们具有厌恶工作的本性,因此必须对他们进行强制、控制、监督以及予以惩罚的威胁,才能促使他们努力向组织目标奋进。

(3)一般人都愿意接受监督,希望逃避责任,胸无大志,安于现状。

尽管这种假设认为'大众是平庸的',却很少有人会直接表示出来"。[1]

作为管理学大师的麦格雷戈并不看好 X 理论,因而提出了与之相反的假设即 Y 理论,Y 理论的假设,具体如下:

(1)人并不是生来就懒惰,而要求工作和劳动是人的本能。人从事工作和劳动,正如游戏和休息一样是自然的。人对工作的喜爱或厌恶,主要取决于这项工作对他是一种满足还是一种惩罚。

（2）外部的控制和惩罚的威胁并不是使人朝着组织目标努力的唯一办法，人对自己所赞同的工作目标不但不会消极抵制，而且还会积极参与，在参与过程中人能够实行自我指挥和自我控制。

（3）为实现目标做出贡献是人们获得成就的报酬的函数。这些报酬中最主要的是自尊和自我实现的需要的满足，它们其实是为实现组织目标所做出努力的直接产物。

（4）在正常条件下，一般人不但学会接受责任，而且会追求责任。逃避责任，缺乏雄心壮志，以及强调安全感通常是经验造成的，并非源于人的本性。

（5）不是少数人，而是大多数人在实现组织目标过程中，都有相当高的想象力、创造力。

（6）在现代工业生活的条件下，一般人的智慧潜能只是部分地得到发挥。[2]

X—Y 理论的奇妙之处，不仅在于各自都能做出合理解释，还能通过实验的检验并且都能够取得成效。而更不可思议的是二者竟然是完全对立或截然相反的假设。这就让经济学家和理论家们大伤脑筋，难以回答。

管理学比经济学更加务实的表现就在于当一种理论与现实发生冲突时看重的是解决实际问题的实用性和有效性。应该说经济人的假设为管理学家们建立 X 理论提供基础，X 理论在 18 世纪末至 19 世纪末的整整一个世纪中占统治地位。当麦格雷戈 1960 年提出 Y 理论时就立刻引起了巨大的反响，成为管理学家们争相热捧的理论。它为管理学提供了一个与传统理论完全不同且对立的人性假设，Y 理论有效解决了企业管理中遇到的用之前理论无法解释的难题，但是缺少理论支撑。从此，在管理学中就一直存在着这样两种对立的 X 理论和 Y 理论。

虽然 X 理论和 Y 理论只是对于人性的不同假设。但是它们具有鲜明的代表性，所反映出的人的这种矛盾性却是困扰整个社会科学的难题。这种完全对立的假设应用在同一个人的身上似乎明显违反逻辑学。到目前为止，科学理论还无法解释或证明这二者极端对立且似乎又符合客观现实的理论证据。罗宾斯认为，"遗憾的是，并无研究证据证实哪一类假设更有效，也无证据表明接受 Y 理论并相应改变行为的做法更能调动员工的积极性。组织行为学理论需要实证的支持才能被接受。与需要层次理论一样，X 理论和 Y 理论同样缺乏实证的支持。"[3] 但是，这并不影响 X 理论和 Y 理论在实际管理中的运用。

在麦格雷戈看来，管理只求实用，而非探求科学真理。"管理其实是一门艺术，这无异于否认了理论对于管理行为的重要性。同时也排除了检验假设的必要性，将管理行为的依据定义在个人直觉与感觉之上。然而，问题的关键不在于管理是不是科学。事实上，管理并不是科学，其目的也与科学不同。科学关注的是知识的进步，而管理重视的则是实际目标的达成。"[4] 因而，Y 理论即使没有得到科学检验或理论的支撑也不会对管理学产生任何影响或威胁。而经济学则不然，经济学一直坚信自己是一门科学，并严格按照科学的目标行事，遵循科学的方法，严密的逻辑推理，广泛运用数学论证，甚至还在探寻实验求证检验。经济学如果陷入无法自救的境地，不仅给经济学，而且会给人类带来严重后果，如通货膨胀、经济危机。

不可否认，X—Y 理论也正是困扰经济学理论最大的难题之一。在历经了半个多世纪以后，至今经济学和管理学还无法对这种既对立又统一的人性假设做出合理的理论解释。如果说这两种假设都是正确的，那么就应该有理由相信统一这两种假设的理论依据是客观存在的。正如麦格雷戈所言，"其实，人性行为是可以预测的。但是，正如自然科学一样，准确的预测必须以准确的理论假设为前提。没有任何一种预测可以脱离理论而存在；管理决策与措施都必须依存特定的行为假设。"[5]

毫无疑问，组织人理论为解决和统一 X 理论和 Y 理论提供了圆满的理论解释。Y 理论实际上是以组织为目标的组织人行为特征。传统管理学 X 理论实际上是以个人为目标的经济人行为特征。如果说组织人理论能够合理解释 X—Y 理论，倒不如说是 X—Y 理论为组织人理论提供了坚实的实验检验并能够证实的基础。这也是实践为组织人理论提供的最有力证明。

组织人理论正是统一 X 理论和 Y 理论的最合理、最完美的诠释。社会科学涉及人的特性的基础理论应该是统一和一致的。如果说经济人是 X 理论的基础，那么组织人就是 Y 理论的基础，而组织人理论就是这二者的完美结合。虽然经济学和管理学在具体表述人性假设时有所差异，不能说 Y 理论完全等于组织人，但是它们所反映出的人性特征应该是一致的，而且是动态的。这是社会科学难题的最后堡垒，一旦攻克，社会科学将勇往直前。

二、案例分析Ⅰ：囚徒困境

囚徒困境是经济学中非常经典的博弈论案例，说的是两个嫌疑犯在作案后被警察抓住并被分别审讯，警察告诉他们：如果双方都坦白，各判 5 年；如果一方坦白，另一方抵赖，抵赖方就会判 10 年，而坦白方则被释放（0 年）；如果双方都抵赖就各判 1 年。在囚徒困境中我们可以看出从个人角度和双方来说，抵赖都是最好的选择，但双方抵赖会导致不确定的结果。因为如果一方抵赖而另一方坦白，抵赖方就会判 10 年，坦白方则被释放（0 年），这就形成了博弈论中占优战略的最优选择问题。纳什用数学方法证明了双方坦白才是最佳的选择方案，因为双方都是理性的，个人的决策选择都会假设对方也在做出最优决策选择；因此，双方坦白就成了纳什均衡。这是经济学首次证明"个人利益的理性追求明显驱使参与者达到帕累托次优的事实"，[6] 无法达到最大化的选择方案。

在囚徒困境的博弈选择中招供的战略是占优战略，纳什均衡就是两人都会选择背叛，这个解对集体不利，对双方来说并不是最优战略方案，就是因为每个人都是经济人，都会选择对自己最有利的方案，即使达不到最佳结果，次优也是在首选之列。这就是"囚徒"陷入"困境"的原因。囚徒困境中得到最优合作解的难度相当大，即使有人想冒着侥幸心理尝试得到，也有强烈的瓦解倾向。因为合作的可置信度不足以建立起真正的"同盟"，这才是至关重要的条件。虽然在二人中或在众多的囚徒中大家都是合作的，如果有一个人选择背叛，那么选择背叛也会对这个人有利，而对其他所有人都不利。

现在我们用组织人理论来分析这一经典案例就会得出几种不同的博弈结论。

答案一：在囚徒困境中，如果双方都是自我组织人或经济人，那么唯一的答案就是双方选择背叛，只能达到次优结果的纳什均衡。

答案二：在囚徒困境中，如果双方都是纯组织人就可以达到帕累托最优。

如果两个嫌疑犯是父子关系，那么他们一定会选择抵赖而绝不会招供。这是基于建立在对对方的绝对信任的基础之上，以及双方考虑更多的是对方的利益而不是自己的利益。因此，抵赖是占优战略的最佳选择。其一，双方可置信度极高，绝不怀疑对方会背叛自己；其二，如果自己坦白，那么会加重对方的刑期，这是任何一方都不愿意看到的结果；而且双方很自信对方也绝对不会做出坦白的选择。应该说这个结论是可检验的。

这就是组织人和经济人选择的本质区别，当组织人与组织或其他成员的关系达到纯组织人的状态时，利他的选择是唯一选择。虽然不能否认在这个博弈关系中组织人的动机也可能是自私的，就家庭来说，无论是孩子还是父亲选择保护对方就是保护自己，但是行为所表现出的纯组织人状态却是利他的行为。因此，双方抵赖就成了纯组织人的博弈均衡。这种均衡我们可以称作纯组织人均衡。对于纯组织人来说，纳什均衡可以达到帕累托最优，而非次优。现实中，纯组织人落入囚徒博弈的也不在少数。战争年代，视死如归的革命英雄都可以看作是对这一理论的佐证。这种情况还可以继续延伸到患难朋友、阶级兄弟、生死战友、宗教教徒、团伙组织，等等。

答案三：如果双方都是混合组织人，那么在囚徒困境中的博弈选择取决于他们与组织关系的紧密程度。关系越紧密，考虑组织或对方的利益就会越多，而考虑自己的就越少；反之则相反。

混合组织人所考虑的抵赖与招供的后果与经济人是有区别的。经济人只是根据自己的利益得失来权衡选择；而混合组织人是在组织与个人之间的优劣权衡选择，因为组织的力量也是一种震慑，足以形成一种巨大的威胁。或许，组织的惩罚力度会远远大于囚徒困境中的刑期。这就是组织人的囚徒必须首先要做出判断，才能做出后续是抵赖还是招供的选择。不可否认，在有些社会组织中，被抓住的囚徒选择抵赖反而只是有期徒刑还能活着，而选择招供却可能被组织处死。

另外，组织如果对组织人给予可置信的承诺，双方也有可能达成一种合作的默契。组织人会毫不犹豫地选择抵赖，抵赖就成为双方最佳选择的纳什均衡。而这种可置信的承诺是建立在信仰、宗教或经济补偿基础之上的，抵赖会使他们得到精神上或经济上的补偿，以致他们认为即使最多被判坐牢10年也不会觉得吃亏。这种选择有时候也可以理解为保护组织也是一种自私的自我保护。

显然，组织人理论已经改变或颠覆了原来囚徒困境中的双方坦白才是占优战略的纳什均衡。从囚徒困境中的博弈变化可以断言，无论是完全信息的静态博弈，还是完全信息的动态博弈，或者是不完全信息的静态博弈或动态博弈，都会由于组织人替代经济人而发生理论上的变化。

三、案例分析Ⅱ：信贷配给

信贷市场上的信贷配给一直是经济学和银行业关注的重点，只要现实中存在对可贷资金的超额需求，即需求超过供给，信贷配给就会存在。信贷配给的产生条件，就宏观层面而言，是指在确定的利率条件下，信贷市场上的贷款需求大于供给；就微观层面而言，它并不能满足所有的贷款申请人的需求。因此，供不应求就需要分配或配给，而且配给并不完全遵循市场经济的利息价格规律的影响。信贷配给理论认为，在现实中并不存在能满足利率价格使信贷市场出清这种完美的假设，非价格机制的存在对信贷市场的资金供求均衡有着重要影响。信贷市场很少会出现均衡信贷配给的状况，绝大多数是非均衡信贷配给，因此，"真正的挑战在于贷款"，[7]信贷如何配给就成为关键的问题。

"从本质上说，银行是经营风险的，银行的每一笔贷款出去都有风险。"[7]斯蒂克里茨认为，在市场经济的条件下，"银行放贷时关心两点：贷款利率和还贷风险。然而，贷款利率本身就可能影响到贷款风险，其方式为：通过对潜在的贷款人进行分类（逆向选择作用）或者通过影响贷款人的行为（激励作用）。"[8]事实上，在不同的国家和经济体制下，信贷配给的规则或潜规则有着显著的差别。虽然利率是影响信贷市场的重要因素，银行的期望收益总是追逐最大化，不过信贷市场的利率总是与社会的政治和经济发展趋于同步水平，而且利率的变化受国家金融政策管制和宏观经济的影响，是整体性的，对单个借款人并不会出现畸高畸低或波动幅度很大的问题。因此，利率的变化对信贷配给几乎不会产生实质性的影响。

凯恩斯认为，在市场经济条件下，现实的经济活动中确实存在银行以非价格手段独立地配给信贷资金的现象。银行"并不否认在某种意义上他能够'创造'信用"。[9]"至于必须'创造'多少信用才能保持这种平衡，则是一个极端复杂的问题。因为这要取决于信用的用法以及其他货币因素的状况。"[10]

货币信用创造是银行最隐秘和实用之处，银行家为自己能创造货币而自鸣得意，常常还会得意忘形。事实上，货币信用创造是"潘多拉的盒子"，会造成一发不可收拾的后果。人们相信银行创造货币信用与金融危机具有直接相关性。美国次贷危机的发生引发经济学家和普通百姓共同对华尔街金融大鳄们异口同声的谴责，甚至认为是美联储与华尔街的共谋。正如凯恩斯曾经所言："如果信用的'创造'被严格地限制在这种范围之内，通货膨胀现象便不可能发生。"[11]

单个银行所创造的货币信用扩张是形成宏观货币膨胀的源头，这种微观机理的诱发所形成的货币信用扩张最终会导致通货膨胀，这是宏观经济和金融学研究关注的重点和难点。米什金所著的《货币金融学》给出了十分肯定的描述，[12]乘数理论只证明了存在的可能性，而把动力归咎为人性的自私与贪婪。不过私欲和贪婪无法计量，也无法提供直接的证据，也就成了不确定之谜。

货币信用扩张导致的金融危机和信贷配给有着直接的相关性，货币信用扩张是源于信贷配给的过度放纵和不可控。凯恩斯认为，"对任何个人的放款数额并非只完全取决于借款人所提供的抵押品和利率，同时也参考借款人的意图以及他在银行心目中的地位是不是一个有价值或有势力的主顾。"[13] 可见，不同的借款人对银行信贷配给的影响力和数量会产生较大的差别。

一直以来，人们对信贷配给的运行分析都是基于信贷市场中信息不对称所造成的，信息不对称是导致了金融市场普遍存在的道德风险和逆向选择。这种认识建立在假设银行是理性经济人这一基础之上，这里有两个误判：一是将银行与银行行长相混淆，将组织与组织人混为一谈；二是假设银行是理性经济人，事实上，银行行长是组织人，并不能用经济人来设定。因此，对于信贷配给的理论与实践必然存在缺陷。

货币数量论认为经济危机的根源来自于货币超发，不过货币超发是国家的一项重大经济政策，会受到法律或金融政策的约束，而且货币超发是一种可识别和计量的公开行为。如果说货币超发会直接导致通货膨胀，那么货币超发就会遭遇民众的抵制和反对。

弗里德曼认为 "货币变动与经济变动之间的相互关系一直是高度稳定的"。[14] 同时，"在货币问题上，表象是具有欺骗性的；这些重要的相互关系通常完全是映入我的眼帘的那些表象的反面。"[15] 因为，通货膨胀从根本上来说源自于货币供给量的扩张。货币主义虽然可以解释 20 世纪 30 年代美国经济大萧条的成因，一部《美国货币史（1867—1960）》[16] 可以反映美国货币数量变化与经济变动的关系。可是，银行信贷规模的"创造"导致的信用扩张和金融膨胀却难以调查统计和准确计量，因此也就无法提供证据表明存在这种变化程度的相关性，更无法预测和控制，最后发生金融危机和经济危机也就不可避免。

在中国，银行业进步体现在从存款立行向贷款立行的转变，[17] 国有银行是信贷市场的主力军，承担信贷配给的主要任务，因此，信贷资金已经成为一种稀缺资源，具有垄断属性，银行信贷配给并不会完全遵循市场经济的利率规则运行。由于银行信贷资金配给最终决定权都是由银行行长或某个人决定的，所以，信贷配给是组织人行为的决策，是一种组织人的分配行为。

从理论上来说，银行的风险主要来自于借款人偿债的能力，"因此银行很希望自己能够辨别哪个借款人更有可能还贷。但是要识别'好的借款人'是一件不容易的事情，需要银行使用大量的甄别工具"。[8]事实上，银行所面临的问题不仅是利率和能否还款的风险问题，还是银行的风险与放贷责任人所承担的直接后果之间的关联程度。只要银行审批人有权决定放贷的对象且不必直接承担责任与后果，或者说，根据制度与法律无法识别责任人有过错的行为和追责的证据，那么"组织人选择"就是唯一的选择途径，银行所面临的道德风险也就无法分辨且不可避免。

而对于借款人来说，利率并不是主要考虑的问题，更为重要的是制度和法律等外部环境的约束，以及借款人所承担的责任后果。虽然，高利率可能会给借款人带来更大的偿债风险，但是"借款人之所以愿意支付高的利率是因为预期自己偿还这笔贷款的概率很低"。[8]只要不会追溯或惩罚借款责任人，那么，所有的利率政策和制度都不会动摇或影响借款人争取贷款的信念。而且现实中还存在着一些借款人与银行的责任和风险已经互相捆绑，企业与银行同甘共苦迫使银行妥协与共谋，银行也不愿逼迫企业走向破产的命运，这正是许多企业包括房地产企业敢于冒风险过度融资的策略谋划，也大大增加了银行的风险。

事实上，信贷配给是一种组织选择或叫组织人选择，既不是逆向选择，不会完全逆向淘汰；也并不完全受到激励机制的束缚，不会完全遵循经济和利益的驱使。本章的案例旨在反映信贷配给中的决策是组织人的行为选择，以及这种决策选择会带来信用创造的动力，加快信贷膨胀，增加金融风险的可能。

假设，有一银行要发放一笔贷款，放贷额度100万元，有5家企业分别是A、B、C、D、E都需要贷款，同时都符合贷款的申请条件，可是只有一笔放贷业务，应该给哪家企业呢？

根据资料显示，从贷款的申请条件评估综合评分是A得95分最高，B得91分次之，之后依次是C得90分，D得88分，E得85分。得分85分以上均为达到符合贷款条件的要求。从得分高低来看，依次为A＞B＞C＞D＞E。按照银行规定，贷款放给任何一家企业都符合银行规定，不能算作违规操作。

方案一：

答案：如果这五家企业与银行客户经理或行长都不熟悉，以前也没有往来，那么贷款放给A企业是唯一的选项。银行客户经理或行长完全是根据信用评分高低来决定放贷对象的，除此之外没有任何干扰或理由可以改变这种决定的选项。既符合银行信贷配给原则，又符合现实逻辑，不会遭遇任何异议。事实上，这种情况在现实中是极为罕见的，更多的是其他方案中出现的较为复杂的情况。

方案二：

答案：如果 E 企业知道有五家企业都在申请贷款，而自己是得分最低的，只有 85 分，刚好符合贷款的条件。于是 E 就会采取各种公关手段。事实上，只要这五家企业都非常需要这笔贷款，那么贷款就是一种具有垄断性质的稀缺资源，大家都会同时采取行动竞相寻租。答案就非常明确，哪家企业提供"最优惠的条件"，哪家企业就最有可能得到这笔贷款。

方案三：

如果五家企业的得分没有改变，现在所面临的难题是除了 A 企业之外，其余四家企业还有一些不能公开的隐性信息和条件，只有银行行长或客户经理自己知道。分别是：

A——贷款综合评分最高 95 分；

B——评分 91 分；且是银行客户经理或行长要好的朋友；

C——评分 90 分；且是银行客户经理或行长的亲属；

D——评分 88 分；且是"回报经济利益"数额最大者；

E——评分 85 分；且有上级行长或领导的推荐介绍。

答案 1：如果银行客户经理或行长都是纯组织人，贷款应该给 A 企业。理由如同方案一。也可以反向推论：如果 A 企业得到贷款，说明银行客户经理或行长就是纯组织人。

从理论上来说，对于纯组织人而言制度是失效的。制度失效的真正含义不是不要制度，而是有制度或没有制度以及制度的宽松或严厉其结果都是一样的，不会影响或改变纯组织人的选择。

答案 2：如果银行客户经理或行长是自我组织人或叫经济人，贷款应该给 D 企业。因为经济利益回报最大。从理论上来说制度也是失效的。这使用的是单一经济目标的衡量标准，利益最大化是唯一的选项。理由如同方案二。

答案 3：如果银行客户经理或行长是混合组织人，A 企业肯定拿不到贷款，A 企业不是银行客户经理或行长的组织人，与他们没有关系。其余四家企业谁能拿到贷款还不能完全确定。

答案 4：如果银行客户经理或行长是年轻人，E 企业最有可能拿到贷款；因为顶头上司是不能得罪的，得罪了上级，意味着今后的职位升迁或晋级就会增加困难或受阻。

答案5：如果银行客户经理或行长已经53岁或58岁了，E企业肯定拿不到贷款，D企业最有可能拿到贷款；这就是"53岁现象和58岁现象"。对银行客户经理或行长来说，职位晋级已经不可能了，只能"捞点好处"即经济利益。如果B企业以前有恩于他，那么作为报答或感谢，B企业也有可能拿到贷款。如果C企业的亲属关系是老丈人或小舅子，那么C企业也有可能拿到贷款。

答案6：如果B企业是银行客户经理或行长一般的朋友或C企业是银行客户经理或行长不近不远的亲属，那么，会在D企业和E企业之间做出选择；D企业或E企业最有可能拿到贷款。

答案7：如果银行客户经理或行长是"透明人"，我们就肯定知道他的选择。因为，方案三中的所有"不能公开的隐性条件信息"都被"透明"公开了。A企业就成为唯一的选项。

答案8：即使银行客户经理或行长是"透明人"，他们也绝不会束手被困，会去寻找各种"正当理由"作为借口，如支持行业发展、支持地方发展、支持部门合作，等等。

方案四：

如果银行客户经理或行长认为方案三的"不能公开的隐性条件"都是非常重要的，谁都无法得罪或放弃，那么唯一的选择就是B、C、D、E四家企业每家分别得到25万元的贷款。这样谁都不会得罪，而且还能捞到利益或好处。甚至可能还会增加贷款规模，造成信用膨胀。

方案五：

如果上述五家企业与银行客户经理和行长的关系有所不同，那么情况也会发生变化。银行客户经理是企业贷款资料的受理和评估者，是贷款申请的建议者，是重要的第一关。只有能够通过第一关才有可能将贷款资料上报审批。行长是贷款的审批者，是最终决定之人。所有想贷款的企业都知道这二者的重要性，谁都无法怠慢。

此案例的上述选择情况仅仅是在符合银行规章制度的条件下信贷配给的操作行为选项，如果考虑到还有许多违规的操作，那就更加复杂多变了。现实中，往往还有许多银行的信贷配给是颠倒程序逆向操作，这就造成大量不符合贷款条件的企业也能够拿到贷款。最后都会产生银行大量无法收回的呆账和死账，造成金融风险。另外，银行信贷规模的不断扩张也是在这种背景下"创造"完成的。

以上的案例分析具有非常典型的意义，重要性还在于可再延伸。既可适用于经济领域，也可适用于非经济领域，如适用于资金分配、项目审批、政策制定、人才选用、职称晋升、文章发表等领域的选择。它既不是一种单纯的经济利益选择，不能用最大化来衡量；也不是一种逆向选择，不能看成一种简单的优劣逆向淘汰；而是一种在各种组织关系及利益关系人之间的权衡博弈的理性选择。

自古就有"内举不避亲，外举不避仇"的用人机制，它为国家选拔优秀人才起到了非常重要的作用，同时，也给许多心术不正者有可乘之机，优劣参半。

四、组织人与经济人的替代关系

根据组织人的分类和行为模型可以得出在经济学中组织人替代经济人是成立的，与物理学中相对论对牛顿理论的更替极为相似。组织人理论包含了经济人理论，或者说经济人只是组织人的一种特例。组织人理论也不是推翻和否定经济人理论，也是一种理论的覆盖。经济人理论也是正确的理论。正是因为经济人理论是正确的，所以许多想废除这一理论的尝试都难以逃脱最终失败的命运。现有经济学的缺陷和局限性不是经济人理论本身的错误，而是对经济人理论的误解和误用所致，尤其是将经济人过度扩大化导致了运用的失误和失灵。

以组织人为基础的经济学理论对任何组织人的行为方式的特征和性质都是适用并成立的。组织人理论可以解释经济人理论无法解释的许多现象。只有准确判断组织人的行为，经济学才可能成为一门如西蒙所设想的可以预测或受控的"人工科学"。[18]经济学家相信通货膨胀是货币超发和信贷扩张的结果，超发货币和信贷扩张的诱因极为复杂，既有客观因素，又有主观因素。之前经济学对人的行为作不确定的判断，因而对超发货币和信贷扩张也就无法准确地测量和预判。我坚信，未来经济学理论的发展可以做到预测经济变化和满足人类需要的目标。尤其是未来计算机运用向广度和深度的扩张，经济学可以实现抑制或调节市场失灵和政府失灵的目标。

组织人理论是科学的理论，为经济学向硬科学迈进，成为真正的科学提供坚实的基础。可以明确地说，经济学的研究，如果企图回避组织人而达到解释人的行为的目的是不可能的。任何想脱离组织人而建立的经济学模型都会存在不完善或致命的缺陷，是一个不确定性的结论；任何想跨越组织人而实现解释经济学基础理论的尝试都将会以失败告终。

参考文献

[1] 道格拉斯·麦格雷戈. 企业的人性面 [M]. 韩卉，译. 北京：中国人民大学出版社，2008：33.

[2] 道格拉斯·麦格雷戈. 企业的人性面 [M]. 韩卉，译. 北京：中国人民大学出版社，2008：46.

[3] 斯蒂芬·罗宾斯. 组织行为学 [M]. 14版. 孙健敏，李原，黄小勇，译. 北京：中国人民大学出版社，2012：160.

[4] 道格拉斯·麦格雷戈. 企业的人性面 [M]. 韩卉，译. 北京：中国人民大学出版社，2008：8.

[5] 道格拉斯·麦格雷戈. 企业的人性面 [M]. 韩卉，译. 北京：中国人民大学出版社，2008：11.

[6] 亚历山大·J. 菲尔德. 利他主义倾向：行为科学、进化理论与互惠的起源 [M]. 赵培，杨思磊，杨联明，译. 长春：长春出版社，2005：4.

[7] 易纲. 中国的货币化进程 [M]. 北京：商务印书馆，2003：306.

[8] 约瑟夫·斯蒂格利茨. 信息经济学：基本原理：上 [M]. 纪沫，陈工文，李飞跃，译. 北京：中国金融出版社，2009：216-217.

[9] 凯恩斯. 货币论：上卷 [M]. 何瑞英，译. 北京：商务印书馆，1986：187.

[10] 凯恩斯. 货币论：上卷 [M]. 何瑞英，译. 北京：商务印书馆，1986：189.

[11] 凯恩斯. 货币论：上卷 [M]. 何瑞英，译. 北京：商务印书馆，1986：186.

[12] 弗雷德里克·S. 米什金. 货币金融学 [M]. 9版. 郑艳文，荆国勇，译. 北京：中国人民大学出版社，2011：331-336，339.

[13] 凯恩斯. 货币论：下卷 [M]. 何瑞英，译. 北京：商务印书馆，1986：316.

[14] 米尔顿·弗里德曼. 弗里德曼文萃：下 [M]. 胡雪峰，武玉宁，译. 北京：北京经济学院出版社，2001：354.

[15] 米尔顿·弗里德曼. 弗里德曼文萃：下 [M]. 胡雪峰，武玉宁，译. 北京：北京经济学院出版社，2001：355.

[16] 米尔顿·弗里德曼. 美国货币史（1867—1960）[M]. 巴曙松，王劲松，等译. 北京：北京大学出版社，2009.

[17] 易纲. 中国的货币化进程 [M]. 北京：商务印书馆，2003：307.

[18] 赫伯特·西蒙. 人工科学 [M]. 武夷山，译. 北京：商务印书馆，1987：前言2.

第十章

组织人的利他主义分析

对利他主义的解释一直是压在经济学身上挥之不去的一块心病，也是最易遭受人们攻击的软肋。如行为经济学就提出过质疑。人们都知道经济学理论无法解释纯粹利他行为，对于利他主义经济行为，"科勒德认为，'经济人'模式是无法解决这一难题的"。[1] 经济学很少有公开承认自己无法解决的难题，而这就是其中之一。经济人模式的核心就是自利，而要想从自利的模式中得出利他主义是不可能的，尤其是纯粹利他行为。

对于利他主义行为，亚当·斯密认为这是人的一种本性，这种本性就是怜悯或同情。亚当·斯密在《道德情操论》开篇中有过精辟的论述："无论人们会认为某人怎样自私，这个人的天赋中总是明显地存在着这样一些本性，这些本性使他关心别人的命运，把别人的幸福看成是自己的事情，虽然他除了看到别人幸福而感到高兴以外，一无所得。这种本性就是怜悯或同情，就是当我们看到或逼真地想象到他人的不幸遭遇时所产生的感情。"[2]

叔本华则把利他主义看成是人的道德问题，利己主义与道德是相互排斥的，"一个行动的利己主义和其道德价值是绝对互相排斥的，如果一个行为的动机有一自私目标，那么，根本不能给予它任何道德价值；如果一个行为具有道德价值，那么，任何自私自利的目标，无论直接的或间接的，近的或远的，都不可能是它的动机。"[3]

对利他主义解释的难度在于缺乏动机的证明，正如内格尔所说的："关于利他主义，相对应的直觉是：既然是我在行为，即使我为他人的利益行为，也必须是关于我的利益，这利益提供了驱动力。这样的话，对明显利他的行为令人信服的任何证明，都必须诉诸我想要什么。"[4] 而叔本华认为"人的主要的与基本的动机和动物的一样，是利己主义。……所有人类的行为，一般地说，都有其利己主义的根源"。[5] 因此，要想在以自我为驱动力的条件下得出利他的结论都是一种悖论，内格尔断言，任何企图"根据自我利益来捍卫利他主义都不可能成功"。[4]

西蒙认为："如果我们说的动机指的是一个人之所以遵循某一特定行动路线的原因，那么，由这个定义可知，每一行动都是有动机的。但是，在大多数人类行动中，动机与行动的关系并不简单，这种关系是以一系列事件及其环境条件为中介的。"[6] 作为管理学大师非常明白这种行为与动机、手段与目标之间的关系的复杂性，大量外部约束条件和环境的变化都可能会引起目标的偏离。"作为两方最初所放弃东西的补偿而进行的交换不能算作利他主义，而是启发式的自身利益（有时称为软利他主义或互惠利他主义）。不过，其中的界限是复杂难解的。"[7] "许多人口生物学家认为，除了对近亲的利他主义之外，看上去是利他主义的人类行为实际上是互惠的利他主义。"[6]

对于利他主义，最困难的莫过于对动机论的解释，无法找到利他的动机就无法证明利他主义的合理性。在叔本华看来这已是一种自然法则，"当然，只要人类属于自然，也还存在一种关于人类意志的法则；并且这一法则是绝对可证明的，不容有例外，是不可违反，像山一样不可动摇的……它是动机形成的法则，是因果作用法则的一种形成；换言之，它是以知性为中介产生的因果作用。它是人类意志本身所服从的唯一可证明的法则。这一法则意指：所有行为没有充分的动机便不能发生。像一般因果律一样，它是一种自然法则"。[8]

不过，约翰·凯恩斯认为利他主义也有动机，"在经济事务中，利他动机不像利己的动机那样强烈或稳定。然而，利他动机依然会发挥明显的影响，并随着社会责任感意识日益增强和扩散，这种动机的意义将更加重要"。[9]

动机论是利己主义最具有说服力的辩词，也是利他主义的最大障碍。行为经济学要想跨过利己主义到达利他主义的彼岸就必须要过这道坎。殊不知这是利己主义设下的最大圈套，是经济人为反对者挖掘的最大陷阱，几乎无人能够跨越这道鸿沟。目前对利他主义的解释都是沿着这条路径和思路探寻前行，其结果都是以失败而告终。经济学对利他主义的理解一般都有亲缘利他、互惠利他、强互惠性利他、惩罚性利他、合作利他，还有勒帕日提出的受人"尊重"[10]、西蒙提出的"顺从"[11]等等，在各种利他主义的解释中都忽隐忽现地包含有动机论，都可以找到利己主义的各种说法或依据，只要动机论可以解释，哪怕十分牵强也能得到认可。

唯有纯粹利他主义经济学还无法做出解释，因为动机论完全失效，所有牵强附会的努力都将失去意义，所以对纯粹利他的解释还不尽如人意。西蒙认为，"在近些年，已经有一些尝试来从自然选择的首要原则来导出对这些问题的理论回答。绝大多数回答赋予自身利益以核心的、几乎是独一的角色，而且除了对近亲的利他主义之外，为真正的利他主义（和互惠的利他主义不同）留下了很少余地。"[7]无论是经济学还是其他社会科学，包括生物学、基因学、伦理学、道德学、心理学等都无法提供具有说服力的解释。可以说正是因为对利他主义的解释不同，才导致社会学科各自为阵的局面。因为对于利己主义的解释和除了纯粹利他主义的解释之外，几乎可以达成一致的意见，而对纯粹利他的解释就完全各显神通了。这也是造成人类行为存在科学分歧的根源。

金迪斯面对各学科对人类行为科学各自为阵的表现并不满意，他试图努力达成"统一"的目标，改变这种各行其是的分散局面，从而走向统一的人类行为科学。他认为，"人类行为科学包括经济学、人类生物学、人类学、社会学、行为心理学和政治学。如果它们是一致的，我们可以考虑一套统一的原则，这样当两个学科处理同样的社会现象时，它们的模型是相当协作的，学科之间能够相互补充。通过量子力学、基本粒子学、固态物理学和宇宙大爆炸模型的发展，自然科学取得了统一。但人类行为科学却缺少这样的统一：每一学科都把个体行为模型化，并且构建与个体行为模型相容或就是从此导出的集结社会行为模型。人类行为科学的统一要求一个一般化的个体行为模型，每个科学都为了自己的特定目的使模型专业化并不断丰富各自的模型。现存的模型不具备跨学科的性质。"[12]

遗憾的是，金迪斯的努力并未取得乐观的成果。最后也不得不承认："我提出了各门行为科学的概念整合，它在分析上和经验上都可以自圆其说并加以实施；但由于当代大学体制中各门行为科学的几近麻木的封建式组织为榜样的研究机构，以及重视一团和气和衣钵传统甚于为真理而斗争的跨学科伦理观，我提出的概念整合现在并未得到实施。"[13]不可否认，金迪斯注定是要失败的，失败的根源并非是他所指的各门行为科学的门户之见，而是构建统一行为科学的基础还不具备条件，没有找到足以撑起各门行为科学的基石。

可以说纯粹利他主义是对能否构建人类行为科学统一模型解释的最大挑战。纯粹利他主义这根稻草就足以压垮金迪斯构建统一的人类行为科学的理想大厦。金迪斯最为得心应手的工具就是心理学和博弈论。这两大工具是他用于建立人类行为科学的最有效的手段。他认为"博弈论是人类行为建模中不可或缺的工具。抛弃或排斥博弈论的行为科学，在理论上是残缺的"。[14]同时，他也承认博弈论存在缺陷，但又被他自己否定了，他在《理性的边界》一书前言中说道，"博弈论最根本的失误在于，缺乏一套关于参与人何时以及如何共享心理建构的理论。……当代博弈论所偏爱的贝叶斯理性行动者生活在一个主观性的世界中，博弈论专家不但不去建构真实的社会认识论，反而提出了一大堆遁词以便使理性人看起来会享有信念共性（共同先验、共同知识），可这全都失败了。"[15]博弈论的失败是注定的，因为博弈论与纯粹利他主义并不相容。我们知道纯组织人并不需要博弈，博弈论只能是给机会主义和利己主义提供帮助以获取更多利益的选项和服务工具。另外，要想从心理学中得出纯粹利他主义的证据似乎是难上加难，甚至是不可能的，因为心理学无法跨过动机论这道坎。

现有学科对人的行为解释的分歧就是无法达成对利他行为的统一认识，每个学科对人的自利行为的解释具有高度一致性，各种证据都可以指向这一方向并能够做出合理的解释。但是对利他主义的解释却不然。自然科学对于利他主义有一个十分明确的界定，菲尔德在《利他主义倾向》中指出"在生物学领域里，利他主义有一个非常确切的含义：即一个单个生物体的行为，降低了该生物体自身的再生适应能力，但增进了至少一个相同种类（同种）的其他成员的再生适应能力，也就是影响一个个体基因出现在下一代基因库的相对频率的能力"。[16]自然科学这个定义是否也适用于社会科学，或者说社会科学如何来解释这种利他主义的含义，人们还需要进行充分论证。

对利他行为的解释各学科都在寻找有利于自己的解释依据和理由。菲尔德认为"大多数社会科学家在考虑血亲之间的关系时承认利他行为的相关性。但是在非血亲之间的关系中，利益似乎处于支配地位，并且表明，能够发挥作用的利他倾向即使不被排斥，也遭到了相当多的怀疑。这个假定在与它不相一致的大量的证据、实验和观察面前得以坚持"。[17]不可否认的一个事实是，现有各学科对利他的解释除了血亲利他之外，其他都或多或少、或明或暗地含有利己的成分，无非就是这种暗含的程度不同而已。许多生物学家倾向于否认纯粹利他行为，比如英国著名生物学家里查德·道金斯在《自私的基因》一书中说道："更仔细地观察一下，常常会发现明显的利他行为实际上是伪装起来的自私行为。"[18]当然，道金斯所论证的自私是一种本能的自私，"我绝不是说它们的潜在动机都心怀自私。我的意思是，这种行为对生存可能性所产生的实际效果，同我们原来的设想正好相反。"[18]

经济学承认只有对纯粹利他主义无法给出自己的解释。"源于纯粹的道德感、正义感或纯粹利他主义的行为，不计较个人效用的计算，在本质上排斥对自己行为的成本和收益的任何权衡。我们必须承认，经济人模式确实无法解释这类行为。"[19] 杨春学认为，"有人把雷锋式人物也视为一种'经济人'。但按照我的观点，经济人不能解释这一类行为。"[19] 其余的利他主义用经济学的观点来说就是所有的利他行为都可以通过用利己主义来解释。张五常对这种行为做了最精辟的概述，他曾经透彻地表达了主流经济学的信念："经济学上最重要的基本假设是：每一个人无论何时何地，都会在局限约束条件下争取他个人最大利益。说得不雅一点，即每个人的行为都是一贯地、永远不变地，以自私为出发点。……在经济学的范畴内，任何行为都是这样看：捐钱、协助他人、上街行动等，都是以'自私'为出发点。"[20] "自私的假设确是有惊人的解释力。……今天，我们未有较好的选择，所以不能不墨守这个自私的假设而成规了。这不是顽固，而是科学方法划定下来的规则。"[21] 但同时他也承认"将来某些天才可能创出另一个假设来代替自私，而又比自私这个假设更有用处"。[21] "那我就不能不考虑我的基础假设是错的了。"[22] 这也说明张五常并没有把话说绝，只是目前还没有发现或找到能对这种行为进行解释的理论。

虽然经济学对纯粹利他无法给出自己的答案，但是同时也认为这种纯粹利他主义在社会中毕竟还是少数，因而并不影响经济学理论的整体建构。对于绝大多数的利他行为，经济学用利己来解释还是觉得勉强过得去的。"对经济学的分析范式来说，值得庆幸的是，虽然现实经济生活中存在着'无条件的利他主义'，但大量存在且表现丰富多彩的却是'相对的利他主义'。"[23]

制度学派相信"个人为了自己的私利而行动是人类行为的一个基本前提"，[24] 只有依靠制度可以约束个人的行动自由从而使机会主义得到抑制，因此，"对人类行为施加这样的约束是制度的功能"。[25] "在原则上，有三种途径能使人们为他人利益而努力：（a）他们出于爱、团结或其他各种利他主义而努力有益于他人；（b）他们受到胁迫，胁迫者以对他们使用暴力（命令）相威胁；（c）他们按其自己的自由意志行动，但出于明智的自利动机，因为他们预期能获得充分的回报。那样，他们为别人做的事会产生对自己有利的副效应。"[24] "很显然，只有当所获得的报偿能使人们继续为别人服务并且他们不会被迫与别人分享自己挣得的报酬时，才能激励人们从自我利益出发为他人提供服务。"[26] 制度学派的立足点是自利的个人，因而注定无法正确解释利他主义。

对于经济学而言，最为担心而可怕的就是企图把经济人塑造成一个利他主义者。我们不能既想保留经济人原型不变，又想另起炉灶塑造一个完全不一样的经济人，这种自相矛盾的想法所臆造出来的只会是一种不伦不类的"人面兽身"的怪物，这不是科学的态度和方法。如果想把经济人打造成一个利他主义的"雷锋式人物"，那肯定不会是经济学的福音，而是经济学的不幸，甚至还是经济学的灾难，这意味着经济学的最基础的根基将会被彻底铲除。

虽然"每一个经济学家痛苦地意识到，对于假设的经济学'科学性'特征存在广为人知的怀疑。确实，这种不信任有合理的基础"。[27]但是，要想改变这种假设或者做出了前后矛盾的假设，都将会给经济学带来致命的灾难。这意味着自私的经济人对于经济学而言将会毫无意义。这绝不是经济学的发展，而是在毁灭经济学。只有经济学的门外汉或疯子才会有这种自掘坟墓的拙劣想法。

事实上，经济学对于利他主义这种极端偏颇的理解存在很大的矛盾。既然经济人的原型是100%的自私，即 $\delta = 0$（δ 是利他主义参数，且 $0 \leqslant \delta \leqslant 1$❶），[18]就应该没有任何利他的空间；而纯粹利他主义是 $\delta = 100\%$，即 $\delta = 1$；于是在利己和利他之间还存在巨大的空白地带，即在区间 $0 < \delta < 1$ 内是利己和利他的混合地带。目前在理论上还只能用利己主义来解释，可是任何想把这片混合地带归属于某一方都是一种强词夺理，是一种理屈词穷的狡辩。把经济人拖入利他主义的温泉只会导致经济人窒息而死，绝不会是一种适应。事实上，它是属于混合组织人的领地，既不属于纯粹利他主义也不属于经济人。

组织人理论可以完满地解释利他主义，尤其是纯粹利他主义只有在组织人理论中可以找到客观而充分的论证。组织人理论才是统一各门行为科学的真正基石。

在第五章组织人分类中，我们已经对纯组织人做了充分的论述，足以证明纯粹利他主义的存在合理性，这里不再重复。从图 5-1 可以看出，将纵坐标组织改成利他，即纯组织人的利组织行为也完全可以理解为一种纯粹利他行为。通过对图 5-1 的修改，可以得到图 10-1。

---

❶ 原文为 $0 < \delta < 1$，本书对其进行了修正。

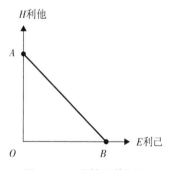

图 10-1　纯粹利他行为

在图 10-1 中横坐标用 E 代表利己，纵坐标用 H 代表利他，即在 E 轴 B 点上表示完全利己，在 H 轴 A 点上表示纯粹利他，在斜线上的点表示既有利己也有利他，二者兼顾。靠近纵坐标 H 表示利他多一些，靠近 E 表示利己多一些。这种理解与第五章的组织人分类完全一致。

这种分析可以得出纯组织人的利他或利组织行为并不需要理由，也没有必然的动机，更像是一种在条件反射下的自然行为。在这里动机论已经不再是必要的选项和理由。这也是一直以来人们想通过利己的动机来解释利他的行为而始终无法跨越的障碍。从某种意义上来说，对利组织和利他主义的行为的理解是一致的。组织人的行为就可以看成是在利己和利他之间的选择。利己是自我组织人和经济人的选择，纯粹利他就是纯组织人的选择，二者之间就是混合组织人的选择。无论是利己还是利他的行为选择都是组织人的内生变量，而不再是外生变量。这就将利己和利他主义全部行为都统一到经济学的麾下，经济学也不必再为利己主义和利他主义争论不休而困惑和犯难。

确切地说，在社会属性中，人的利他是组织利他或组织人的利他。几乎所有的利他主义都会和某个组织有关，如政府、慈善机构或宗教组织开展各种慈善活动本身就是组织人行为。许多宗教团体、慈善机构所倡导和信奉的无私大爱的慈善利他行动就是一种纯组织人的行为。虽然有时也可以看见单个教徒的纯粹利他行为，那是因为在他的心里始终存在着"上帝与我同在"的信念。其实他就是教派中的一员，也就是组织中的成员。我们并不否认现实中确实还存在有个人的纯粹利他行为，这是一种人性的自然表现和客观的反映。从许多突发事件中就可以证明利他行为也是一种本能的表现。

组织人的利他行为有许多种表现形式，一般来说可以分为两类，即主动利他与被动利他两个方面。我们将行为经济学分析得出的利他行为归并到这两类之中。即主动利他包含亲缘利他、纯粹利他、互惠利他、合作利他，以及利他能受到"尊重"（勒帕日）；被动利他包含强互惠性利他、惩罚性利他、互惠利他、合作利他，还有"顺从"（西蒙）。这种划分并不是一种严格的区分，而是根据行为人的主动性和被动性做出一种直觉判断，有利于帮助对于利他行为的分析和理解。有的是交叉关系，如互惠利他和合作利他，双方存在一种"一损俱损，一荣俱荣"的关联性，因而可以看成是既有主动的一面，也有被动的一面，是一种交替的关系。

组织人的利他主义是经得起实证和检验的。也许人们会质疑利组织和利他是否可以看成是等同的关系。确切地说，利组织和利他主义并非是完全的等价关系，而是一种交叉的关系。纯组织人的行为和纯粹利他主义绝大多数是吻合的，也不排除有极少数的例外。但是，用组织人理论来解释利他主义是合理而充分的。

首先，利组织和利他的关系是同方向的，与利己是反方向的。这一点很清楚，无须再做说明。

其次，利组织或组织中的成员和利他已经是非常近似了，几乎可以同等看待。因为如果组织目标可能就是利他的，那么利组织和利他就是等价的关系。而且利组织的目标或组织中的成员其实就是他人，相互也未必认识，而利他主义也正是这样的行为。

第三，如果认为组织是一种利益集团，而利组织或利组织中的成员就是一种利益集团内部之间的利益维护。那么纯组织人在主观动机上是不具备利己主义的。这种主观动机与纯粹利他却是一致的。事实上，对纯粹利他主义更应该看重的是在"毫无利己动机"状态下的行动，而不仅是单独看一种行动。因为一种利他行动有时并不能判别是否具有利己的动机还是纯粹利他的行动。而利他动机的行动也并不代表具有利他行动的能力。例如，跳入水中救人自溺身亡的行为，我们就不能否认这种利他精神存在的意义和价值。

第四，如果认为利组织或利他主义是一种可能产生未来利己的"预期"，这也是来自动机论的质疑。那么，这种预期也有可能是一种非常渺茫的预期或者就是无期，如果这种预期值为 0，就可以认定为是纯粹利他。这是一种"无条件的利他主义"，[23] 或者就是纯粹利他主义。纯组织人的行为在各个国家、民族或各种组织中都有被视为英雄人物的表现，如雷锋、特蕾莎修女等。

第五，只有混合组织人的利他行为才是一种包含利己的复杂行为，是同时在利他和利己中兼顾选择的机会主义者，是一种"相对的利他主义"，[23] 或者是有条件的利他主义。只不过其中的界限是复杂难解的，有时候想要真正判别也许还十分困难。

如果是由于利己的期望能得到预期而从事利他的行动，那么至少动机就不能算是纯组织人，而是混合组织人的表现，即使这种预期遥遥无期。也许会出现在别人看来是一种纯组织人行动，而实际上只有本人自己知道其中的真正动机。假设一个人是在利己动机驱动下的利他主义，而这种利己的动机又能够做到没有暴露，或许永远都不会被人发现，那么就没有什么理由去怀疑他一定具有利己的动机而受到指责。因为毕竟利他是实际的行动，而利己则是一种假设或猜测。我们不能采用一种可能的假设而去否定一种现实的善举。这就是社会为什么不会反对一些高调的慈善之举，没有任何证据表明低调慈善比高调慈善更为高尚，仅仅只是因为高调慈善似乎存在谋取"好名声"的利己动机的嫌疑而已，以及与传统慈善行为观念存在差异。毕竟财富的捐赠是一种实实在在的付出而非空洞的口号，而"蓄意谋取"慈善家的名号也只有在付出之后才能成立。

针对这种靠揣摩或猜测的现象，最为有力的证据应该就是看行动。因为内心的活动是别人无法判断和评价的。内格尔认为"利他主义背后的原则是：价值必须是客观的，而且任何看起来是主观的价值必须与其他不是主观的价值相联系。对某人有理由去促成某个目的的任何情形中，我们必能找到一个对任何人有理由去促成的目的，万一他有机会去促成的话"。[28]如果把所有的利他行为都看成是自私的预期，那么社会秩序和价值观就会出现非常可怕的混乱，所有的是非标准、价值观以及正义与非正义等都将混淆视听、颠倒黑白。事实上，现在的经济学就是这样用利己来对利他进行评价的。这种靠猜疑的判别也与现实不符，社会学和道德也绝不会容忍这种做法。

组织人的纯粹利他行为一般受三种因素的影响或支配，它是自然属性和社会属性的有机结合。

一是亲缘利他。父母对待子女绝对是纯粹利他行为，这是毫无争议的命题。心理学和生物学都已经给出了最为有力的科学证据。只有亲缘利他能够得到普遍的认同，也只有亲缘利他能够在动物世界找到最为有力的证据。

二是道德或宗教的力量。表现为同情、怜悯、感恩、寄托、教化和救赎等等，这种利他行为多以慈善和帮助他人为乐，这种力量受人类社会的教育和道德的影响，是一种精神和文化的力量。"浪子回头"是发自内心深处的救赎，关爱他人也可以得到一种自我精神层面的满足。如果有人将这种从利他行为中得到的自我满足也归咎于利己主义，实在是对人性纯真善良的侮辱，有悖于伦理道德和混淆善恶，是与社会正能量背道而驰的。杜威说过："如果人性是不可改变的，那么就不存在教育这类事情，我们从事教育的全部努力就注定会失败。"[29]因此，"人性不变的理论是在一切可能的学说中，最令人沮丧和最悲观的一种学说。如果逻辑地贯彻它，将意味着个人的发展在其出生时即已是一种预先决定的学说，其武断性将赛过最武断的神学的学说。"[30]

利他行为在现实生活中确确实实存在着，是一种客观存在的事实，而且有时是一种主动的利他行为。在实际生活中的比例可能不高，而且能持续的时间也不一定会太长，很少有人把它作为自己长期生活行动的一部分。一个人只有遇到特殊的经历才会改变自己的人生观和价值观，在这种或许是改变命运的强烈触动之下才会产生这种无私的利他行为；绝大多数的利他行为可以认为是一种自然的本能，如见义勇为，是在一定时间和环境条件下的行为。

从长期来看，人的利他行为是一种复杂且多变的模式，除了身体力行地给予他人帮助之外，更多的是需要财富的付出。而且如果需要财富作为利他主义的物质基础，那么积累财富就需要大量的时间和利己的行为，才能保证利他主义能够在短暂的时间内实施。如果利他行为是一种善举，那么人在一天或一段时间内遇上需要这种求助的机会也是极为偶然和少见的。这种行为不具有规律性，而且不构成一个人在经济行为中的选择动机，因此，客观地说它不是经济学研究的领域，而是社会学、心理学、伦理学、哲学和生物学等研究的课题。经济学只是证明了这种利他主义是客观存在的。

三是来自组织内部的约束。这种利他主义是主动与被动的状态，即有时主动有时被动。受到组织的影响而利他，这种利他主义可以成为一种常态下的利他主义，如抗洪救灾的行动、军人的行动、慈善组织的行动、义工的行动等都属于这种利他主义。但是要达到纯粹利他也会受到一定的时间、地点和环境等组织因素的影响。一旦这种约束条件因素减弱或消失，纯粹利他就有可能变成混合利他的行为，成为一种利己和利他混合或交替的行为。因此，有人常把这种利他主义说成是利己主义的一种迂回手段，是一种打着利他主义的幌子而实为利己主义的行径，是一种更为隐蔽、虚伪和狡诈的利己主义。

不可否认，这种推测来自当前市场经济中的经济人假设，当自利行为被普遍认定为是一种基本的人性论时提出这种质疑是无可非议的。但是这种假设与现实生活并不完全一致，有大量的事实可以证明人们对经济人假设的质疑是由这种根源所致。不可否认，组织人理论对这种慈善或利他主义的解释还包含利己的成分，这更符合现实。

　　长期以来，经济学只关注利他行为，事实上，还存在着一种反利他行为。如果说经济学无法对纯粹利他主义做出合理的解释，那么，同样也无法对纯粹的反利他主义做出解释。世界上没有无缘无故的爱，同样也应该没有无缘无故的恨。我们不能因为用动机论无法理解利他主义而否认利他事实的存在，同样我们也不能因为用动机论无法理解反利他主义而否认反利他事实的存在。

　　反利他行为用通俗的语言来表述就是害人或叫损人，是一种对他人的伤害。可以说经济学对"害人不利己"或"损人不利己"的行为是无法做出合理解释的，如同纯粹利他一样。事实上经济学从未关注过这类问题，几乎全部都是由心理学、生物学、伦理学和社会学来解释。一直以来人们都把反利他行为归类于非理性行为的范畴，这是不客观、不全面的。可能都是基于从动机论和动物的非理性角度来认识的，但事实并非如此简单。虽然心理学、生物学等其他学科可以对这类问题做出解释，但是经济学也应该有自己的合理解释。

　　根据组织人行为的完整模型［公式（6-11）］可知组织人有正反组织关系，负号表示反组织关系。即

$$Z_E = \sum f\,(\pm Z_i) + E$$

　　公式中$\pm Z_i$表示的就是正反组织关系，而反组织与反利他的含义是完全一致的。

　　反利他行为是由两个方面形成的：一是自身因素，二是组织因素。组织因素我们已经在第五章组织人分类中对反组织行为做过分析，是指组织人服从组织指令而做出反利他的行为。造成的后果是一种组织外部的负面效应，如恐怖袭击对他人造成的伤害。自身因素是指组织人自身因素造成的反利他行为，是一种反组织人的行为。当组织人行为与组织的目标呈对立关系时，这时组织人的行为就是反组织，反组织人的行为对组织或他人造成的伤害就是反利他的行为。

　　经济学分析利他和反利他的行为只关注事实，而不应去探究动机的问题。应该说除了经济动机之外的其他任何动机都不是经济学的范畴，而是心理学等其他学科研究的问题，或者是一种交叉学科。

　　反利他行为可以通过图10-1的延伸演变来分析，类似于图5-2，如图10-2所示。

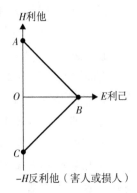

图 10-2 反利他行为

在图 10-2 中，横坐标 E 代表利己，纵坐标 H 代表利他，$-H$ 代表反利他。即在 B 点上表示完全利己，在 A 点上表示纯粹利他，在 C 点上表示纯粹反利他。在 BC 斜线上的点表示既有利己也有反利他，二者兼顾。靠近 $-H$ 表示反利他多一些，靠近 E 表示利己多一些。可以用通俗的语言来表示，并理解为：A 点纯粹利他是"利他不利己"，B 点完全利己是"利己不利他"，AB 上的点是"利他又利己"，C 点是"损人不利己"，BC 上的点是"损人又利己"，见表 10-1。

表 10-1 人的行为类型

人的行为类型	点的位置	含义
纯粹利他	A 点	利他不利己
利他利己	除去两端点的斜线 AB	利他又利己
纯粹利己	B 点	利己不利他
损人利己	除去两端点的斜线 BC	损人又利己
纯粹反利他	C 点	损人不利己

一个人无论是有意还是无意，不管动机如何，其行为都包含在这些范围之内，没有例外。组织人的所有行为都包含在这些图形和表格中，可以看出组织人填补了经济人行为的所有空缺。

参考文献

[1] 杨春学. 经济人与社会秩序分析 [M]. 上海：上海人民出版社，1998：250.

[2] 亚当·斯密. 道德情操论 [M]. 蒋自强，等译. 北京：商务印书馆，1997：5.

[3] 叔本华. 伦理学的两个基本问题 [M]. 任立，孟庆时，译. 北京：商务印书馆，1999：231-232.

[4] 托马斯·内格尔. 利他主义的可能性 [M]. 应奇，何松旭，张曦，译. 上海：上海译文出版社，2015：87.

[5] 叔本华. 伦理学的两个基本问题 [M]. 任立，孟庆时，译. 北京：商务印书馆，1999：221.

[6] 赫伯特·西蒙. 管理行为 [M]. 杨砾，等译. 北京：北京经济学院出版社，1988：257.

[7] 赫伯特·西蒙. 西蒙选集 [M]. 黄涛，译. 北京：首都经济贸易大学出版社，2002：436-437.

[8] 叔本华. 伦理学的两个基本问题 [M]. 任立，孟庆时，译. 北京：商务印书馆，1999：143.

[9] 约翰·内维尔·凯恩斯. 政治经济学的范围与方法 [M]. 党国英，刘惠，译. 北京：华夏出版社，2001：25.

[10] 勒帕日. 美国新自由主义经济学 [M]. 李燕生，译. 北京：北京大学出版社，1985：258.

[11] 赫伯特·西蒙. 西蒙选集 [M]. 黄涛，译. 北京：首都经济贸易大学出版社，2002：435，481.

[12] 赫伯特·金迪斯. 走向统一的社会科学 [M]. 浙江大学跨学科社会科学研究中心，译. 上海：上海人民出版社，2005：164.

[13] 赫伯特·金迪斯. 理性的边界：博弈论与各门行为科学的统一 [M]. 董志强，译. 上海：上海人民出版社，2011：3.

[14] 赫伯特·金迪斯. 理性的边界：博弈论与各门行为科学的统一 [M]. 董志强，译. 上海：上海人民出版社，2011：178.

[15] 赫伯特·金迪斯. 理性的边界：博弈论与各门行为科学的统一 [M]. 董志强，译. 上海：上海人民出版社，2011：前言 2.

[16] 亚历山大·J. 菲尔德. 利他主义倾向：行为科学、进化理论与互惠的起源 [M]. 赵培，杨思磊，杨联明，译. 长春：长春出版社，2005：序言 1.

[17] 亚历山大·J. 菲尔德. 利他主义倾向：行为科学、进化理论与互惠的起源 [M]. 赵培，杨思磊，杨联明，译. 长春：长春出版社，2005：序言 2-3.

[18] 道金斯. 自私的基因 [M]. 卢允中，等译. 北京：中信出版社，2012：6.

[19] 杨春学. 经济人的"再生"：对一种新综合的探讨与辩护 [J]. 经济研究，2005 (11)：22-33.

[20] 张五常. 经济解释：科学说需求：卷一 [M]. 北京：中信出版社，2010：73.

[21] 张五常. 经济解释：科学说需求：卷一 [M]. 北京：中信出版社，2010：80.

[22] 张五常. 经济解释：科学说需求：卷一 [M]. 北京：中信出版社，2010：69.

[23] 杨春学. 利他主义经济学的追求 [J]. 经济研究，2001 (4)：82-90.

[24] 柯武刚，史漫飞. 制度经济学 [M]. 北京：商务印书馆，2000：72.

[25] 柯武刚，史漫飞. 制度经济学 [M]. 北京：商务印书馆，2000：73.

[26] 柯武刚，史漫飞. 制度经济学 [M]. 北京：商务印书馆，2000：75.

[27] 威廉·奥利弗·科尔曼. 经济学及其敌人：反经济学理论200年 [M]. 方钦，梁捷，译. 上海：上海人民出版社，2007：200.

[28] 托马斯·内格尔. 利他主义的可能性 [M]. 应奇，何松旭，张曦，译. 上海：上海译文出版社，2015：97.

[29] 杜威. 新旧个人主义 [M]. 孙有中，等译. 上海：上海社会科学院出版社，1997：125.

[30] 杜威. 人的问题 [M]. 付统先，丘椿，译. 上海：上海人民出版社，1986：155.

第十一章

组织人是人类合作的基础

　　人类的合作一直是理论家们关注的重点，如何解释合作的起源以及现代人的合作，不仅是一个理论问题，还关乎世界和平和人类自身的命运。如果早期人类没有出现跨越血缘的合作，那么人类走不到今天；如果人类冲突大于合作，那么人类只会减少而不是壮大。为什么每个个体虽然自私但是可以形成组织的合作？为什么组织的合作又会因为个体的不合作而导致失败？为什么个体的不合作又会导致国家之间的冲突和战争？所有对于合作与冲突的研究都会造成理论家们的困惑。一方面，对于过去人类合作的历史研究，使人们看到了人类的伟大和人性的光芒；另一方面，对于未来人类是否还具备合作的可能，又使理论家们感到沮丧而悲观。理论家们给出仅有的两个条件：自私和利益，似乎都不利于合作，而更倾向于冲突。如果从理论上不能解决这些问题，那么，人类命运堪忧就绝不只是一种说辞，而是必然会出现的后果。

　　20世纪末，欧洲和苏联的局势突变，阶级矛盾不再成为世界冲突的主要根源。延续了100多年的阶级斗争出现了缓和的迹象。人们一直期盼进入21世纪以后，世界能够保持和平，不再发生战争。可是，近20年所发生的事，不仅让人们大失所望，而且还对未来能否取得和平更加担忧。因为如果说阶级矛盾和意识形态的对立不是人类冲突和战争的根源，或者说不是唯一的条件，那么，又回到了问题的原始形态，即人类能否跨越自私和利益的冲突而形成合作，这是一个古老且一直困扰着理论家而无法给出答案的话题。组织人理论可以给出明确的回答和结论：组织人才是人类合作的基础。

　　本章通过三个方面论述和分析人类的合作关系：对人类合作起源的理解；对现代合作理论的解释；如何解释人类合作与冲突的困惑。

一、对人类合作起源的理解

人类社会文明的发展和进步是人类特有的合作能力所创造的奇迹。金迪斯认为"人类的合作是人类某种特殊能力的结果"。[1] "人类是我们能观察到的血缘不相关的大量个体之间存在广泛合作的唯一物种。"[2] 谁也无法否认这个事实，人类之所以能成为主宰地球的统治者，能取得如此辉煌的成就，完全是人类合作的成果。可是对于人类合作的起源和解释却让理论家们陷入困境，至今无法取得一致的意见。

只有"亲缘利他"或称"血缘利他"的合作能够基本得到人们一致的认可，这从生物学、心理学和遗传学都能得到证实，甚至从动物世界中也能得到佐证。遗传的相关性、进化论和基因学也能给出最为有力的证据。然而，要想形成跨越"亲缘利他"的合作就出现了困难。金迪斯在《人类的趋社会性及其研究》一书中说道："我们不怀疑血缘关系是解释人类合作的重要组成部分，且在其他动物之间也可以这么解释，并且这种亲缘间的合作也许可以逐渐扩展成为非亲缘合作的模板。然而，用这种方法来解释大量没有亲缘关系的个体间的合作是不可信的。"[3]

人们对于原始合作的理解都是从狩猎开始的，原始部落成员狩猎的合作是为了能获得单个人无法猎取的大型动物，合作是唯一共赢的方式，否则谁也无法获得食物。这种合作一般都是家族和部落之间的合作。根据摩尔根的研究，人类发展的历史分为三个阶段：蒙昧时代、野蛮时代和文明时代。[4] 这种依靠狩猎维持生存的合作关系出现在人类的蒙昧时代和野蛮时代。进入文明时代是人类发明工具、发明文字、制作陶器和原始农业的开始。"石刻象形文字亦可以认为是文明时代开始的相等的标识。"[5] 距今有 8000 年至 1 万年的时间，甚至更早。中国的学者认为，"这时的人类已经进入'新人阶段'……属于旧石器时代的晚期。"[6]

自从人类进入文明时代以来，一直到资本主义社会产生之前，长达 8000年，甚至更为漫长。我们可以称这段时期为"早期历史上"。这段时期的合作才是人类文明合作最重要的部分，是人类跨越亲缘合作的起源和基础，也是最典型的合作。人们用近代社会才出现的经济互惠合作和合作博弈来证明这种合作的关系是可持续性的，并推广用来解释"早期历史上"的合作模型，这是有缺陷的。因为人类的合作历史远比可以达到今天人们理解的"经济互惠"的历史更早，也就是说，用今天的"经济互惠论"来解释"早期历史上"的人类合作是不充分的。

在所有的社会性动物中，唯有人类能够将合作范围扩大到亲缘以外的人群，这也是人类能够创造历史奇迹区别于其他社会性动物的最本质特征。如果人类无法跨越亲缘合作，可能还是处在原始社会阶段，和动物相差无几。

社会性动物形成跨越亲缘利他的合作是极其困难的，唯有人类能够取得成功。原始狩猎部落的成员合作是为了能获得单个人无法猎取的大型动物，合作是唯一共赢的措施，否则谁也无法获得食物。如果不是在家族成员之间的合作，那么合作只是一种暂时或临时的行为，一旦这种合作行为结束，即大型动物已被猎取，就意味着合作终止。接下来的分享合作成果就会重新面临互相争夺的可能。捕猎与享用是两个不同的过程，而这种通过争夺获取更多食物的争斗并不会因为之前曾经是合作伙伴而有任何的谦让。这种行为在电视节目《动物世界》中经常可以看到。人类在还没有达成一种默契或协议之前时期与动物是没有什么区别的。人类区别于动物是因为人类具备独特的禀赋特质，采取自己特有的合作形式，逐渐形成一种人类普遍接受的合作模式并将其发展为一种社会习俗或惯例，最后发展到采取契约或约定的形式来防止事后发生矛盾和冲突，以免双方或弱者受到伤害。一切制度和法律都是在这个基础之上出现的产物。

人类跨越亲缘合作的困难在于从动物进化而来的每个人都被看成是自私的个体，如何才能产生合作就成为一个谜团。"如果所有的参与者都遵循这种自利逻辑，那么合作就不会存在。合作，从集体受益而个人支付成本的意义上讲是具有利他性的。为什么这种利他性的行为不会被自利的行为者排除呢？这就是亲社会性之谜。"[7]人类能从"亲缘利他"向"亲社会性"跨越是人类独特的天然禀赋，理论家们对于"亲缘利他"向"亲社会性"过渡的解释却并不满意。金迪斯认为，"社会学家、生物学家和经济学家们已经对人类的合作提出了彼此不相容的解释。没有一种是完全成功的，而且每个学科都忽视了其他学科的基本洞识。"[2]由于合作是一种人的行为，科学家们相信，用科学来研究和分析人的行为所得出的结论应该是一致的，或者是类同的。因此，建立统一的人类行为科学就是理论家们一直在努力的方向。不过到目前为止还未能解决。现存的模型不具备跨学科的性质。[8]

跨越亲缘合作的最大挑战者是达尔文的"进化论"和道金斯的"自私的基因"。他们通过对动物进化和演变的观察，甚至从生物的起源是由于基因是自私的特征，来推断人类的自私是一种本能的特性。道金斯在《自私的基因》

一书中言之凿凿地说道："我将要论证，成功的基因的一个突出特性是其无情的自私性。这种基因的自私性通常会导致个体行为的自私性。"[9]"如果你注意一下自然选择进行的方式，似乎可以得出这样的结论：凡是经由自然选择进化而来的任何东西应该是自私的。"[10]在这种似乎是证据确凿、板上钉钉的科学事实面前，任何想争辩的想法都会被认为是一种愚蠢而可笑的痴举。应该承认，生物学、心理学、基因学和遗传学等自然科学的结论是有科学依据的，要想反驳是极其困难的，除非有充分的事实和科学的依据。显然，社会科学并不具备这种反驳的能力。

正是这种人的"自私基因"论断成为阻断跨越亲缘合作的最大障碍。"在达尔文主义中，'好人'是那些愿意自身付出代价，帮助种群中其他成员个体，以此使他们的基因传到下一代。这么看来，好人的数目注定要减少，善良在达尔文主义里终将灭亡。"[11]虽然各个学科都在试图努力冲破这一障碍，但是要想得到其他学科的认可却并不容易。每个学科都根据这种思想建立自己的障碍物。经济学创造了经济人的思想，但是经济学又不想被这种思想所束缚，希望能建立具有利他属性的经济人。结果自然是一种"经济学的阉人"，而且也不可能得到其他学科的认同。事实上，任何想从 A 推理出非 A 的结论都是一种自欺欺人的行径。从自私的基点想推导出利他的结果就是如此。这就是利他合作的陷阱。虽然人们都希望好人有好报，道金斯也认为"即使我们都是由自私的基因掌舵，好人终有好报！"[12]可是，愿望归愿望，科学是要讲事实和证据的。

确切地说，这是自然科学为社会科学挖的陷阱，而社会科学又无法跳出这个陷阱，几乎毫无反抗之力，一直在生物学家所划定的圈子内打转。社会科学要想从正面摆脱这种纠缠几乎是不可能的。这是一个死结。这是用自然科学的结论来否定社会科学的根基。问题不是社会科学无法给出自己的答案，而是社会科学无法解释或反驳生物学所给出的结论。对于二者之间存在的悖论，科学家们更加相信生物学给出的结论是科学可信的。这无疑是在质疑其他理论的科学性。即使不否认其他理论观点，各学科也只有各抒己见、各执一词，却难以证明自己理论的正确性。因此，也就无法消除各学科之间的纷争。这就造成各门学科始终无法达成统一的科学解释。

现在，我要对这个死结提出挑战和反驳。我并不怀疑生物学得出的结论的科学性，生物学给出的结论既可以通过实验检验，也可以通过观察证实，无懈可击。我要质疑的是对于生物学结论适用于人类是有缺陷的，有的方面甚至是错误的。

　　如果人类只是一种动物，那么生物学的解释是合理的。然而，人类能够发展到今天，能够做到跨越亲缘合作就足以证明人类存在着某些独特的能力，与自然界中的动物具有本质的区别。从人类进化的历程来看，有足够的事实可以证明，自私的个体和自私的族群在上万年，甚至几万年前或许早已被利他的群体所征服或消灭，即使能够生存到今天，也许只是作为受人支配或奴役的群体，并不会成为一个强大的族群。

　　"自私的基因"所遵循的法则是在自然环境中生存的法则，并不是在冲突的社会环境中生存的法则。人类的生存和发展经历了一个从"自然环境生存"向"社会环境生存"的过程转变。考古学家和历史学家的研究可以证实这一论断。"自然环境生存"的过程是人类早期的"蒙昧时代和野蛮时代"。这一时期的人类生存和动物相似，由于地球的区域和空间足够大，自私的个体和族群可以无限制地繁衍，即使发生族群冲突，失败者也还可以逃走另寻谋生之地。

　　自从人类进入"文明时代"，也就进入了"社会环境生存"的阶段。人类在"社会环境生存"的过程中，是人类区别于动物或社会性动物的最本质特征。任何动物的进化都无法进入到这一阶段，这是人类特有的历史。金迪斯曾经提出疑问，"无血缘关系人群合作行为的演化解释有时候难以解释为什么类似行为很少能在其他动物中观察到。"[13]正是因为其他动物根本就没有进化到这一阶段，因此，动物始终无法超越亲缘利他，而走向亲社会性。这一时期最大的特点就是从狩猎向农耕的转变，狩猎是移动居住的族群，而农耕是相对固定的居住族群。由于这时期没有更多的地域可以退让，族群之间的领地争夺冲突就无法避免。因此，族群要在冲突中求得生存，利他合作就是必然的选择。这时可以看到人与动物的区别，动物基本都是首领的大战，如狮王为争夺领地而战。而人类是整个族群甚至是几个族群联合的争夺战，族群的全体成员都会参加战斗。

　　一个不容置疑的事实就是，强大的族群和组织必须是利他合作占据主导地位，或者说，族群中利他合作的比例越高，族群就越强大；族群人数越多，族群就越强大。而且强大的族群和组织是通过征服或消灭自私和较弱的族群和组织来确立自己的统治地位的。这就意味着，在人类漫长的进化史中，都在试图证明自己的族群和组织更为优秀和强大。这也遵循了适者生存的法则。"要么战胜别人，要么被别人奴役，二者必选其一。"事实上，古代的战俘就是这种命运，要么被杀害，要么做奴隶。没有任何自私的个体或族群能够不付出代价就能保存自己的基因。

在奥古斯丁的《上帝之城》中所描述的许多冲突和战争都是如此。"即使罗马人在征服城池时，也不会饶恕神殿里的被征服者。"[14]"根据以真实著称的历史学家撒路斯提乌斯所记，即使恺撒在向元老院讲述他的关于喀提林那阴谋的时候，也不能略去这样的回忆：'少女和少男遭到蹂躏，小孩子们从他们双亲的怀抱中被夺走，家庭的女主人要屈从胜利者的意旨，神殿和家宅遭到劫掠，还有杀人放火的勾当；简言之，到处都是武器和尸首，鲜血和眼泪。'"[15]

一个族群和组织的强大有两个标准：一是族群中人数庞大；二是族群中的利他合作者比例居高。这两点也是检验族群是否优秀的标准。在成千上万年的冲突和抗争中能够生存并延续至今，足以证明这个族群或者民族的优秀，否则早已被其他族群所灭绝。

生物学家的错误推断就在于他们将人类和动物在"自然环境生存"中的现象和法则应用或推广到"社会环境生存"中的法则，这不是生物学家的观察和理论出现了错误，而是他们的理论推断和应用出错了，其结论自然也就错了，至少是不全面或有缺陷。

当 M 族群和 N 族群发生冲突时，最后的胜利是根据两个族群的人数对比和两个族群中利他合作人数对比来决定胜负的。事实上，真正决定胜负的关键因素是两个族群中利他合作人数的对比。如果，M 族群的人数多于 N 族群的人数，但是，M 族群的利他合作人数少于 N 族群的利他合作人数，那么，最后的胜利必然属于 N 族群。显然，能够在"社会环境生存"中的族群是利他合作的族群。

组织人理论可以解释人类合作起源的基础、条件和本质，并形成统一的社会科学理论。确切地说，人类在早期漫长的岁月里的合作是一种组织内部的组织人合作。只有建立组织关系或成为组织内的组织人才具备合作的条件，如果不是组织内的组织人是不可能形成合作关系的。任何合作都是组织内部的组织人之间的合作。

自从进入文明时代，人类就在自然和社会双重环境中生存。从动物进化而来的人类还一直保持着动物本能的属性，同时，作为族群中的一员，各种行为受到族群组织的制约和规范。从这时起人类就区别于动物，逐渐形成了自然属性和社会属性的双重人格或性格。经过漫长岁月的演进，才成为今天的人类。

人类合作的历史远远早于城镇化形成的时间，历史上的人类合作是一个逐渐扩大组织区域的过程，从家族到种族，再到周边的邻居或其他族群，完全取决于合作的需要而定。这种合作是建立在一个以同心圆的方式逐渐向外围扩大的组织区域范围内，从家庭、家族、种族、自然村、周边村庄和族群等组织。可以说一旦扩大到周边村庄和族群的组织合作，基本上都与冲突和战争有关。从某种程度上来说，冲突和战争也是促使人类跨越亲缘合作的基础。经济或劳动合作很少会跨越周边村庄和族群等组织，除非是一种联姻合作或者大型合作。这些合作都是一种组织人合作，只是地域范围的大小不同而形成不同的组织而已。

早期历史上的合作虽然也会以货币和物品交换为条件，但是人们普遍的价值观并未形成，而且也不是所有人尤其是底层穷人都有剩余的货币和物质财富，他们甚至连维持生计都困难，唯一具备的就是劳动力。可想而知，人们的合作并不会停止，不会因为贫穷没有财富和货币交换就不合作。原始或最初的合作形式是一种劳动力的合作，是一种真正的合作关系。现在仅用理论家们提出的经济合作和合作博弈是无法解释全部历史的。

对于组织人合作的理解是：组织人仅仅局限在自己组织内合作。即 A 组织的组织人 A_i 是不会和 B 组织的组织人 B_i 进行合作的。这是因为组织人如果可以不受到组织的约束，也就不会产生合作的条件。如果 A_i 帮助 B_i 进行合作，而 B_i 却不肯帮助 A_i，同时 A 组织和 A_i 又无法惩罚或制裁 B_i，或者说 A 组织即使可以对 B_i 进行谴责，但却不会伤害 B_i 的利益。或者说，B_i 并不会遭遇 A 组织的制裁或谴责而有所损失。因此，A_i 与 B_i 的合作就无法持续。如果出现 A_i 自愿帮助 B_i 与其合作，这只能是一种利他行为，而不能算是合作关系。

金迪斯用"内部人"优于"外部人"[16]来表示人类个体合作关系的倾向，事实上，只有组织的"内部人"才具备合作的条件，对于组织的"外部人"是不具备合作条件的。这不仅是因为组织对组织的"外部人"无法制约或惩罚，还因为"某些有利于族内成员的特定行为对其他族群成员是有代价的，甚至可能是致命的。"[16]也可以说，组织"内部人"的合作并不会顾及组织"外部人"的利益得失。

早期历史上的组织人合作，随着经济和社会的发展，一般也有经济的或非经济的两种合作形式。一种是有权有钱有势力的族长、官员或大户人家，可以通过经济的或非经济的形式得到合作，这种合作形式既有自愿的，也有非自愿的。另一种是广大的平民百姓的合作。这种合作是人类真正意义上的合作，因为合作对象已经不再完全限制在家族或宗族之间，合作范围扩大到血缘和亲属以外的人群，而且合作双方地位平等，也不是完全依靠以经济利益交换为目的而合作，是一种完全自觉自愿的合作，是一种劳动力的合作。

　　早期历史上的合作有两个特点，一是合作时间的非一致性。这是源于早期合作，从狩猎转向农耕就必然会出现时间差。狩猎的合作是同时进行的，而农耕的合作必然会出现时间上的差异。即当 A_i 需要与 B_i 合作时，B_i 未必需要马上与 A_i 合作，或者说，B_i 不可能同时得到 A_i 的合作，二者合作的时间往往会出现时间差。二是受到地域范围的限制，合作的范围一般都限制在一定的地域之内。如一个自然村或附近的邻居和亲属。确切地说，组织人的合作是一种"互帮互助"的合作，今天你帮我，明天我帮你。既不会斤斤计较，也不会有来无往。这种合作形式在今天的中国广大农村和一些不发达的国家还随处可见。中国人更喜欢称之为"帮忙"或叫"帮忙合作"。这种"帮忙合作"是一种"互惠互利"的合作形式。蕴含着人类巨大的智慧和能力。因为，当 A_i 帮助 B_i 完成了合作愿望或达到目的之后，如果出现 B_i 不再需要 A_i 的帮助，也不再帮助 A_i 的时候，这时就会涉及社会诚信、道德甚至法律的问题。

　　早期历史上的这种"帮忙合作"还没有上升到契约和协议的阶段，无法得到法律的保护。虽然蕴含一种合作的意思，但是也未必会表达得很明白，完全是一种口头或者默契的"君子协议"。这是一种不成文的道义或责任，也是一种约定成俗的社会惯例。因为"只有你帮我，我才会帮你；你不帮我，我就不会帮你"。如果你已经帮我了，而我却不肯帮你，我对你就有了一种亏欠或愧疚。这会造成在组织中被其他成员看不起，产生一种精神上的压力和痛苦。金迪斯认为，"痛苦是一种趋社会的情感。羞耻是一种社会情感：当一个人因为违背一种社会价值或没有遵守一种行为规范时，他会因被他所处的社会群体的其他人贬低而感到痛苦。"[17] 而且一个人的不合作还会给整个家庭或家族带来负面影响，在组织内遭到鄙视和孤立，这种打击是非常严厉的。

　　即使在今天，"帮忙合作"也颇为盛行，中国人喜欢称之为"我欠你一个人情"。谁都知道，人情债在中国是最难还清的，而往往"人情债"都是一种非经济的"帮忙合作"。只要能够承受用经济补偿或劳动力交换的方式解决，人们一般是不会欠"人情债"的。

这是形成早期人类合作机制的信任与社会道德的基础。组织人理论可以证明这种合作是可持续性的。没有人会违背或打破这种"帮忙合作"的习俗和规则。或者说，从长期来看，违背了这种自愿"帮忙合作"的规则并不能给个人带来更多的利益，反而损失会远远大于得到的收益。

假如 A_i 帮助 B_i 完成了合作目的，而 B_i 不再帮助 A_i，这时 B_i 就会成为一种道义上的理亏和愧疚（亏欠），如同失去诚信。虽然 A_i 无法对 B_i 采取各种直接的制裁或处罚，但是整个组织就会鄙视或谴责 B_i 的不道义的行为，B_i 自然就会在整个组织内失去别人的信任。今后在组织内就得不到任何其他组织人的帮忙合作。在过去，交通并不发达，人们活动的范围有限，这显然对 B_i 是一种巨大的打击。一般来说，人们都不会故意破坏和违反"帮忙合作"的规则。可以说，组织人的"帮忙合作"已经成为一个民族、文化和社会道德的基本组成部分，是一种人文和法律的精神。在"帮忙合作"中对于不合作者的组织惩罚类似"强互惠性"合作中的惩罚，不过已经不再局限于曾经的合作者，而是整个组织的惩罚。事实上，曾经的合作者已经受到伤害，不可能再出现重复合作的机会。"早期人类的环境可能使得重复报复机制对合作的支持无效。……不太可能发生重复互动。"[18] 但是，破坏合作的教训却是对整个组织都有警示作用的。而组织惩罚的力度也将远远大于"强互惠性"的惩罚。说"互惠性"或"强互惠性"更主要的是指整个组织可以惩罚背叛者的冲动和权力，而不仅局限于原来的合作者。对古代人来说有时这种惩罚力度极其严酷。例如，对于有些不合作者可以驱逐出族群，而被驱逐者将面临巨大的安全风险，这无疑是在对他判处极刑。

组织人的合作不能简单看成是一种利他行为，只有非组织人不计报酬的合作才是一种利他行为。组织人的合作，虽然希望帮助别人的同时自己也能得到回报，但是也不能完全看成是一种自利行为，这与自利行为是有本质区别的。因为合作是付出在先，能否得到回报还无法确定。更为重要的是，这种"帮忙合作"的行为并不是在自利的动机驱使下的合作，更像是一种预先付出的利他行为。因此用自利来解释显然并不合理。

早期历史上的"帮忙合作"是付出在前的一种"利他合作"。这种合作形式除了依靠组织可以对不合作者给予惩罚之外，组织还可以对利他合作者的利益给予保护。这也是合作必须是组织人合作的前提条件。"利他合作"对组织和组织中其他人是有利的，只有所有的利他合作行为都能得到肯定的回报或奖励，组织中才会出现更多的组织人愿意付出的利他合作行为。即使组织人本人受到伤害或因死亡而无法享受到合作收益，而他的家人和亲人同样可以确保能获得回报，这就需要组织能给予保护和奖励。这种回报和奖赏必须能得到组织和社会的认可和兑现，要有约定俗成的制度的支持，否则，组织中的利他合作行为就不可能持续。动物在遇到危难时，几乎全是各自逃命，而人类只要有可能都会通过组织合作的形式来完成。在有组织的逃生行动中利他合作是不可或缺的条件之一。"妇女和儿童的优先生存权"始终是人类避难的法则。这也是人类作为生物体在社会环境下得以保证自身繁衍的必然选择。可以说，人类能够将合作范围扩大到亲缘以外的群体是人类社会形成的基础，否则，人类社会的发展就会受到限制。

人类的利他合作是从亲缘合作向组织合作或社会合作的延伸和拓展。形成利他合作的组织保护机制和奖励机制是一个族群和组织生存必须具备的条件。只有族群和组织中出现更多的利他合作者才能确保族群和组织的强大。长此以往，族群和组织利他合作行为就会成为一种风尚，因此，维护和发扬利他合作行为都会成为各个民族和国家的精神脊梁。人类组织群体这种有意识而非本能的演化动力的现象在其他动物中是无法找到的。这是人类社会组织群体中特有的现象。这种利他合作行为的实质在于人类可以主动合作形成组织的力量。

如果说原始人类族群有高贵低贱之分，那么自利和利他合作就是唯一可检验的标准。毫无疑问，利他合作占比越高的族群越优秀，而自利的族群就要差一些。利他合作的族群能够更加团结，能使族群更为强大，团结就是以利他合作为宗旨的族群保卫战。利他合作的族群能够在人类的族群中占据优势而获得统治地位，自利的族群势必被利他的族群所统治。自利的族群通常是各求自保，互不帮助，一盘散沙，容易被利他族群统治或消灭。虽然利他和自利的个体在每个族群中都有存在，但就整体而言，所占的比例应该是有所差别的，那些利他合作占比高的族群应该感到自豪。出现更多民族英雄的族群和组织应该得到尊重。

二、对现代合作理论的解释

现代合作理论思想都是建立在亚当·斯密提出的经济人假设基础之上的，经济利益是现代人类合作的基础，所有合作的理性和利益最大化都以个人为出发点。这就将合作的命题交给了经济学。传统的合作理论和模型都以经济人为出发点，如果这个假设存在严重的缺陷，也就意味着合作理论和模型也面临有可能被重新改写的命运。

金迪斯认为，"人类的合作在自然界中是独一无二的，合作可以扩展到大量相互无关的个体并可采取很多不同的形式。我们对合作的理解是，个体耗费个人成本参加联合活动的行为，其带来的收益要超过引起的费用。"[1]经济合作是最具动力和活力的合作形式，是现代社会合作的重要内容。这种合作的成功也大大加快了社会经济的发展速度。

经济学中的理性、最大化、博弈都是解释和解决合作中的问题的。虽然合作的动力和动机已经不是问题，那么，合作的技巧和手段就成了合作的关键。这自然将合作推向悖论的两面性：合作是应该建立在友好、信任、理解、互利的基础之上的人类行为表现，是人性优点的充分体现；同时，合作又是采用相互利用、提防、狡诈和欺骗的常用手段，将人性的弱点暴露无遗。悖论的两面性都能给出充分的事实和证据，这就给经济学出了一个天大的难题。到目前为止，经济学还未能给出满意的答案。

虽然经济利益是现代人们合作的基础，但绝不是唯一的。还有许多更重要的其他因素，如尊严、信仰和平等。奥尔森认为"经济激励不是唯一的激励；人们有时候还希望获得声望、尊敬、友谊以及其他社会和心理目标。"[19]"爱国主义可能是当代忠于某一组织的最强烈的非经济动机。"[20]利益分为短期利益与长期利益。只有自利的人才会看重眼前的蝇头小利，作为一个组织或国家更应该关注长远利益。

如何合作，既是一个理论问题，又是一个现实问题。阿克塞尔罗德在《合作的进化》一书前言中说道："让我们从一个简单的问题开始：在与他人的持续交往中，人什么时候应该合作，什么时候只需为自己着想？一个人会继续帮助他的一位从来不思回报的朋友吗？一个公司会给另外一个濒于破产的公司及时的支持吗？一个国家应如何面对另一个国家的敌意行为，应遵循怎样的行为模式才能赢得其他国家的合作？"[21]理论家们关注合作已经不再局限于个人合作，还有企业和国家的合作。从个人合作再向企业组织合作和国家合作延伸扩张一直是经济学家合作理论和思想的探寻路径。因此，一直以来，人们对于合作的认识存在很大的误区，甚至是错误。

现代人对合作的理解和表述总是存在着某些缺陷，或者说，存在着偷换概念、张冠李戴，甚至含糊其辞。将个人的合作模式延伸并推广至企业或国家合作的模式，将个人的合作替代为组织的合作。因此，对于是否存在合作的可能和预测就会出现很大的误判。

阿克塞尔罗德的论述中就提到有个人、企业和国家的三种合作关系，然而，想通过"有一个游戏可以帮助我们理解上面的问题，这就是被称为'重复囚徒困境'的游戏。"[21]这显然混同了个人、企业和国家三种合作模式之间的关系。应该看到，个人与组织的合作关系是不一样的，涉及的各种因素要复杂得多，有时甚至会出现完全相反的结论。个人之间的合作就是两个个体之间的合作；如果说在"重复囚徒困境"的游戏中"一报还一报"[22]的策略是最好的结果，但也仅适用于个人之间的合作博弈，无法扩大到解释企业组织或国家的合作关系。

人类的合作关系可以分为三种：个人之间的合作、个人与组织之间的合作、组织与组织之间的合作。这三种合作关系是不完全相同的。纯粹的个人之间的平等合作，用合作博弈可以做出合理的解释。或者说，囚徒困境博弈理论只解决了独立且平等的个人之间的合作关系问题；如果存在组织因素的干扰，那么，囚徒困境博弈中的最佳选择方案就必须要考虑这种组织因素，选择方案必须小于组织可能带来的损失。否则，组织对"囚徒"造成的伤害会更加严重。可以说，组织与组织人的不同关系直接影响合作博弈的结论。如果两个窃贼是父子关系，或者一方可以绝对控制另一方，或者双方都在一个严密的组织控制之下，那么囚徒困境博弈也还是无法做出合理解释。

下面分析组织之间和个人与组织之间的合作关系。

两个组织之间的合作，实际上包含两个组织和两个组织人四者之间的合作关系。这里是指标准组织合作关系，合作对象可能有多有少。如果组织人可以代表组织，说明组织人和组织的利益完全一致，那么组织合作就是组织人之间的合作；如果组织人不能完全代表组织，或者说，组织人和组织是两个完全独立的利益主体，那么组织合作就是两个组织和两个组织人之间的合作关系。如果 A 组织与 B 组织之间进行合作，就会涉及 A 组织和组织人 A_i 以及 B 组织和组织人 B_i 四者之间的关系。

A 企业与 B 企业的合作如果双方都是董事长合作，那么组织合作就可以看成是两个董事长之间的合作。因为，他们可以代表企业组织。如果不是董事长直接参与谈判合作，那就意味着组织合作就会出现多种不确定的因素。组织人的机会主义是组织合作的最大障碍。合作组织双方的组织人 A_i 和 B_i 都有各自的利益诉求，权衡组织与他们之间的利益选择就成为一种在组织合作中的个人利益博弈。国家之间的合作就更为复杂，虽然国家之间的合作与组织之间的合作具有相似或类同之处，但还是有较大的区别。一般来说，企业组织合作只关心经济利益，而国家合作远不止是经济利益，还有更多的合作内容。

如果 A 组织与 B 组织之间进行合作，就会涉及 A 组织、B 组织和组织人 A_i、组织人 B_i 四者之间的关系，如图 11-1 所示，四者之间存在 4 个方向上的互动和 16 种合作与不合作的选项（见表 11-1）。这就将原本认为简单的两个组织之间的合作选项扩大到事实上的 16 种合作选项。这显然是现实比原来的模型要复杂许多。这也不是简单的"囚徒困境"博弈实验所能涵盖的全部选项。因此，人们必须重新认识组织人合作的博弈模型，以及合作博弈的理论与实际的差异。

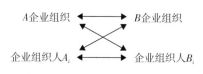

图 11-1 组织的合作关系图

表 11-1 组织之间的合作选项（博弈模型）

类型		B 组织		组织人 B_i	
		合作	不合作	合作	不合作
A 组织	合作	1; 1	1; 0	1; 1	1; 0
	不合作	0; 1	0; 0	0; 1	0; 0
组织人 A_i	合作	1; 1	1; 0	1; 1	1; 0
	不合作	0; 1	0; 0	0; 1	0; 0

只有当组织人 A_i 可以代表 A 组织和组织人 B_i 可以代表 B 组织时，二者之间的合作关系才是两个组织人之间的合作关系，而不再是四者之间的关系。

表 11-1 也包含了个人与组织之间的合作关系。如果是个人 A_i 与 B 组织合作，也会同时涉及与 B 组织和组织人 B_i 二者之间的合作关系。

根据组织人理论，组织人 A_i 和组织人 B_i 的合作行为还可以再分类，对于纯组织人、混合组织人和自我组织人的合作模式是不同的。

纯组织人只考虑合作对组织有利，而不会去考虑个人自己的利益。因此，对于组织合作的利弊得失只有两种人最为关心和重视：一种是组织的首领，这是因为组织合作成功最大的受益者应该就是组织的首领，即使个人有时未必能够得到更多的经济利益，但是组织合作成功也属于组织首领的成就；另一种是纯组织人，纯组织人关注和重视组织合作的唯一解释就是服从组织的目标，并不考虑自己的利益得失。这也可以看出在组织合作中，组织首领和纯组织人也还是有点差异的。至少在组织合作过程中，一旦发现对组织不利，组织首领可能会采取应变措施，而并不是所有纯组织人都具备这种应变能力。同理，当组织首领预测组织合作可能会带来不利的时候，也会及早做出预防或寻找退路，而纯组织人也不具备这种找退路的应变能力。从这种危难不利因素和风险预防的角度来说，纯组织人甚至比组织首领对组织更为忠诚。

混合组织人会兼顾组织和个人二者之间的利益，奥尔森认为"正如可以假定一个组织或集团的成员拥有共同利益，他们显然也拥有不同于组织或集团中其他人的纯粹的个人利益"。[23]混合组织人就是在权衡孰大孰小、孰优孰劣，是一个机会主义者；而自我组织人只关心自己的利益。确切地说，在组织合作中，完全不考虑组织利益只关心自己的利益，这种自我组织人还是极为罕见的。

组织合作的关键因素是组织人，组织能否合作成功也取决于组织人。在组织还没有建立合作之前，能否达成合作愿望，最为关键的因素就是组织人，尤其是组织中关键的组织人，或者说是组织的首领。而组织一旦形成合作关系，就会成为双方组织的组织人共同遵守的规则。这时组织规则就会约束或制约双方的组织人行为。双方任何个人破坏组织规则的行为都会被视为破坏组织合作。组织人的机会主义始终是组织合作的一大障碍。

组织人合作绝不会无视或抛弃组织的利益。两个不同宗教信仰的人可以为了经济利益而合作，但是这种合作建立在尊重双方各自宗教信仰的前提之下，合作绝不会违背各自的信仰。如果一方发现有亵渎自己宗教的行为，合作就会马上终止。同样的道理，不同国家、民族、党派、组织的人在经济利益的合作中，发现有损害自己组织的行为，合作也会终止。

社会成员的合作也会由于社会地位、财富等阶层的不同而出现合作倾向的差异。一般来说，弱者喜欢和强者合作以期待得到更多的利益，而强者却不太愿意与弱者合作，除非另有企图。人们希望能够通过合作而高攀，却不愿意低就。所有势利小人在合作中都表现出对权贵的屈从和奴言献媚而对贫贱的呵斥与傲慢。人类这种对权贵和财富的殷勤和攀附即使在被认为是最为平等的组织群体中，如亲属、同学、同事中也会毫不掩饰地表现得淋漓尽致。

组织之间的合作并不代表组织中的每个组织人都能够自愿合作，而组织的不合作也并非每个组织人都不愿意合作。有充分证据表明：这种情况即使出现在战争这样非常特殊的时期也是如此。

阿克塞尔罗德在《合作的进化》一书中说道，有时合作可以在你认为最不可能出现的地方出现。在第一次世界大战期间，西部前线展现了一幅为几尺领土而浴血战斗的残酷画面。甚至在法国和比利时 500 英里长战线的其他地方还在战斗，敌对的士兵却经常表现出很大的克制。一位巡视前方战壕的英军参谋官员说道：

"（我）惊奇地发现对方德军士兵在来复枪射程以内走动着。我们的人却不予理睬……这种事情是绝对不允许的，这些人明显不懂这是战争。双方显然相信'自己活也让别人活'的策略。"[24]

"这不是一个孤立的例子，'自己活也让别人活'的系统是战壕战的'特产'。尽管高级军官想尽力阻止它，尽管有战斗激起的义愤和杀人或者被杀的军事逻辑，尽管上级的命令能够容易地制止任何下属试图直接停战的努力，但这个系统仍然存在和发展着。这是一个即使双方强烈对抗，合作还是能出现的例子。"[24]

1914 年"圣诞节停战"的这一幕却是历史上真实发生的故事：在西线战场的部分地区，协约国和德国士兵在平安夜和圣诞节两天自发地停止战斗，在"无人地带"相见，握手言和，互赠礼品，还有记载称他们甚至进行了足球友谊赛。理论家们称之为"自己活也让别人活"的策略。这简直是不可思议的，组织的不合作甚至是你死我活的对抗怎么可能出现这种奇特的现象。很多人把 1914 年"圣诞节停战"视为残酷战争中的一缕人性光芒，它也被作为人类"爱好和平"的象征，永远地烙在了大众的记忆之中。

这个极端的例子也证明了组织不合作但组织人还是可以合作的。组织不合作但组织人合作的事例在经济领域发生得更为频繁。

三、如何解释人类合作与冲突的困惑

人类的本质是合作还是冲突、是隔阂还是统一❶，对于这些问题的思考一直是西方大哲学家和大思想家们争论不休的话题。从公元前 400 多年的苏格拉底开始，至今已经延续了有 2500 多年，这些问题被认为是"永久性难题"。格伦·廷德在《政治思考：一些永久性的问题》一书中提出了 30 多个问题，只是述而不作，没有给出任何答案。正如他在导言中所说："其结果是，《政

---

❶　王宁坤译为"隔阂与统一"，见格伦·廷德《政治思考：一些永久性的问题》，世界图书出版公司，2010 年版第 27 页；潘世强译为"疏远与团结"，见格伦·廷德《政治思维：永恒的困惑》，浙江人民出版社，1988 年版第 15 页。

治思考：一些永久性的问题》没有给出任何像大多数政治理论书籍中给出的那些令人满意的最后答案。"[25] "面对2500年来哲学家都无法找到明确答案的问题，我们又怎么避免智力上的失望呢？"[26] 在格伦·廷德看来，这些问题根本就没有答案，只存在悖论。"读者不要因为……找不到单一的答案而感到气馁。如果两个相互排斥的答案在某种意义上都具有真实性，那么思想就已取得某种成功。它已发现了悖论。"[27] 所以，对于无法解释这些问题没必要内心存有愧疚。历史上的大哲学家和大思想家们尚且如此，更何况是普通人呢？

格伦·廷德的断言不是毫无根据的，历史上许多伟大的思想家，如苏格拉底、柏拉图、亚里士多德、霍布斯、奥古斯丁、卢梭、马克思、黑格尔、康德等都有自己的观点和答案。不过，最终都还是归结到两个截然相反的派系，即正方与反方。而且更为重要的是，正反双方都有证据证明自己观点的正确性。要在二者之间判定谁是谁非是不可能的。格伦·廷德认为，"你也许感到，你不可能裁决如此艰深的问题。如果裁决它们意味着找出确切且肯定的、确定不移且毫无疑问的答案，那么，你当然不可能做到。"[28] 这就产生了两派对峙且互不相让的理论观点：一派认为人类的本质是合作与统一的；另一派则认为人类的本质是冲突与隔阂的。廷德对于"隔阂"的解释是："隔阂一词，是要表明人类中的每一种非统一现象。国家之间的战争、阶级之间的冲突以及个人的异化都是隔阂的表现。而仇恨、冷漠以及孤独则是隔阂的感受。"[29] 两派对于人类本质的认识如同中国历史上关于人的本质是"性善论"还是"性恶论"之争完全一样。这些对立的观点，从古至今争论不休，也从未能相互包容，成了人类社会科学史上的"永久性难题"。

廷德所提出的难题是古今中外的思想家和哲学家们所共同面对的难题，除了顶级的大师们会去思考之外，很少有人能够真正涉足。他认为"人不愿进行这种思考不是因为他们已经认为所有大问题都已经得到答复，而是因为他们认为这些问题永远也解答不了"[26]。他坦诚自己也在努力探索思考，"虽然我们的答案永远不够充分，但我们自身一直在寻找答案"[30]。事实上，这些问题至今也没有人能够解答。历史走到了21世纪的今天，这些问题也仍然无法解答，并且以各种更加令人眼花缭乱的形态困扰着我们，使我们困惑、怀疑、纠结和迷茫。

人性是喜善厌恶的观点基本可以得到普遍认同，"现在人们往往认为，断定人类是善的，即便是一个错误，也是一个宽容的、无害的错误。"[28] "我们不应该轻率地断定人们邪恶，因为如果我们相信人们是邪恶的，我们怎么能够避免被仇恨和绝望控制呢?"[31]可是，人们的向往并不代表就是人们做出的选择，也不能反映就是人的本质的全部。

应该来说，格伦·廷德所提出的问题具有代表性，也是哲学、经济学和整个社会科学的最本质的问题。在他看来，虽然难以回答的悖论有 30 多个，但是，真正归结到最本质的难题只有两个，如他在导言中说道："虽然人性问题的复杂性是无穷尽的，但仍然有两个压倒一切的问题。"[32]即人类在本质上是隔阂的还是统一的、是平等的还是不平等的这两个永久性的问题。事实上正是对这两个核心问题的不同回答以及由其衍生出的其他诸多问题，构成了西方政治和哲学体系的基本框架，人类历史上的诸多社会无论历经怎样的变迁、彼此有多少差异，本质上都是建立在对这些问题的回答之上。"如果这些状态是持续的，就很难避免得出一个结论：不朽的问题是存在的。我相信有永久性的问题"，[33]并且将"人类在本质上是统一的还是隔阂的"列为所有难题之首。[34]这不仅是因为这个问题涉及人类最本质的特征，也可以看出这本写于 1978 年"冷战"时期的著作有其特殊的含义，或许也透露出作者对人类是否能走出冷战思维的冲突困境，实现世界和平表示忧虑。"问题的提出不是简单地为了让你了解其他人的窘境，而是为了让你陷入自己的窘境。"[35]而要如何才能够走出窘境却是所有思想家、理论家和政治学家们应该共同面对和深刻思考的问题。

不可否认，人类的本质是合作还是冲突、是隔阂还是统一，确实关乎人类自身的命运。理论上的悖论或"不确定性"必然会导致现实世界的战乱冲突不断。人们极其盼望哲学家和思想家们能够在理论上给出明确的答案，以告诫或警示人类未来命运的走向。就像"我们今天观察美国种族问题的依据是平等概念，而如果没有洛克·卢梭和马克思这些思想家，我们可能至今也不会有这种观念"。[36]这就是伟大思想家对人类所做出的重大贡献。思想家们苦苦求索，不惜冒着命运坎坷，甚至生命危险而孜孜不倦地探寻真理，就是为了人类能够进步，而做出不懈的努力和贡献。

如果这是哲学家和思想家们无法解答的问题，政治学家更不可能有所突破。政治学家要走出悖论的困境似乎更加困难一些，这不仅因为受到来自意识形态、社会制度、文化教育等许多外部环境的影响，更重要的是政治与现实走得更近一些，要与当权者们的利益诉求相一致。否则，就会遭遇责备或非难，甚至打击。

事实上，在 20 世纪中叶，西方的政治学家和经济学家中有许多人更主张人类是冲突与隔阂的倾向性观点，既有对现实的考量，更有经济利益的原因。只有强调和重视冲突而不是合作，才能找到理论依据来实行经济和军事的对外扩张。亨廷顿的《文明的冲突》就是其中之一。可以说，格伦·廷德也只是提出问题，并没有给出答案。《政治思考：一些永久性的问题》只是在提醒人们一种事实，即在理论上还无法证实人类究竟是合作还是冲突、是隔阂还是统一。"如果两个相互排斥的答案在某种意义上都具有真实性，那么思想就已取得某种成功。"[37]这无疑是在"冷战"期间"冲突派"占据绝对优势的条件下泼了一盆冷水。比那些完全一边倒向"冲突派"或"隔阂派"主张来说，对世界的和平更具有积极的意义。因为，理论上的不支持显然在现实中对"冲突派"或"隔阂派"具有一定的阻碍作用。所以，格伦·廷德认为"这是个警示"[25]。更为重要的是，"今天，进行政治思考最伟大的成就不是战胜我们的疑问，而是帮助我们在自由和谦恭的状态下与之一起生活。"[38]这才是最终的目的。

对于人类的本质特征究竟是合作、统一、团结，还是冲突、隔阂、疏远，格伦·廷德最后也只能希望从康德的"二律背反"作为理解这些悖论的切入点。他认为这样"思考不提供肯定的和明确的答案，但却打开了通向理解的道路"[39]。"对终极真理的渴望就不可避免地将我们卷入二律背反之中。康德没有下结论说为了避免二律背反我们应该限制我们对真理的渴望，只是说我们应该预见到对真理的追求会将我们引向矛盾。如果我们意识到这一点，二律背反就可以间接地揭露存在本身。"[39]显然，康德的"二律背反"无法解决悖论本身的问题，只是给出无法得到答案的理由。"接受二律背反或悖论就是接受不确定。"[39]最终，还是把问题的根源归结为"就是我所说的人类的不确定性"。[39]

格伦·廷德的思路和脉络是清晰的，先提出合作与冲突是人类最本质的"永久性难题"，然后分析这些问题的难点，列举出历史上大哲学家和思想家们的不同观点，再试图说明这些难题是一种"二律背反"的悖论，没有唯一的答案。既然历史上大哲学家和思想家们都有各自令人信服的理论依据，作者（廷德）自己的观点自然也就微不足道了。一是自己的观点未必能够超越前辈大师们；二是不摆自己的观点反而体现其公正性；三是可以规避风险，只要不是倾向与现实的对立，就不会遭受来自当局和意识形态的刁难和压制。最后，在跋和结语中的解释都归结为是"人类的不确定性"造成的。这也是格伦·廷德唯一带有判断性的结论。应该说，这个结论是正确的。但是，对于"人类不确定性"的认识还存在缺陷。"不确定性"不应该是冲突与隔阂的最后答案，而是原因和理由。

组织人理论有望解析格伦·廷德所提出的这些"永久性难题"的思路。组织人理论恰恰可以证明人的行为是确定的，这就从源头上根本地解决和消除了"人类不确定性"这一顽症。那么也就意味着建立在这一基础之上的难题或悖论也就自然无法成立。如果这些难题的"不确定性"根基不成立，那么建立在根基之上的所有问题也自然会不攻自破。这是一种完全遵循科学理论证明的逻辑方法，从逆向推论和证明解决这种悖论的可能性。

确切地说，合作与冲突、隔阂与统一都是组织人的行为所导致的结果。而组织人的行为并非是不确定或毫无踪迹可寻的。组织人理论已经证明的行为是完全有其自身规律可循，可以说是基本确定的。因此，从组织人行为的规律和特征进行分析，合作与冲突、隔阂与统一的难题就迎刃而解了。

首先，组织人理论是针对每个个体的人的行为来做出判断的。如果 A 的行为是善良之举，仅能说明 A 是善良的；而 B 的恶劣行为也仅能说明 B 是险恶之人。我们既不能因为 A 的善良而推论出其他人也是善良的，将 B 也视为善良之人；也不能因为 B 的恶劣行为而将 A 也视为恶劣之徒。如果将 A 的善良归纳为人性是善良的，或者将 B 的邪恶归纳为人性是邪恶的，就会得出以偏概全的错误理论，陷入"二律背反"的悖论，无法走出进退两难的困境，自然也无法得到科学而确切的结论。

其次，组织人理论已经证明人类是善恶同存、自私与利他同为一体的社会性动物。每个人都有善良、信任、宽容和真诚的一面，同时也有虚伪、狭隘、猜忌和自私的一面。单个个体的人都是既有正义的一面，也有邪恶的一面；既有性善的一面，也有性恶的一面；既有利他的一面，也有自利的一面。只是偏向性有多有少而已。我们称赞"A 的善良"是因为他善良更多一些。这就是人类本质的两面性，或者叫作人的两面性特征。格伦·廷德运用康德的"二律背反"作为理解人类的本质，也等于证实了这两种现象都是人所具有的基本特征。而不是其中单一属性的特征。事实上，麦格雷格的"X—Y 理论"已经证实了这一论点。

在没有任何事实或行为依据之前是无法对一个人进行真实的判断或得到确定性的结论的。任何想做出人类是性善论或性恶论的单一性结论，都是一种极端片面性的认识。想把人的一面性或单一的特征来涵盖或定义全部的人性特征都是一厢情愿和自欺欺人的作为。既不是实事求是的态度，也无法得出有实际价值的科学结论。对人类本质的单一、笼统的概括或泛泛而谈都是毫无现实意义的。

第三，对于合作与冲突的三种类型，即个人与个人、个人与组织和组织与组织，前面已经对合作做出了详细的分析和论述。合作与冲突是一对相反的关系，合作越多冲突就会越少，反之，冲突越多合作就会越少。这里不再重复赘述。

第四，人们对于合作的乐观前景在于任何冲突都是暂时的、不可持续的，尤其是建立在自己获利、别人受损的情况下更是如此。无论是个人冲突还是组织冲突都是有条件或有理由的。个人冲突既简单又直接，一般不会对第三方造成伤害，更不会对社会造成大的负面影响。组织冲突就要复杂许多。不过组织冲突也需要有条件或理由。可以说，如果没有条件或理由等因素就不会发生任何组织冲突。但是，往往许多这类条件或理由都具有隐秘性或谋略性。而一旦这些条件或理由的真相能够公之于众或者被披露，便会失去公众和社会的支持。冲突可能就会消除。这就给人们看到了合作与和平的希望，也是人类预防和抵制冲突最有效的途径。从历史上的众多冲突事件来看，绝大多数的冲突发起者都有阴谋或欺骗的成分，从事后被揭露的事实真相来看，都是组织人不可告人的私心和邪恶所造成的人类悲剧。如果组织人是"透明人"，情况可能就会发生重大改变。人类的冲突就会大大减少，甚至不复存在。这是从理论上提供证明，人类可以减少或消除冲突的可能性。这也反映出人类普遍是厌恶和反对冲突的，爱好和平是人的本质特征，是人类共同的目标和向往。

第五，所有两人以上的冲突都是组织冲突，而识别或认同组织范围是组织冲突的关键。

组织冲突意味着冲突双方是两个不同的组织，只要将组织范围扩大到足够大，所有组织都有可能成为同一组织，这样冲突就会消失。例如，美国历史上联邦政府和地方政府之间经常发生战争，最后南北战争后取得了统一，建立了联邦政府。从此联邦之间不再发生战争。可以说，在建立联邦政府之前，人们是将地方政府视为自己的组织的，因此，与其他的地方政府总是发生对抗和冲突。自从建立了联邦政府之后，大家都认同了联邦政府就是自己的组织。因此，组织范围的扩大消除了组织的冲突，从此就不再发生冲突。事实上，所有地方政府的权力基本上都没有改变，还是保持原来的状态。改变的仅是人们对组织范围扩大的认同。冲突就改变为合作。

"组织认同"或者叫作"组织认同感"是人类特有的非常神奇的合作现象。只有组织人之间确认为有组织认同才会产生合作。反之，就是冲突或隔阂。组织人的合作是建立在组织认同的基础上的，这种认同表示双方都承认自己就是组织中的成员。

组织认同是组织人之间识别或承认的一种相互关系，是组织人之间区分与自己亲疏远近关系的标准，是组织人做出合作还是冲突行为的博弈选择。这种组织认同曾经化解过许多人类的矛盾和冲突。当两个人在打架时，如果有人告诉他们是远房亲戚或者有第三方都是他们的好朋友，他们立马就会停止打架甚至成为朋友。他们之前的怨气就会烟消云散。我国汉朝的"和亲"政策就是扩大组织认同的最好实证。欧洲国家也有许多类似的例子，一国王子与另一国公主的联姻扩大了人们对两个国家的组织认同，也消除了两个国家之间的长期冲突和战争。组织认同也许就是解决未来国际边界争端最好的办法。

西蒙将"组织认同"看作是一种对组织的认可和忠诚心，"一个有组织的团体的成员，总是倾向于把自己同那个团体等同起来，以那个团体的代表自居。这种认同现象，是人类行为的一个普遍特征。在制定决策的过程中，组织成员在对组织的忠诚心的引导下，会根据其行动给组织带来什么样的后果来评价备选行动方案。如果一个人之所以赞成某一行动方案，是因为它'对美国有利'，那么，这个人就是把自己和美国人认同了；如果他之所以赞成一项方案，是因为该方案能'促进伯克利商业'，那他就是把自己和伯克利人认同了。民族忠诚心和阶级忠诚心，是现代社会结构中具有根本重要性的认同现象的例子。"[40]

组织认同是人类对组织范围的识别或认同，是一个不断扩大的过程，包括家庭、家族、宗族、地区、企业、单位、党派、宗教、民族、国家。西蒙认为，"民族忠诚心和阶级忠诚心，是现代社会结构中具有根本重要性的认同现象的例子。"[41]可以说，人类经过几万年的进化和进步已经完成了对上述所有组织的认同，现在停留在国家这个最大组织的层面，这也是人类最后一个必须要跨越的组织认同。

可以说，人类进步已经完成了在国家和国家内部的所有组织的认同。因此，理论家们对于人类是合作还是冲突、是隔阂还是统一的担忧主要是指国家之间包括民族之间的关系，而不是国家内部各组织之间的关系。在国家内部，任何个人或组织都会受到法律的约束和制裁。所有为非作歹、倚强凌弱、以大欺小、欺行霸市、失信诈骗、违法乱纪的行径都会受到法律的惩治。而现在国际体系还处于类似无政府状态，无政府的意思是国家之上没有更高的权威。按照米尔斯海默的说法，"无政府状态是一种强制性法则，体系由独立国家组成，国家之上没有任何中央权威。换句话说，主权是国家的固有部分，因为国际体系中没有更高的统治机构。政府之上不再有政府。"[42]

未来人类能否实现合作与和平的目标在于两个方面：一是能否将组织认同感从一个国家扩大到全世界；二是能否真正建立全世界范围内具有约束力和制约机制的规则或法律。前者是目标和方向，后者是对前者的支持和保证。只有能够对强者的挑衅行为进行约束和制约，以及具有法律性质的制裁与追溯制度，才能确保世界真正和平。如果把地球当成一个国家来看待，全世界就是一个"世界联邦制国家"，联合国就是联邦国家政府。正如摩根索所言："建立一个世界国家从现在起开始具备可能性。"[43]这已经不是一个理论问题，而是现实问题。组织人理论已经为建立这种制度提供了坚实的理论支撑。目前，联合国和许多国际组织正朝着这个方向努力，只是组织的约束力或制约机制还不够有效，尤其是针对大国。事实上，被誉为国际政府的联合国的职权十分有限，"大国统治的趋势在国联中就已很明显了，在联合国中则完全控制了职权的分配。……联大不能就政治事项做出决定；全体一致的要求限于安理会的常任理事国；争执各方有权否决任何针对本国的强制措施。……联合国大会只有权就政治事项向有关各方和安理会提出建议，但是它不能采取行动。"[44]

我们知道，组织人能够合作是基于组织具备约束或制约组织人的条件和机制。组织冲突是因为组织人才是真正发起冲突和战争的元凶，是问题的关键所在。因此，我们有理由相信，要实现世界和平，就必须建立能够对所有国家发起或制造冲突或战争的组织人的问责制。尤其是大国具有决定权的组织人的约束机制。只有建立组织人的问责制、追溯制、赔偿制和"透明人"，才能确保人类走向和平与合作。

组织人理论强调，既然个人在冲突和战争中起重要的作用，那么追溯问责个人比追溯国家责任更直接、更现实，可能性也更大。这是减少冲突和战争的有效途径和措施。组织人理论就是为建立这种制度提供坚实的理论依据。我们相信对组织人的制约是有效的，是因为组织人虽然可以代表组织，但是组织人的动机与组织的目标是有区别的。很多时候组织人所制造的冲突或战争并非是真正为了国家和人民的利益，而是为了少数集团的利益，国家和人民的利益成了制造冲突的借口。因此，往往会采取欺骗、隐瞒事实真相、夸大冲突严重性的方式。这种责任追究和问责制度在企业管理中是常用的有效措施和手段，也适用于国际关系。建立问责制和追溯制是基于没有谁会为虚假借口和欺骗手段所造成的战争和损失负责，"大规模杀伤性武器"就是如此。追溯制是指发动战争和冲突的组织人应该为这种行为永久负责；赔偿制是制造冲突和战争的组织人以及他的组织要为造成的伤害和损失负赔偿责任。"透明人"是预防和阻止组织人挑起冲突和战争的有效措施。

参考文献

[1] 赫伯特·金迪斯. 人类的趋社会性及其研究：一个超越经济学的经济分析 [M]. 浙江大学跨学科社会科学研究中心，译. 上海：上海人民出版社，2006：52.

[2] 赫伯特·金迪斯. 走向统一的社会科学 [M]. 浙江大学跨学科社会科学研究中心，译. 上海：上海人民出版社，2005：41.

[3] 赫伯特·金迪斯. 人类的趋社会性及其研究：一个超越经济学的经济分析 [M]. 浙江大学跨学科社会科学研究中心，译. 上海：上海人民出版社，2006：54.

[4] 摩尔根. 古代社会：上 [M]. 杨东莼，等译. 北京：商务印书馆，1992：3.

[5] 摩尔根. 古代社会：上 [M]. 杨东莼，等译. 北京：商务印书馆 1992：16-17.

[6] 张传玺. 中国古代史纲：上 [M]. 北京：北京大学出版社，1985：16-19.

[7] 赫伯特·金迪斯. 走向统一的社会科学 [M]. 浙江大学跨学科社会科学研究中心，译. 上海：上海人民出版社，2005：42.

[8] 赫伯特·金迪斯. 走向统一的社会科学 [M]. 浙江大学跨学科社会科学研究中心，译. 上海：上海人民出版社，2005：164.

[9] 道金斯. 自私的基因 [M]. 卢允中，等译. 北京：中信出版社，2012：3.

[10] 道金斯. 自私的基因 [M]. 卢允中，等译. 北京：中信出版社，2012：5.

[11] 道金斯. 自私的基因 [M]. 卢允中，等译. 北京：中信出版社，2012：230.

[12] 道金斯. 自私的基因 [M]. 卢允中，等译. 北京：中信出版社，2012：258.

[13] 赫伯特·金迪斯. 走向统一的社会科学 [M]. 浙江大学跨学科社会科学研究中心，译. 上海：上海人民出版社，2005：90.

[14] 奥古斯丁. 上帝之城：驳异教徒：上 [M]. 上海：上海三联书店，2007：12.

[15] 奥古斯丁. 上帝之城：驳异教徒：上 [M]. 上海：上海三联书店，2007：11.

[16] 赫伯特·金迪斯. 人类的趋社会性及其研究：一个超越经济学的经济分析 [M]. 浙江大学跨学科社会科学研究中心，译. 上海：上海人民出版社，2006：61.

[17] 赫伯特·金迪斯. 人类的趋社会性及其研究：一个超越经济学的经济分析 [M]. 浙江大学跨学科社会科学研究中心，译. 上海：上海人民出版社，2006：62.

[18] 赫伯特·金迪斯. 人类的趋社会性及其研究：一个超越经济学的经济分析［M］. 浙江大学跨学科社会科学研究中心，译. 上海：上海人民出版社，2006：55.

[19] 奥尔森. 集体行动的逻辑［M］. 陈郁，郭宇峰，李崇新，译. 上海：三联书店，2011：70.

[20] 奥尔森. 集体行动的逻辑［M］. 陈郁，郭宇峰，李崇新，译. 上海：三联书店，2011：12.

[21] 阿克塞尔罗德. 合作的进化［M］. 吴坚忠，译. 上海：上海人民出版社，2007：前言1.

[22] 阿克塞尔罗德. 合作的进化［M］. 吴坚忠，译. 上海：上海人民出版社，2007：21.

[23] 奥尔森. 集体行动的逻辑［M］. 陈郁，郭宇峰，李崇新，译. 上海：三联书店，2011：7.

[24] 阿克塞尔罗德. 合作的进化［M］. 吴坚忠，译. 上海：上海人民出版社，2007：51.

[25] 格伦·廷德. 政治思考：一些永久性的问题［M］. 王宁坤，译. 北京：世界图书出版公司，2010：导言3.

[26] 格伦·蒂德. 政治思维：永恒的困惑［M］. 潘世强，译. 杭州：浙江人民出版社，1988：197.

[27] 格伦·蒂德. 政治思维：永恒的困惑［M］. 潘世强，译. 杭州：浙江人民出版社，1988：13.

[28] 格伦·廷德. 政治思考：一些永久性的问题［M］. 王宁坤，译. 北京：世界图书出版公司，2010：6-7.

[29] 格伦·廷德. 政治思考：一些永久性的问题［M］. 王宁坤，译. 北京：世界图书出版公司，2010：29.

[30] 格伦·廷德. 政治思考：一些永久性的问题［M］. 王宁坤，译. 北京：世界图书出版公司，2010：257.

[31] 格伦·廷德. 政治思考：一些永久性的问题［M］. 王宁坤，译. 北京：世界图书出版公司，2010：7.

[32] 格伦·廷德. 政治思考：一些永久性的问题［M］. 王宁坤，译. 北京：世界图书出版公司，2010：6.

[33] 格伦·廷德. 政治思考：一些永久性的问题［M］. 王宁坤，译. 北京：世界图书出版公司，2010：11.

[34] 格伦·廷德. 政治思考：一些永久性的问题［M］. 王宁坤，译. 北京：世界图书出版公司，2010：30.

[35] 格伦·廷德. 政治思考：一些永久性的问题［M］. 王宁坤，译. 北京：世界图书出版公司，2010：9.

[36] 格伦·蒂德. 政治思维：永恒的困惑［M］. 潘世强，译. 杭州：浙江人民出版社，

1988：4.

[37] 格伦·蒂德. 政治思维：永恒的困惑 [M]. 潘世强，译. 杭州：浙江人民出版社，1988：24.

[38] 格伦·蒂德. 政治思维：永恒的困惑 [M]. 潘世强，译. 杭州：浙江人民出版社，1988：271.

[39] 格伦·蒂德. 政治思维：永恒的困惑 [M]. 潘世强，译. 杭州：浙江人民出版社，1988：263.

[40] 赫伯特·西蒙. 管理行为 [M]. 杨砾，等译. 北京：北京经济学院出版社，1988：14.

[41] 赫伯特·西蒙. 管理行为 [M]. 杨砾，等译. 北京：北京经济学院出版社，1988：199.

[42] 约翰·米尔斯海默. 大国政治的悲剧 [M]. 王义桅，唐小松，译. 上海：上海人民出版社，2003：43.

[43] 摩根索. 国家间政治：寻求权力与和平的斗争 [M]. 徐昕，等译. 北京：中国人民公安大学出版社，1990：650.

[44] 摩根索. 国家间政治：寻求权力与和平的斗争 [M]. 徐昕，等译. 北京：中国人民公安大学出版社，1990：588.

第十二章

组织困境与组织人困境

一、组织困境的含义

组织困境或者叫组织陷阱是组织理论最棘手的难题，无论在理论上还是实践中都无法给出有效的解决办法。对于组织困境的定义也没有权威性的解释，多数是用一种比喻来解释这种现象。它反映一种人们在组织中表现出的各种矛盾或悖论的行为，如同陷入一种进退两难或事与愿违的困境。例如，年轻人在步入社会的时候都充满憧憬，心存抱负，想干一番事业；想脚踏实地做点工作，有所作为；想与同事友好相处，坦诚相见；想发挥自己的聪明才智，改革创新等等；最后，却发现在单位或组织中总会到处碰壁，遇到各种"烦心事"。正如阿吉里斯在《组织困境》一书中说道："在会上大家点头同意，一出会议室就私下里找人吐槽。更有甚者，若问到能不能有所改变，大家只会绝望地两手一摊。人人都觉得自己是禁闭在疯人院里的受害者。"[1]"这样的组织机构谁都不喜欢，但似乎谁都无力加以改变。我们想要变革，但无能为力。我们陷入当前的困境。"[1]这种现象在所有的组织中都无法避免，而且无处不在，无时不在，只是程度不同而已。

当你觉得应该实话实说时，由于无所顾忌，有可能已经伤害到了他人，会遭到他人的强烈反击。这种窘境并不是自己当初所设想的和谐的环境，而是造成令人紧张不安的氛围。现实中"人们的确常常陷入困境，但他们不是由于某种强加在身上的专制政体或组织结构而陷入困境。他们并非受害者。事实上，现状变得如此难以改变，人们自己往往难辞其咎。我们由于自身的行为而陷入困境"。[2]

产生这种困境的具体原因有很多，如自相矛盾、沟通障碍、左右为难、事与愿违、利益博弈、隐瞒事实、目标悖论、情感纠葛等。科斯特认为这是组织功能的丧失，是一种"组织病理学"。[3] "尽管众多批评家和理论家都忽视了这一问题，但我们仍认为它是组织存在提出来的最严峻问题。它不在于组织的功能失常，而在于'正常'组织行为表现出的病态方面。"[4] "当代组织运作中呈现的组织病态令个体参与者苦恼，也使外部公众受到折磨。我们强调的是以权力滥用为基础的组织病态。"[5]

这种困境既由无知或无意的行为而产生，也由故意或者违心且有意的行为而产生。无论是有动机还是无动机都会产生一种人的行为与事实或结果相矛盾的结果，是一种悖论。这就会给组织带来一定的负面影响和负面效应，直接或间接地造成组织目标受阻、利益受损，甚至出现组织危机。

对于组织困境的表述，阿吉里斯认为，"我们声称自己重视坦率、诚实、正直、互尊互重、同情关爱。但我们的行为却削弱了这些价值观——不只是偶尔为之，而是惯常如此——只要我们面临有威胁性或别的棘手局面。随后我们又否认自己这么做，并掩盖自己的否认，由此将自己陷入困境"；[6] 而且"这种行为司空见惯，案例信手可得。我们由于组织上下无处不在的行为模式而陷入困境。有待解决的问题可能令方方面面不快，带来威胁，于是我们就制造出困境"。[2]

卡尔伯特在《组织陷阱》一书中说道："我们熟知的组织系统常常给我们设置陷阱"。[7] 用杰弗里·威格斯的观点，"一个陷阱之所以是陷阱只有当猎物不能解决自己造成的问题时才成立。陷阱只有当人们所能看到的、所能判断的和所能做到的极为有限时才变得危险。陷阱的本质就是落入陷阱之物本质的映照。要描述陷阱就得描述可能落入陷阱之物"。[7] 而且这种现象"对于正在改变我们的方式我们却几乎毫无意识。我们在组织中待的时间越长，我们就越难以意识到我们经受的规训"。[8]

阿吉里斯通过对个体与组织行为的研究成为开创组织行为学的先驱，正如他在《个性与组织》一书的前言中说道："我为综合现有组织中人类行为的已有研究文献而迈出的第一步。我希望，这样的纵览全局，能够为推动组织行为研究在今后发展成为一个系统的体系奠定基础。"[9] 之后，行为学一度成为最热门的学科之一。虽然行为学是一门交叉学科，但是经济学、管理学都寄希望于行为学能冲破人的行为这一瓶颈，带动整个社会科学的发展和进步。到了 2013 年，斯蒂芬·罗宾斯的《组织行为学》第 14 版已经在中国出版。经过了几十年的研究，应该认为，组织行为学已经成为一门成熟的学科。

罗宾斯给组织行为学下的定义是："组织行为学（OB）是一个研究领域，

它探讨个体、群体以及结构对组织内部行为的影响，目的是应用这些知识改善组织绩效。组织行为是一个研究领域。这种阐述意味着它是由共同知识体系构成的一门独立的专业知识领域。……它研究决定组织中行为的三类因素：个体、群体和结构。另外，组织行为学把研究个体、群体和结构对行为的影响所获得的知识加以运用，使组织的运作更为有效。"[10]

虽然《组织行为学》有洋洋洒洒达83万余字的宏大篇幅，却也没有对组织困境做出合理解释。避而不谈或许是有难言之隐。作为大学教材或参阅书籍，把那些还未取得研究成果或者不成熟以及不确定性的理论拒之门外是可以理解的。因为谁都知道并承认这是一条无法逾越的鸿沟。正如马塞尔·普罗斯特所说："真实的人类行为比永恒的宇宙还要难以理解。"[11]正是人的行为的复杂性才会导致组织困境。

组织困境是行为学的难题。即使在今天，罗宾斯仍承认"几乎没有简单而普遍的原理能够解释组织行为"。这显然是遇到了难以逾越的困境和障碍。"人类之所以复杂是因为他们各不相同，这使我们很难总结出简单的准则和适用广泛的定律。同样的情境中每个人的表现常常大不一样，同一个人在不同的情境下行为也会发生变化。"[12]可以说，只要对人的行为无法做出合理解释，组织困境就始终存在而且无法解决。

科斯特认为"多年来，学者们投入了许多时间和精力来研究组织对其参与者个体特征的影响。他们搜集了大量关于这种影响的证据——但其中大部分都是相互矛盾的，至少从亚当·斯密时代开始到现在是如此"。[13]

二、组织人困境概念的含义

管理学和行为学把人的行为在组织中受到各种影响所造成的困境表述为"组织困境"，这种理解也不无道理。因为确确实实是由于组织的原因才导致人出现各种复杂心理和行为动机的矛盾，产生各种行为悖论。或者说，人的行为只有在组织中才会出现这些特有的悖论现象。例如，有些行为并非按照常理行事；有些行为甚至违反逻辑；有的行为应该按照理性判断，但是却做出非理性的行为选择；许多看似非理性的行为其实是在深思熟虑中产生的；许多违反常理的行为却是经过长期理性思考的结果。按照罗杰斯的说法，"给我们造成麻烦的不是我们不知道的东西，而是我们已知的东西原本不是这样"。[14]

现在的问题是，上述这些现象都是人的复杂行为的各种表现。阿吉里斯和卡尔伯特对组织困境和陷阱的理解和表述事实上是一种人的困境，并不是真正意义上的组织困境。但却表述为一种"组织困境"，这显然有点名不符实。按照罗宾斯的说法，研究"探讨个体、群体以及结构对组织内部行为的影响，目的是应用这些知识改善组织绩效"。或者"使组织的运作更为有效"。[10]通过研究人的行为和群体的关系达到组织绩效或组织目标最大化的目的。

按理说，组织困境应该最终反映的是一种组织绩效的损耗或组织目标的偏离，而不是完全只反映一种人的行为困境。虽然二者有一定的关系，或者说关系甚为密切，但肯定不是同一种东西，不能混同概念。原因可以导致好的或者坏的结果，但是原因肯定不是结果。我们可以说 X 导致 Y，但绝不意味着 X 就等于 Y，做出这种推理是错误的。混同"人的困境"和"组织困境"，不仅会给管理学和行为学造成误导性的错误，还会由于错误的理论导致错误的结论。

为了更加清楚地说明这种区别，本人现在要提出另外一个概念，即"组织人困境"。显然，组织人困境的提出具有一种非常明白易懂的感觉。因为组织人困境就是人的困境，它与组织困境存在明显的差别。如果之前还有想为混同二者概念辩解的想法，那么在组织人困境的概念提出之后就应该打消这种模糊的认识了。

一直以来，人们都在混淆组织困境与组织人困境两者之间的概念和关系。上述对于组织困境或组织陷阱的表述就有点含混不清。想表达说明的是组织困境的现象，却表述为组织人的不幸；将组织人之间的难以沟通表示为与组织沟通的一种障碍或相互之间的不理解。这些都是混同二者概念才引起的误解。

组织是一个群体，是由组织人组成的一个群体。组织本身并没有感情，所有对组织的情感都建立在对组织人的感情基础之上。组织本身并不具备"自大、争风、嫉妒、厌烦、浮躁、易怒、跋扈"等情感，这些都是组织人之间的沟通关系所至。因此，人与组织的关系最终都体现在人与人之间的关系上。认识到这一点，对于进一步分析组织困境是非常有帮助的。

"组织人困境"的提出是行为学的一大进步。原来对"组织困境"的含糊认识自然又会面临被重新审视的命运。如之前对组织困境的论述是否恰当合理就成为再次被关注的命题。提出这个问题不是想完全否定管理学和行为学之前所做出的各种分析和结论，只是想提醒人们在这两者之间显然存在一定的差别。虽然这两个概念既有联系又有区别，但是如果我们还是混同"组织困境"与"组织人困境"，不仅会在理论上继续陷入困境而无法跳出，还会出现各种无法解决的难题，甚至得出错误的结论。这就迫使我们重新对"组织困境"做出合理的解释，否则，我们就无法区分"组织困境"与"组织人困境"以及它们之间的关系。

组织人理论对组织困境有更为准确的理解和表述。组织困境是指由于组织人困境造成或导致组织绩效的损失或组织目标的偏离。这一定义将因果关系表述得十分清楚。许多组织目标无法如期完成，组织绩效受损，组织无法达到预期目的或完成程度受到影响，甚至出现截然相反的结果。这些都是由于组织人困境所造成或导致的后果。虽然市场和外部环境也可以影响组织目标，但是这种影响的表现形式是不同的。首先，它不是组织内部人的行为因素造成的；其次，它不属于一种组织人处在困境的环境下所产生的影响和干扰；最后，市场和外部环境的影响是一种可以识别和分析的因素，可以及时采取行动或补救措施。而不像组织人困境那样，让人们觉得无所适从，无以应对，无可奈何，以致无法对症下药。

阿吉里斯列举了一些组织人困境的表现和无奈。"我们始终给自己设置障碍——同时以为自己是在尽力有效地解决问题。有过人际冲突的人都会在下面这些情形中看到自己的身影。这样的行为制造困境，导致严重错误。错误就是意图与实际情形之间的不一致：

（1）意在强化坦诚、透明、信任的行为，但常常适得其反。

（2）我们想提出一个问题，却强调其他问题，以此掩盖问题。

（3）一旦出现分歧和纠纷，就指责他人和组织体系，很少意识到正是自己的行为制造了困境。

（4）对棘手的问题往往缺乏自下而上和自上而下的沟通。

（5）试图变革，但实际行为方式却是维持现状。

我们为什么这么做？是因为人各方面的能力总有局限吗？恰恰相反，人非常擅长此种行为方式，已经是技艺纯青，事实上人们极为老道地对自己的行为一无所知。"[15]

组织人困境最后一定会造成组织在不同程度上受到损失。阿吉里斯认为困境会导致组织出现严重后果，甚至灾难的发生。"困境不仅阻碍人们吸取教训，而且会带来不幸甚至惨痛的后果。且看以下实例：老师帮助学生考试作弊，以获得更多经费。老师隐瞒帮助作弊的事实。……由顶级专家完成的

'挑战者号'事故报告称，类似的灾难性事故再也不会发生。仅若干年之后，'哥伦比亚号'事故就发生了，尽管人人都了解并遵循了该报告的建议。"[16] 还有就是后来已经被证实在美国所发生的金融危机，"金融界制造出一系列的多方面困境，严重威胁了许多国家的经济"。[16]"在所有这些事例中，都有阻止这些悲剧发生的政策、法规、体系。所有这一切的确发挥了作用，但作用不够大。为什么？人们在发现制造或陷入困境时会自我保护。比如，他们会怪罪他人或组织体系；他们会矢口否认个人在组织陷入困境时应承担的任何责任。随后他们会使得问题无法讨论，以此说明自己并非在逃避责任。为了使这一策略奏效，他们必须使得无法讨论这件事本身也无法进行讨论。上述这些策略的结果是，人们制造了一种自己才是组织体系受害者的思维模式。他们无能为力。"[17]

三、组织人困境的分类及特征

组织人困境是一种人的行为悖论，与其说是人与组织之间所产生的各种困境，不如说，其本质上就是在组织内部，人与人之间所产生或形成的各种关系导致行为的困境。事实上，目前人们对组织困境的各种理解和表述都是组织人困境。组织困境的实质就是组织人困境。严格来说，组织其实并不存在"困境"之说，组织的目标无法圆满完成，各种行动受到限制，无法实现预期任务，以及各种造成组织受到损失的"困境"，本质上都是组织人困境所造成的后果，而非组织本身的困境。更为重要的是，组织无法自己制造困境，唯有组织人才是制造组织困境的元凶，是真正的根源。

根据组织人的行为动机，我们将组织人困境分为两类：纯组织人困境和混合组织人困境。

（一）纯组织人困境

纯组织人困境是组织人不含有个人自利的动机，完全以组织目标为自己的行动方向而造成的困境。在尽忠职守的具体执行或实施中反而会出现偏离或背离组织目标的现象，其结果最终会对组织造成损害，正像俗话说的"好心办坏事"。这样不折不扣地执行组织目标反而会导致伤害组织或背离组织目标。

这种困境虽然在主观上不具有自利的动机，但是其行为却对组织有害，如形式主义、教条主义、官僚主义、机械主义、本位主义等。

尽管如此，人们却对这些现象无可奈何。因为纯组织人是以组织目标和组织利益为根本出发点，并不带有任何自利的私心，给人的感觉还是一种"大公无私""公事公办"的良好形象。很难认定或判断这种行为会是一种过错，而应该追究其责任。事实上这也是制度困境，或者说是政府困境。

纯组织人困境的行为是一种必然的选择，人们不会去考虑这种选择是否会起到相反的作用，是否会造成对组织目标的偏离或组织利益的损失。人们往往会认为只要"大公无私"，只要不含"私心杂念"，只要为了组织目标就应该义无反顾，问心无愧。至于该行为是否真的对组织有利，是否对他人会造成伤害都无关紧要。

纯组织人困境的悲哀莫过于对组织造成损害却仍理直气壮或全然不知。以维护组织利益为目标的行动，到头来却是对组织利益的伤害和背叛。

人们最常见的纯组织人困境中，最典型的例子莫过于家长对子女的关爱和教育。都说"可怜天下父母心"，父母所有的无私付出不一定得到子女的认可，有些还往往会适得其反。可是，又有多少父母能够真正认识到或责备自己的不当行为？这才是造成不良后果的直接原因。这种近乎残忍的指责确实是一种客观的事实，极其普遍，绝大多数的父母都应该会有这种感受。只有旁观者才看得更清楚。

（二）混合组织人困境

混合组织人困境是组织人在以组织利益为目标的行动中还掺杂着个人或者小团体私利的动机，最后所造成的困境。这种困境的特点就是在主观上具有一定的自利动机，其行为也会造成对组织有损害，如机会主义、自由主义、以权谋私、寻租腐败、信用缺失等，这些行为对组织的危害性更为巨大。它是造成市场失灵和政府失灵的真凶，是破坏市场秩序和经济秩序的大敌。

确切地说，混合组织人困境才是造成组织困境和组织危机的极为普遍的"真凶"。混合组织人可以不惜将组织权力当作一种组织武器来随意操纵，运用组织权力对他人实施控制或打击，组织武器可以排除对自己不利或者具有潜在威胁的对手进行清理打击。混合组织人困境在各种组织和现实生活中极为普遍，以至于可以用习以为常来看待。

不过，在现实中，有时要识别是哪一类组织人困境还是有一定难度的。因为混合组织人会寻找各种理由和借口来掩饰或隐瞒自己的真实目的。组织人的权力也为助推和制造组织人困境提供了方便和借口。

混合组织人所制造的困境都有向纯组织人困境靠近或转化的企图和趋势，以达到隐瞒或掩盖自利的动机和推卸责任的目的。正是人们对纯组织人困境存在着宽容、理解或原谅的态度，才使得混合组织人千方百计地想表现为纯组织人困境，以达到名正言顺或者摆脱谋取私利的嫌疑。

应该说，对于解决混合组织人困境不是一个理论问题，而是实践问题。绝大多数的混合组织人困境是非常明显的，识别和判断并不困难，只有少部分是真假难辨。

人们痛恨以权谋私的"直接为自己"谋利的行为，却对"非直接为自己"或称"间接为自己"的谋利行为很宽容。"为他人说话"比"为自己说话"更有说服力。然而，这种"非直接为自己"或"间接为自己"的谋利行为已经成为一种常态。这种"非直接为自己"或"间接为自己"的行为更像是在纯组织人和混合组织人之间的中间地带。

（三）困境计算与困境评估

我们知道，组织行为学（OB）是研究个体、群体以及结构对组织内部行为的影响，目的是应用这些知识减少组织困境，改善组织绩效。组织困境是指由于组织人困境所造成或导致组织绩效的损失或组织目标的偏离。那么，组织的预期目标与最后实现的目标之间的差距就是组织人困境的程度。也就是说，组织人困境越严重，组织利益的损失就越大，组织目标的偏离就越多。

组织绩效是反映组织的目标完成和实现的情况。要实现企业的预期目标，所有员工必须齐心协力、共同努力才能完成任务。如果员工离心离德、消极怠工、各自为阵，必然无法完成组织的预期目标。因此，组织绩效就是反映组织人困境的重要指标。或者说，组织人困境的影响程度是通过组织绩效来反映的。组织人困境更像是一种内部能量的消耗，即内耗。如果没有这种内耗，组织绩效就不会出现损耗。因此，量化组织绩效指标就可以得出组织人困境的影响程度。

组织困境是一个可以量化计算和分析的指标。在排除各种外部环境因素的条件下，组织绩效的损耗就可以看成是组织人困境的影响结果。

组织人困境是影响实现组织目标的函数，如果我们将组织预期目标设定为 Z，组织最后实现的目标结果是 Z'，组织人困境用 Z_i 表示，组织目标的绩效用 Z_j 表示。那么，有如下关系：

组织人困境所造成的组织目标损失：

$$Z_i = Z - Z'$$

组织目标的绩效：

$$Z_j = (Z - Z') / Z = Z_i / Z$$

组织人困境的函数可以表示为：

$$Z_i = \pm \Sigma Z_i f(Z)$$

组织困境的量化计量最大的优点就是可以提供和采取"困境评估"。"困境评估"可以为人们及时发现、提醒和纠正帮助提供可能性，使人们尽早摆脱困境，以免造成更大的错误和损失。

"困境评估"包含组织困境评估和组织人困境评估两种。困境评估是一种他人或第三方的评估，起到及时发现并善意提醒的作用，为及时纠正提供可能性。因为组织人困境是一种自己无法摆脱的困境，既然自己掉入陷阱无法自拔，那么他人或第三方能够争取及早发现和提醒就十分必要了。建立"困境评估"机制就是在事前或事中进行预防。

组织人困境是人的个性使然，自己极难发现和纠正。自己可以发现并及时纠正的困境，绝不是一种真正的困境或陷阱。困境评估机制可以及时地反映组织目标的偏离情况，是一种客观的事实。这就使得借助第三方的观察并得到及时的帮助成为可能。要想改变或消除组织人困境对组织造成的危害，就必须要借助第三方的力量。

困境评估机制就是建立一种必须要履行的必备程序，如同项目审计制度一样必不可少。一项政策在出台之前的评估也可以看成是一种困境评估，正反两面、利弊得失的分析讨论本身就是减少不利因素的困境评估。困境评估如同一面镜子，可以"正衣冠"，及时发现脸上的"污垢"，如果没有镜子，自己是不可能发现或看见自己脸上的"污垢"的。

唐太宗李世民曾深有感触地说道："以铜为鉴，可正衣冠；以古为鉴，可知兴替；以人为鉴，可明得失。朕尝保此三鉴，内防己过。今魏征逝，一鉴亡矣。"可见魏征就是李世民预防组织人困境的有效例证。不可否认，古代的谏官制度为减少组织人困境确实起到了积极的意义。

从谏言角度来说，社会和国家应该宽容和善待经济学家的"固执"和"唱反调"的谏言，如果经济学家报喜不报忧，那对国家和社会就是一种危害。经济学家的职责如同产品质量监督员，如果出现危害知情不报，那么国家经济就会处在"亚健康"或"不健康"的危险状态中。如果长期是"病态"运行那就处境堪忧，甚至危在旦夕。不能因为经济学家的困境造成国家和政府更大的困境，否则，就有危险。所以，应该打消经济学家的顾虑，消除他们制造困境的障碍，充分肯定他们所发挥的作用，只有这样才能消除组织人困境以达到减少或改变组织困境。应该鼓励直言不讳的经济学家，不能因为采纳了经济学家的谏言，就把由此所造成的失误都归咎于是他们的过错。

四、组织人困境与组织困境的关系

管理学家研究组织困境时会关注两种组织：一是企业组织，二是政府组织。这两种组织困境对社会造成的影响最大。

企业是以营利为目的的组织，经营或管理不善会导致亏损，甚至破产。而组织人困境往往是造成企业管理不善的直接原因。从理论上说，企业的生存和赢利对企业中的所有人都是有利可图的，虽然老板获利更多，但是员工也能够得到报酬和稳定的工作。如果说企业的老板和中层管理者以及员工都企图有意搞垮企业，这未免过于夸张，似乎有点危言耸听，也名不符实。但是老板对下属的严厉要求，中层管理者的墨守成规、缺乏创新以及渎职与失职，还有员工的消极怠工、不求进取、懒懒散散等消极因素确实实存在着。最后，三者之间产生的各种矛盾、沟通障碍、摩擦冲突，必然会导致企业的生产效率下降，经营管理不善，直至破产。这就是企业组织的困境。理论上大家有着共同的目标，但现实中却难以沟通，制造障碍，最后大家都遭受损失。这就是一种悖论。

可以说绝大多数企业由于经营管理不善造成的破产都与组织人困境有关。企业经营管理的成功与失败取决于降低或消除组织人困境的能力。管理学研究组织人困境的最大成效莫过于如何降低或减少组织人困境，以达到企业组织能够赢利并更为长久地运行。真可谓"成功的企业都是相似的，而失败的企业却各有各的困境"。

政府组织困境主要源自科层制或称官僚制。管理学认同官僚制存在的必然性和合理性，同时也承认这是造成政府效率低下、因循守旧、不负责任等组织困境的根源。

现代国家作为一个组织来看待已经不会再出现因破产而消失。虽然古代封建社会朝代更迭，也可以看成是一种组织破产的后果，但是进入现代社会以后，国家的破产已经不再是以前的含义了。基普、莫里恩在《即将来临的国家破产》的前言中说道："'国家破产'这在数年前还是政治极端分子的战斗用语。如今我们大家对此几乎都已耳熟能详了。'国家破产'即将来临，对此我们确定无疑。牌将重新洗过，货币、政治机构、政府会变换。"[18]

国家破产的概念已经从政治学转向经济学。政府官员是组织人，官员的任职期限制决定了他们的选择是只顾眼前难关或政绩。一旦开始举债，就如同吸毒一样沉迷依赖而无法自拔，只会越陷越深，饮鸩止渴。只要启动举债，就会出现债务缠身而无力偿还，最后面临破产的危险。举债的动力所造成的困境不是将来一定无力偿还，而是官员们都不想为前任留下的债务埋单，前任官员只会为后继者留下更多的债务，形成恶性循环。从欧洲许多国家来看都是如此，普遍已是债台高筑。阿塔利认为，"每个国家，与每个人一样，都喜欢在借款的情况下，与自己的命运赌博。因为这是向自己证明生存的困难的最好方式"。组织人的自信已经无法识别和逃脱陷入困境的尴尬，更难以预料由困境而造成的后果。

事实已经证明，无论是企业、党派、国家或组织，只要组织越强大，组织困境就会越少；反之，组织困境越少，组织的活力和组织的凝聚力就会越强大。组织能够团结就说明组织人之间的沟通与合作机制保持通畅，也说明组织人困境处于最低限度。

从组织管理来说，法律、制度和纪律都有一定的约束力，但是法律和纪律有很大的区别，法律刚性强，缺乏灵活性，调节人的行为范畴作用有限，只能明确表示"你不能做什么"，否则就要受到制裁。但是，法律无法要求你做不喜欢但对组织有利的事情，如法律无法解决官僚主义和消极怠工问题，制度也无法解决形式主义、教条主义问题。相比之下，纪律可能更为有效。纪律是一种特殊的制度，灵活性更强，是一种来自旁观者和第三方的力量。可以肯定地说，要解决或消除组织人困境一定是原则性与灵活性相结合才能取得最好的效果。但是，纪律有可能会成为新的困境制造者或成为组织武器。从理论上来说，制度只能解决混合组织人的困境，而无法解决纯组织人的困境。尤其要解决能够辨别或分清混合组织人困境与纯组织人困境之间的区别的问题需要花费巨大的成本。

五、组织人困境类型的分析

组织结构是组织有效开展活动的基础，任何正规组织都有自己的结构形式。科层制或官僚制的组织结构具有最广泛和普遍的典型特征。在组织结构中，科层制的等级模式具有绝对优越性，这是马克斯·韦伯得出的不可动摇的权威结论。可以说，所有正规组织还没有哪一种能够脱离或者超越科层制组织而取得成功的，所有的实体企业组织和政府机构组织都是如此。可是，管理学对事实的分析可以证明，科层制仅仅只是一种喜忧参半的模式，并非人们所想象的那样完美无缺，有时甚至弊大于利。这主要是由于组织人困境所造成的自身无法克服或排除的难题，这种悖论严重影响组织功能正常的发挥。组织功能的发挥不仅取决于组织的职责和权力的分配是否合理，还取决于不同组织人的自身素质以及组织人对组织的忠诚度。

为了了解组织人困境与组织困境之间的各种关系，下面用组织分层结构关系加以分析和说明。用典型的组织结构来分析，假如组织 Z 的结构分为四个层次，最高层组织为 Z 或 Za，中间有两个管理层，即中层组织 Zb_i 和下层组织 Zc_i，最底层（基层）组织 Zd_i 是一般员工，如图 12-1 所示。

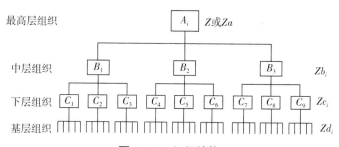

图 12-1　组织结构

组织管理结构也可分四层：最高层组织 Z 的主管，即组织人 A_i，A_i 表示企业有多个投资人或多个老板，如果企业只有一个老板，那么就用 A 表示；中层组织 Zb_i 的主管，即组织人 B_i；下层组织 Zc_i 的主管，即组织人 C_i；基层组织 Zd_i 的组织人 D_i，如图 12-2 所示。

［组织 Z］—最高层组织主管（A_i）→中层组织主管（B_i）→下层组织主管（C_i）→员工（D_i）

图 12-2　管理结构

可见，不同层的组织人 A_i、B_i、C_i 和 D_i 所处的位置和地位不同，决定了他们的困境表现形式也有所差别。从理论上说，组织目标和组织利益的最大化是他们一致努力并共同希望实现或达成的目标，可现实情况往往大相径庭，甚至截然相反。所有科层制或官僚主义的弊端都会在这种结构中表现得淋漓尽致，给管理学带来无法解决的难题或悖论。

组织人困境是指不同层的组织人 A_i、B_i、C_i 和 D_i，他们之间所形成的各种相互影响和作用的关系，最后导致组织目标的偏离或背离。主要分为四种类型：最高层的组织人困境；上下级之间的组织人困境；同级之间的组织人困境；组织人与外部环境之间的困境。

在组织 Z 中，所有组织人 A_i、B_i、C_i 和 D_i 之间所形成的困境都包含在这四种类型之中。他们之间所产生的各种矛盾、冲突和悖论的行为都是组织人困境，这些困境最后必然会造成组织 Z 的困境。引起组织人困境的原因有很多种，如相互揣摩、沟通障碍、装模作样、故弄玄虚、装腔作势、按部就班、自我防卫、设局下套、事与愿违、作茧自缚、组织武器等，具体表现形式有：言不由衷、言行相悖、口是心非、表里不一，等等。

可以说，组织人困境表现为一种期望与行动的背叛，执着的行动与目标的背离，良好的动机却造成悲剧性的结果，等等。

阿吉里斯认为，人们准备采取的行动是一种"期望的行动理论"，[19]而实际上所采取的行动是一种"实际运用的理论"，[19]运用理论并非期望理论。通俗的说法就是"言行不一""说一套做一套""口是心非"，"人们可以说自己信奉说真话、为人公正、行为理智，而实际上却常常隐瞒实情、充满偏见，寻求一己私利"。[19]"并没有想到人们会实施与自己的期望理论大相径庭的运用理论，也没有想到当运用理论与期望理论大相径庭时人们竟然会毫无觉察"。[20]

阿吉里斯认为要想改变这种状况就必须加强学习，通过学习提高认识，达到改变行为的目的。"人的一切行为都是为了达到某种期望的结果而设计并实施的。在许多情况下，当行为无法获得期望的结果时，我们就学习改变自己的行为。"[20]事实上，依靠学习是无法改变组织人困境的，虽然学习可以提高认识水平，但是这种认识水平的提高反而会助长和强化自我意识。即通常所说的理论水平越高，越固执，听不进相反的意见，自以为是，不易被说服。同样，会陷入自己所制造的困境。

人们"言行不一""口是心非"已经成为一种近乎本能的条件反射，这是人所特有的"察言观色"的敏锐和推理判断的能力。动物只有感觉到外部环境有危险时才会离开或逃跑，而人在观察到可能会对自己不利的情况时就会立即止住或改变态度和方向。"并不是无能才达不到期望达到的结果——事实上他们相当有才干，但他们的才干在于回避带有威胁性和令人难堪的情形。"[20]人能够及时做出趋利避害的明智选择。

不过，现实生活中"一根筋"的"榆木脑袋"也大有人在。敢于冒死谏言者就是如此。鲁迅认为，中国自古就有"为民请命的人""舍身求法的人"，[20]不过他们最后的命运往往都以悲剧而告终。这就是一种困境：既是组织人的困境，也是组织的困境；不仅个人受到损失，组织也会受到损失。

对于组织来说，无法保证那些为组织着想、为保护组织利益的组织人不受到伤害，本身就是组织困境，因为这与组织的目标相悖。对于个人来说，为了自保就不应该仗义执言，如果还是一意孤行，那就会损失惨重。如果能在察觉到将要对自己不利时采取"闭嘴"的策略，就能消灾避祸。这就是期望的行动理论与实际运用的理论相背离，二者的运用并未保持一致。这种防守型的模式对自己有利，"目的是自我保护、自我防范，以避免重大的、具有破坏性的变化"，[21] 但却是一种组织人困境和组织困境。

（一）最高层的组织人困境

组织困境暗含了一个非常重要的前提假设，就是最高层的组织人 A_i 代表了组织 Za 或 Z 的根本利益，或者说二者的目标利益是完全一致的，即 $A_i = Z$。如同私营企业与老板的关系一样。严格来说，企业的主管 CEO 还不具备这种条件，只是一种委托—代理关系，因此，CEO 也面临着道德风险。

只有建立在组织人 $A_i = Z$ 这个假设基础之上，最高层组织 Za 中的组织困境与组织人困境才是同等或等价的。要证明这个假设并不困难，因为只有在这种情况下的组织人 A_i 才是纯组织人，而不可能是混合组织人。这时的纯组织人也与自我组织人等价，即组织利益与组织人 A_i 的个人利益已经完全等价或等同。这里的等价或等同的表示并不完全指数量上，还包括方向上的一致性。

虽然组织人 A_i 能否与组织目标 Z 同步实现，或者能否实现目标利益最大化还不能确定，但是其动机是不容置疑的。如果有不同的结果出现，那说明组织人 A_i 是在一种非正常情况下做出的选择。

另外还有一个条件，即组织人 $A_i = A = Z$ 成立，表示在有多个投资人的情况下大家目标和行动都是一致的，如果出现 $A_i \neq A$，那么也就是 $A \neq Z$。这种情况表示老板之间或叫投资合伙人之间发生矛盾或冲突，须另行分析，不在此范围内，属于同级组织人困境。

虽然最高层组织人 A_i 与组织的根本利益完全一致，但是也会存在无意识地犯错的情况。阿吉里斯在《克服组织防卫》一书中把它称为一级错误，[22] "这是我们所有人以及所有组织所面临的最为明显的错误"；[22] 是一种"个体意识不到自己在犯错，因为这种行为是出于瞬间的本能反应。他们的动作很熟练，认为这种行为没什么可大惊小怪的。而且正如我们看到的那样，个体总有一些理论用以指导自己如何有效地采取行动来对正在犯的错误熟视无睹"。[23] 这就像企业老板做出一个错误决策一样是无法避免的。这种行为既可以看成是企业老板的困境，也可以看成是企业的困境，完全一样。

老板总是希望员工尽忠职守、做事称职，并能为企业带来更多利益，获得成功。如果老板无法与员工保持正常的交流和沟通，那么员工尽职和称职就无法得到保证，成为不确定性因素。而老板这种内心向好的愿望，却无法形成或营造一种良好的氛围，不仅不能使企业发展得更好，反而导致企业产生下滑，经营亏损，甚至破产。这种良好愿望与不良结局的背离，就是纯组织人困境。但是可以肯定地说，纯组织人困境绝不会出现"二级错误"，即"故意犯错"。[22]

在二级组织或中层组织中的主管，即组织人 B_i 就无法确认一定是纯组织人，也有可能是混合组织人。而且组织人 B_i 的目标是与最高组织 Za 保持一致还是与二级组织 Zb 保持一致也不能确定。奥尔森认为，"对于具有共同利益的小集团，存在着少数'剥削'多数的倾向"。[24]这说明对于组织人 B_i 来说，二级组织 Zb 比最高层组织 Za 影响更大。少数能够"剥削"多数的事实就在于组织人 B_i 在二级组织 Zb 中比最高层组织 Za 获利更多。奥尔森的观点也是建立在小集体与大集体，或者说小组织与大组织之间的关系上才能成立。小集体与大集体的区分最终都是以不同的组织形式出现的，如果利益集团不是以组织的形式进行区分，那么小集体就无法从大集体中划分出来成为独立的利益小团体，而只存在集体与个人的差别。那么"少数'剥削'多数"的理论就无法成立。正因为企业中存在着不同的等级组织，所以奥尔森的观点才能够成立。

这是一种组织困境。虽然最高层组织 Za 的目标与组织人 B_i 的目标也是一致的，但是这种一致仅是方向性的一致，并不是结果的一致。当组织人 B_i 发现存在着虽然损失组织的小利益但可以从中获取更大利益时，机会主义的选择就会发生。无论是损失最高层组织 Za 的利益还是损失二级组织 Zb 的利益都是如此。这种情况对于组织人 A_i 来说是不可能发生的。

（二）上下级之间的组织人困境

上下级之间的组织人困境只有在科层制的组织结构中才能得到充分体现。科层制就是权力的等级制，上级组织人拥有对下级组织人的控制权，这种权力也直接与下级组织人的经济利益相联系。因此，下级组织人以服从上级组织人为目标和宗旨，确切地说，下级组织人服从或讨好上级组织人已经与上级组织目标没有必然的关系了，而是个人之间的一种依附。一般情况下，即使下级组织人知道服从上级组织人可能与上级组织目标不相符，也还会选择服从，而不是选择背叛。当然，这种权衡利弊得失就是一种机会主义的抉择。一旦做出决定，二者的命运就自然捆绑在一起，上级组织人得势时，下级组织人就会走运；反之，则相反。

上下级组织人之间的这种特殊依存关系决定了下级组织人必然处于一种独立与依赖的博弈和困境当中。"确定一个人期望独立和主动是否真的是一种成熟的表现，有一个可操作的标准，就是确定他在多大程度上允许他人也表达同样的需要。因此，一位非常专制的领导可能会说他需要成为一个主动和独立的人；他也可能说希望下属也成为这样的人；但是，大量研究表明他的领导模式只能使他和他的下属依赖性更强。"[25]

在组织中，上下级组织人之间的困境是一种利益的博弈。上级组织人不动声色是希望能对下级组织人有客观的考察，而下级组织人不动声色则是还没有了解或摸清上级组织人的真实意图。因此，相互之间的揣摩造成了沟通障碍。一旦下级组织人知道或了解上级组织人的真实意图，那么在投其所好的驱使下，就会表现出言行不一、口是心非、表里不一、说一套做一套等特征。下级往往会装扮成是纯组织人，以显示对上级的忠诚。"导致掩饰问题的行为导致了更进一步的掩饰——有时是更为复杂的掩饰行为，以防止掩饰行为的暴露。换言之，我们有所掩饰时，必须对掩饰本身加以掩饰。掩饰的过程变得自我强化。"[26]

上级总是希望听到那些他们认为是更像真话的真话，而并非是事实真相的真话。只要他们认为已经听到或认定了像真话的真话，那么，事实真相的真话就不那么重要了。这也是下级揣摩上级并能得到上级信任的重要条件。因为一旦给上级察觉或发现那些更像真话的真话是一种假话或台词，便会失去上级的信任，等于是自毁前程。还有可能被追究责任，这是极冒险的行动。可以说，这完全凭个人的经验和判断能力，没有一定的规律可循，取决于上级组织人的意图、性格、兴趣、爱好、个性等。不同的组织人差别也很大。

一般来说，上级都喜欢与能沟通、会听话、不抗拒的下级交往，也希望培养有能力、有魄力、有思想、有独立精神的忠诚接班人。但往往这种人并不会那么听话，也不太会讨好巴结上级。因此，上下级之间的用人就是最大的困境。所有的用人选择其实都是一种具有"冒险"尝试性质的行动。

在科层组织体系中，成功人士至少表面上是一个"听话的老手"，这是必须具备的条件。科层组织要通过一步一步地晋升或升级，这是必要的程序，越级几乎不可能。对于晋升来说硬件是必须要具备的条件，软件也同等重要。领导看重是为了有人干事而不是超越他的职位。这就产生了一个悖论：如果顶头上司不重用你，你就不可能有上升的空间，能得到再上一级领导的发现和重用；而要得到顶头上司的器重，又不能有超越他的企图，要表现得谦卑。在上升的通道中，只要有任何一个台阶受堵，都有可能终生停留在那一等级。于是在这种环境下"听话"就是最管用、最保险的方法，既不会得罪他人，又能让自己受益，皆大欢喜。这种组织人自我保护的措施却正是组织困境。

组织困境最困难的在于用人的识别。往往都是在组织遇到困境或危机时，才会发觉忠臣可贵、良将难求。人才的逆向选择在短期内是很难分辨的。企业部门由于市场竞争的常态化和企业目标的随机应变，随时都在检验人才的适用性。在市场经济中，与其说是考验企业的适应生存能力，不如说是考验企业组织人的适应生存能力。因此在企业中淘汰庸才也就成为常态化的机制。企业当中的人才逆向选择最严重的后果就是企业的破产和倒闭。也就是说，企业组织的用人困境如果不能淘汰庸人，那么就离倒闭或破产为期不远了。

部门组织则有所不同，首先不会出现破产或倒闭，也就无法判断用人的孰优孰劣；其次，难于检验人才和庸才的标准。因此，部门组织用人困境是一项长期而艰巨的任务。

组织困境取决于上级组织人和下级组织人是什么类型的组织人，一般有四种组合：上级纯组织人与下级纯组织人；上级纯组织人与下级混合组织人；上级混合组织人与下级纯组织人；上级混合组织人与下级混合组织人。这四种情况所表现出的组织人困境是不一样的，给组织造成的困境和危害也有所区别。

相比之下，上下级组织人类型一样的这两种情况，上下级的沟通会比较容易，即上级纯组织人与下级纯组织人或者上级混合组织人与下级混合组织人，虽然也有揣测或提防，但程度会轻微一些。另外两种情况，即上级纯组织人与下级混合组织人或者上级混合组织人与下级纯组织人，由于上下级组织人类型不一样，相互之间的揣测和提防就会严重一些，还会沟通受阻，交流不畅。麦格雷戈认为，"如果监管者使人畏惧，将直接导致员工隐瞒工作中出现的问题。这样不仅不能解决问题，还会使情况更加严重"。[27]

上级有上级的考虑，下级有下级的打算。每个组织人都是站在自己的立场考虑问题，结果就会出现许多不同类型的困境。沉默寡言、揣测提防、被动防卫、答非所问、主动进攻、讨好巴结等等。正是因为科层制组织存在着不同等级所拥有的权力和待遇的不同，社会地位的差异和利益分配的区别才会出现各种复杂的相处关系，要在谋职、晋升、权力和利益中获得优势或取胜，运用各种手段、技巧和谋略就成为必然的选择。

组织 Z 的困境取决于组织人 A_i、B_i、C_i 和 D_i 的困境。下级组织人的目标必定是考虑自己的利益如何能够确保，并且还希望可以得到扩大。因此，所采取的策略必定有积极和消极两个方面。积极的策略有配合、沟通、听命、合作、讨好等，消极的策略有沉默、提防、对抗、拒绝、冲突、抵触、欺骗等。积极的策略能够让直接的上级满意，但是否对组织有利还不能确定。消极的策略既不能让直接的上级满意，而且组织利益也会受损。如果组织困境停留在中层组织 Zb 和基层组织 Zc 中，那么还可以采取补救措施；如果已经上升到最高层组织 Za，组织就非常危险了。

有时下级员工 D_i 的努力表现或积极工作会遭遇下级主管 C_i 的妒忌和嘲讽。尤其是在中级主管 B_i 或高级主管 A_i 来视察工作的时候。因为一旦下级员工 D_i 有意识想表现自己以获得提升机会，必然对下级主管 C_i 构成威胁。因此，下级主管 C_i 就会排挤或打压下级员工 D_i，而下级员工 D_i 所付出的努力和期待却无法得到应有的回报。于是，就会产生对下级主管 C_i 的不满，而直接导致对组织 Z 的不满。

基层员工 D_i 的悲剧和困境一般是由于错误地将下级主管 C_i 等同于组织 Z 看待，原本是对下级主管 C_i 不满，却成了对组织 Z 的不满。组织 Z 的困境在于，如果真的由于下级主管 C_i 的原因而导致或引起一位优秀的员工 D_i 离职，那么组织 Z 的困境就是既成事实了。因为它无法留住一位真正优秀的员工，而这可能是在中级主管 B_i 和最高层主管 A_i 毫不知情的状况下发生的。可见，组织人才是造成组织困境的根源，而组织人困境必定会导致组织困境。

下级主管 C_i 为了得到中层主管 B_i 的信任和好感，会加强对下级员工 D_i 的"控制"，采取各种管理手段以显示他的领导能力和水平。科层制所确立的下级对上级负责就会造成如此的结果，成为一种组织困境。所有组织职能的设置都明确表达一个重要思想，就是下级对上级负责，而不是强调对组织外部的负责。即使理论上存在这种可能，但是也不具备可操作性。下级对上级负责甚于对组织负责。只有最高层的上级才对组织负责。这就形成了一个非常有趣的现象，每一个基层组织都是只对上级负责，只有到了最上级才强调是对组织负责。这就造成了所有中下层组织人都陷入困境而无法自拔。

（三）同级之间的组织人困境

同级组织人困境是组织困境中最危险、对组织破坏性最大的困境。主要原因是同级组织人之间不具有控制与被控制、领导与被领导的关系。"同级"意味着组织人拥有同样大小的权力和管理权限。从具有共同的组织目标而言，同级组织人担负着同等的责任，更应该精诚团结，相互合作，这样才能使组织目标最大化。

但是同级组织人之间的困境往往是冲突大于合作。层次越高的同级组织人困境对组织的破坏越大；如果是最高层组织人困境，那就会直接影响或决定组织的存亡命运。人们常说的"一山不容二虎"，就说明了同级组织人困境的严重性。

同级组织人如果都是纯组织人，那么双方都会以组织利益为重。这种合作是可持续的。问题是，现实中许多合作双方都会有相互猜忌的心态，疑神疑鬼，这就是合作的大忌。如果一方是混合组织人，那么，另一方所选择的策略必定是冲突大于合作，这就意味着合作难以为继。

企业合伙人之间的互相猜忌、矛盾冲突、相互隔阂、沟通障碍、决策分歧等是企业的大忌，将直接影响或决定企业是继续生存还是分崩离析。因此，企业合伙人之间是依靠信任和人格来维系相互之间的合作关系，以减少或消除同级组织人困境。如果合作双方有一方存在私心杂念，那么企业马上就会处于崩溃的边缘，甚至破产。为什么中小企业的合作都是以家族企业为主？这是基于合伙人之间能够取得信任的基础，消除同级组织人之间的困境。

如果同级组织人大于两人，可能会缓解只有两人才会造成直接冲突的危害。第三方的力量可以协调、调解或者帮助解决困境的冲突。第三方的权力也是可以阻止困境冲突的筹码。同级组织人困境最主要的是争夺利益、互不信任等，只要存在第三方的权力制衡，情况就不会立刻恶化，毕竟利益目标是一致的，但是又会出现新的困境。

如果同级组织人处于中层组织 Zb 和基层组织 Zc，那么对组织的危害还不至于直接影响组织的存亡。最高层组织人如果能够及时发现问题，还可以采取补救措施，将组织的损失降到最小，不会使组织陷入崩溃的边缘。一般来说，同级组织人困境如果不是发生在最高层组织，都是混合组织人所引起或造成的结果。

同级组织人困境的最大问题是如何确定和选择正确的方案。在 A、B、C 三个方案中总会存在各自的优点和缺点，没有缺点的方案几乎是很少的，这个过程其实就是一个选优的过程。同级组织人困境在于无法达成一致的意见，又各执一词，互不相让。如果其中有一位决策者是智慧过人、经验丰富、决断果敢的人，那么冲破这种僵局的困扰就会迅速完成。决策失误不是组织人的困境，而是组织的不幸。任何组织的决策者都会有失误，只要这种失误不至于导致组织解体、分裂或消失，组织和决策者总还有东山再起的机会。

事实上，最高层的方案选择是极其困难的决断，直接关乎组织的生死存亡。企业的投资、营销及财务运作等都是关系到企业发展和生存的大事。这种困境所表现出的往往都是两种截然对立的方案的选择。

（四）组织人困境与外部环境之间的关系

组织人困境与外部环境的关系主要是指由于组织人困境对组织以外的外部环境所造成的影响，主要是指负面影响。由于组织人困境具有"无意识性"和"顽固性"，因此，组织人困境对外部环境所造成的影响和危害是极其严重的。

组织人困境对外部环境来说，主要是指企业和政府的各种官僚主义、本位主义和机会主义等。这是组织管理层，尤其是中基层管理者的典型特征，是一种官僚制或科层制的"企业病"或"机关病"。

这也是一种组织人自我意识的强化或增强。本位主义、官僚主义都是强调自己的部门利益或组织利益不受挑战和侵犯，这种部门利益高于一切的思维定式。这造成了部门的小利益高于整个组织的大利益。这种思想的影响之广、危害之深是极其严重的。

组织人的本位主义和官僚主义有时是一种"无意识"的反应，是一种近乎本能的条件反射。阿吉里斯称之为"一级错误"。

组织人困境对外部环境影响最大的莫过于强化组织利益和职能造成对外部组织和他人的影响。如何解决科层制中利益与动力、责任与懈怠是组织人困境难以解决的最大的问题。失去监督或放松监管，自由主义、机会主义就会泛滥成灾，寻租腐败就会猖獗；而在强大的监督压力之下，又会出现消极怠工、平庸懒惰、懈怠卸责。难以做到两全其美，这就是组织困境和组织人的困境。

组织困境是组织无法抗拒的一种"陷阱"，它不是人们或组织所期望追求得到的一种东西，而是跟随着人们或组织一道同行的如影随形的阴影。无论是喜欢还是不喜欢或者愿意还是不愿意，都无法躲开它。它的产生可以在强烈的动机或强大的动力下催生，也可以在神不知鬼不觉的时候悄然出现，是猝不及防或虚无缥缈的"幽灵"。它的出现是一种不以人们的意志为转移的必然，只要有人和组织就一定会存在组织人困境和组织困境。

我们不是害怕困境的出现，而是它的出现总会给人们带来负面的结果，要么是一种不幸，要么就是灾难。如果说是一种不幸，那么它是组织人自己造成的因果效应；如果说是一种灾难，那么它是组织人自己给自己精心制造的一艘有缺陷的航船，只要出海就会面临沉没的风险。

现在对于组织人困境和组织困境已经有了明确的界定和理论。组织人理论为组织人困境和组织困境提供了认识的基础，以及识别和预防的药方。如果说药效并不显著或者药效缓慢，甚至无效，那可能是制造药物的人或药材制作的方法的问题。

一种理论，如果是在理论上还有没解决的问题，那是处在一种不确定性的阶段，需要理论研究；如果在理论上已经得到了解决，那就是处在一种等待证实的阶段，需要事实检验；如果已经得到证实，那就是如何运用和改变现实的阶段，需要付诸实践。用这种观点来理解，可以说组织困境和组织人困境在理论上已经完成了自己的使命。

✎ 参考文献

[1] 克里斯·阿吉里斯. 组织困境：领导力、文化、组织设计 [M]. 姚燕瑾，译. 北京：中国财富出版社，2013：1.

[2] 克里斯·阿吉里斯. 组织困境：领导力、文化、组织设计 [M]. 姚燕瑾，译. 北京：中国财富出版社，2013：2.

[3] W. 理查德·斯格特. 组织理论：理性、自然和开发系统 [M]. 黄洋，等译. 北京：华夏出版社，2002：305.

[4] W. 理查德·斯格特. 组织理论：理性、自然和开发系统 [M]. 黄洋，等译. 北京：华夏出版社，2002：324.

[5] W. 理查德·斯格特. 组织理论：理性、自然和开发系统 [M]. 黄洋，等译. 北京：华夏出版社，2002：327.

[6] 克里斯·阿吉里斯. 组织困境：领导力、文化、组织设计 [M]. 姚燕瑾，译. 北京：中国财富出版社，2013：9.

[7] 塞缪尔·A. 卡尔伯特. 组织陷阱 [M]. 朱生玉，译. 北京：教育科学出版社，2014：14.

[8] 塞缪尔·A. 卡尔伯特. 组织陷阱 [M]. 朱生玉，译. 北京：教育科学出版社，2014：4.

[9] 克里斯·阿吉里斯. 个性与组织 [M]. 郭旭力，鲜红霞，译. 北京：中国人民大学出版社，2007：前言6.

[10] 斯蒂芬·罗宾斯. 组织行为学 [M]. 12版. 李原，孙健敏，译. 北京：中国人民大学出版社，2008：9.

[11] 斯蒂芬·罗宾斯. 组织行为学 [M]. 14版. 孙健敏，李原，黄小勇，译. 北京：中国人民大学出版社，2012：3.

[12] 斯蒂芬·罗宾斯. 组织行为学 [M]. 14版. 孙健敏，李原，黄小勇，译. 北京：中

国人民大学出版社，2012：13.

［13］W. 理查德·斯格特. 组织理论：理性、自然和开发系统［M］. 黄洋，等译. 北京：华夏出版社，2002：308.

［14］斯蒂芬·罗宾斯. 组织行为学［M］. 7版. 孙健敏，李原，等译. 北京：中国人民大学出版社，2000：4.

［15］克里斯·阿吉里斯. 组织困境：领导力、文化、组织设计［M］. 姚燕瑾，译. 北京：中国财富出版社，2013：48.

［16］克里斯·阿吉里斯. 组织困境：领导力、文化、组织设计［M］. 姚燕瑾，译. 北京：中国财富出版社，2013：3.

［17］克里斯·阿吉里斯. 组织困境：领导力、文化、组织设计［M］. 姚燕瑾，译. 北京：中国财富出版社，2013：4.

［18］雅纳·约尔格·基普，罗尔夫·莫里恩. 即将来临的国家破产［M］. 钱敏汝，于景涛，译. 北京：东方出版社，2012：3.

［19］克里斯·阿吉里斯. 组织困境：领导力、文化、组织设计［M］. 姚燕瑾，译. 北京：中国财富出版社，2013：21.

［20］克里斯·阿吉里斯. 组织困境：领导力、文化、组织设计［M］. 姚燕瑾，译. 北京：中国财富出版社，2013：52.

［21］克里斯·阿吉里斯. 组织困境：领导力、文化、组织设计［M］. 姚燕瑾，译. 北京：中国财富出版社，2013：50.

［22］克里斯·阿吉里斯. 克服组织防卫［M］. 郭旭力，鲜红霞，译. 北京：中国人民大学出版社，2007：前言7.

［23］克里斯·阿吉里斯. 克服组织防卫［M］. 郭旭力，鲜红霞，译. 北京：中国人民大学出版社，2007：前言8.

［24］奥尔森. 集体行动的逻辑［M］. 陈郁，郭宇峰，李崇新，译. 上海：三联书店，2011：25.

［25］克里斯·阿吉里斯. 个性与组织［M］. 郭旭力，鲜红霞，译. 北京：中国人民大学出版社，2007：61.

［26］克里斯·阿吉里斯. 组织困境：领导力、文化、组织设计［M］. 姚燕瑾，译. 北京：中国财富出版社，2013：19.

［27］道格拉斯·麦格雷戈. 企业的人性面［M］. 韩卉，译. 北京：中国人民大学出版社，2008：11.

第十三章

组织人的经济学可以跨越意识形态

一、意识形态的根源及所造成的困境

经济学要成为一门真正的科学，最大的障碍之一就是来自意识形态的阻扰和阶级论的对抗。这是被所有经济学家和社会科学家认为的无法跨越的鸿沟。经济学研究的对象就是人的行为及其所引起或导致的经济及资源的变化。马克思有过十分精辟的论断："不是人们的意识决定人们的存在，相反，是人们的社会存在决定人们的意识。"[1]既然生活决定意识，那么，人们生活在不同的社会制度和不同的物质条件下的现实社会就是产生不同意识形态的根源。"单个人所以组成阶级只是因为他们必须为反对另一个阶级进行共同的斗争；此外，他们在竞争中又是相互敌对的。另外，阶级对各个人来说又是独立的，因此，这些人可以发现自己的生活条件是预先确定的：各个人的社会地位，从而他们个人的发展是由阶级决定的，他们隶属于阶级。"[2]阶级论是马克思主义理论的重要组成部分，用马克思研究经济学进而推断阶级斗争的必然性，用科学的理论分析历史演进的过程。

事实上，社会划分为阶级并不是马克思最早发现的，1852 年 3 月 5 日马克思在致约·魏德迈的信件中写道："无论是发现现代社会中有阶级存在或发现各阶级间的斗争，都不是我的功劳。在我以前很久，资产阶级历史编纂学家就已经叙述过阶级斗争的历史发展，资产阶级的经济学家也已经对各个阶级做过经济上的分析。我所加上的新内容就是证明了下列几点：（1）阶级的存在仅同生产发展的一定历史阶段相联系；（2）阶级斗争必然导致无产阶级专政；（3）这个专政不过是达到消灭一切阶级和进入无阶级社会的过渡。"[3]可以看出，虽然阶级和意识形态的争论早已有之，但是阶级斗争必然产生暴力革命的理论却是马克思首先提出来的。马克思在《共产党宣言》中明确指出："我们的时代，资产阶级时代，却有一个特点：它使阶级对立简单化了。整个社会日益分裂为两大敌对的阵营，分裂为两大相互直接对立的阶级：资产阶级和无产阶级。"[4]因此，真正公开形成两大对立派系且互不相容的阵营是从马克思开始的。曼海姆认为"对多数人来说，'意识形态'这一术语与马克思主义者密切相关，他们也主要是从这一关联来看待这一术语的"[5]。"意识形态概念通常被看作是马克思主义的无产阶级运动的组成部分，甚至与它就是同一个东西。"[6]可是对于它的反对派来说，也"没有什么能阻止马克思主义的敌对力量利用这个武器，把它应用于马克思主义本身"[6]。

马克思从不隐瞒自己的观点和立场，非常旗帜鲜明，连他的反对派也不得不佩服他的才华与勇气，以及追求科学的精神。马克思研究经济学"发现了人类历史的发展规律……还发现了现代资本主义生产方式和它所产生的资产阶级社会的特殊的运动规律"[7]。恩格斯《在马克思墓前的讲话》中说道："正因为这样，所以马克思是当代最遭忌恨和最受诬蔑的人。"[8]可以说，马克思主义的诞生是阶级意识形态斗争达到巅峰的时刻，是意识形态形成两大对立派系的开始，从此延续了200多年的时间，世界局势也由此发生了巨大的变化。

马克思理论的正确性在于人们运用他的理论能够改变人类世界，这是非常伟大的思想。伊格尔顿认为"很少有思想家能真正改变历史的进程，而《共产党宣言》的作者恰恰在人类历史的发展进程中发挥了决定性的作用。历史上从未出现过建立在笛卡尔思想之上的政府，用柏拉图思想武装起来的游击队，或者以黑格尔的理论为指导的工会组织。马克思彻底改变了我们对人类历史的理解，这是连马克思主义最激烈的批评者也无法否认的事实。就连反社会主义思想家路德维希·冯·米塞斯也认为，社会主义是'有史以来影响最深远的社会改革运动；也是第一个不限于某个特定群体，而受到不分种族、国别、宗教和文明的所有人支持的思想潮流'"[9]。

到目前为止，可以说世界上出现过的最有号召力的口号就是《共产党宣言》扉页和最后一句"全世界无产者，联合起来！"[10]这是多么铿锵有力、荡气回肠的声音。曾经激励过无数的勇士为之奋斗，它足以让所有的反对派胆战心惊。事实上，也激怒了它的反对派而结成反对联盟。世界上还没有哪一种理论具有如此巨大的力量，能指导实践来推动历史前进的步伐。列宁称赞道："一个有觉悟的工人，不管他来到哪个国家，不管命运把他抛到哪里，不管他怎样感到自己是异邦人，言语不通，举目无亲，远离祖国，——他都可以凭《国际歌》的熟悉的曲调，给自己找到同志和朋友。"[11]一首歌曲就可以形成如此巨大的能量，也足以证明马克思主义理论绝非一种空洞的口号。"在21世纪前夜，也就是说，在第三个千年纪到来之前，世界上大约有50个国家称它们自己为'社会主义的'国家。"[12]

萨缪尔森认为，从"1917年，社会主义者开始把他们的设想运用于苏联，到20世纪80年代，几乎世界的1/3被马克思的学说所统治"。[13]这是多么神奇而强大的力量，世界政治和经济实力对比发生了巨大变化。这是科学的理论指导社会实践并得到检验的最为有力的证明，有谁还能怀疑这种理论的科学性。"作为有史以来对资本主义制度最彻底、最严厉、最全面的批判，马克思主义大大改变了我们的世界。由此可以断定，只要资本主义制度还存在一天，马克思主义就不会消亡。只有在资本主义结束之后，马克思主义才会退出历史的舞台。"[14]

马克思研究经济学得出经济利益的对立和分化必然产生阶级斗争，这是社会发展的必然规律；而他的反对派却极力否认这一事实。同样是对资本主义社会经济的研究，二者却得出截然相反的结论。琼·罗宾逊认为"马克思主义经济学和传统的正统派经济学之间的根本区别，首先在于正统派经济学认为资本主义制度是永恒的自然秩序的一部分，而马克思则认为它是从过去的封建经济过渡到将来的社会主义经济的一个转瞬即逝的阶段。其次，正统派经济学家主张社会各部分之间利益的调和，而马克思则以为在经济生活中，不从事劳动的财产所有人和不占有财产的劳动者之间的利益是冲突的。这两种不同的论点不是没有联系的……如果改变这个制度的可能性一旦被承认，那么那些希望从改变中得到好处的人和那些担心会因改变而受到损失的人，立即就要站在对立的阵营了"。[15]因此，阶级论就成为意识形态斗争的武器和划定身份标准的分界线或分水岭。

琼·罗宾逊认为西方经济学家对马克思的认识是片面的，她提出："我们必须承认，每个不是烦琐的形式主义的经济学说都包含政治见解。但是按政治内容来选择我们所要接受的学说，是最大可能的愚蠢。由于我们不同意经济学家的政治见解，便拒绝他所做出的分析，也是愚蠢的。不幸的是，这种研究经济学的方法很为流行。正统学派由于拒绝向马克思学习，因而在很大程度上陷于荒唐可笑。因为他们不喜欢马克思的政治，所以对他的经济学他们仅着眼于指出其中的某些错误，指望通过在某些论点上对他的驳斥，他们便能使他的政治学说成为无害。"[16]

作为经济学大师的琼·罗宾逊也在极力寻找穿越马克思和马歇尔之间的通道，似乎希望发现二者之间弥合沟通的桥梁。不过并未取得成功，最后也不得不承认，即使"在马歇尔当年，他们还是被一条不可逾越的鸿沟间隔着。一派只顾揭露资本主义制度的罪恶，另一派则把它描绘得悦目可爱。一派把这种制度看作一个消逝中的历史现象，本身就含有使自己解体的细菌；另一派却把它看作一种永恒的、几乎是逻辑的必要存在。这种观点上的根本分歧，又因语言上的差别而更加显著，每一派所用的都是带着浓厚的一己观点色彩的术语。……这种完全不同的态度使两个学派之间没有可能彼此沟通"。[17]

正是经济利益的对立冲突形成了阶级，从而产生阶级意识形态。大卫·麦克里兰认为，"意识形态这个词的历史不足200年。它产生于与工业革命相伴随的社会、政治和思想大变革：民主思想的传播、群众的政治运动，以及那种我们创造了世界我们也就能改造它的观念"。[18]阶级论的产生使得意识形态成为两大对立派系公开化的较量。几乎把所有的人都卷入这场目标对立且旷日持久的纷争中。大卫·麦克里兰承认"我们确实都卷入到既真实而又强有力的意识形态之中"。[18]在整个20世纪，理论界和学术界都处在一种意识形态的纷争之中。这种现实说明"在阶级社会中人都有阶级性。这个命题包括两个方面的基本含义：其一，在阶级社会，任何人都从属于一定的阶级，无论他自觉与否。……其二，属于阶级的个人，总带有本阶级的特征和本性"。[19]正如毛泽东主席所说："在阶级社会中，每一个人都在一定的阶级地位中生活，各种思想无不打上阶级的烙印。"[20]当阶级冲突发展到一定阶段，公开的、剧烈的、你死我活的斗争逼得每个人都不得不表明自己的态度时，"没有一个活着的人能够不站到这个或那个阶级方面来"。[21]

亨廷顿认为"现代国家与传统国家的最大区别是，人民在大规模的政治组织中参与政治并受其影响的广泛程度"。[22]既然"政治体现了一定的阶级关系。既然政治活动和政治关系受到一定的经济关系的制约，那么在经济关系中形成的阶级关系必然也会体现在政治关系中"。[23]

所有的社会科学理论家们也都各自选择自己的阵营，即使想保持中立的态度进行科学研究的科学家和经济学家似乎也无法避免被强大的旋涡所吞噬，难以做到独善其身。"我们确实都卷入到既真实而又强有力的意识形态之中；但对这个事实的理解至少能防止我们变成它无意中的牺牲品。"[18]在大卫·麦克里兰看来社会科学研究意识形态的目的仅是防止成为它的牺牲品，这不得不说是有点悲壮。事实也确实如此。琼·罗宾逊是系统研究过马克思理论的经济学家,她在阐述马克思与西方经济学的关系时也谨小慎微,尽量避免敏感领域以免招致报复或排挤。她说道:"我把我的议论限于马克思的狭义的经济分析,不想涉及构成马克思学说中最重要部分的历史学和社会学的广泛论述。"[24]在琼·罗宾逊看来,分析经济问题是可以回避意识形态纷争的,经济学的争论也应该不属于意识形态的斗争。经济学有其自身的规律,不会像历史学和社会学那样具有主观主义的色彩。

然而,琼·罗宾逊自己的小心谨慎并不代表别人没有用意识形态的有色眼光看待她。当年她就是被世界经济学界公认为应该获得而未能获得诺贝尔经济学奖的少数几个经济学家之一。毫无疑问,琼·罗宾逊已经无法置身于外,无情的现实已经证明她被卷入意识形态的旋涡之中。可以说,纵观整个20世纪,马克思主义和资本主义都取得过辉煌成就,也遭受过重大挫折。任何一方都不可能消灭另一方而大获全胜。

目前世界上出现的许多问题,包括经济问题,都是资本主义和社会主义共同面临的问题,如经济危机、失业、失信、欺诈、寻租、腐败,等等。事实上,马克思也从未说过通向共产主义的天堂一定是其中的某一条路径才能到达。马克思的观点"是达到消灭一切阶级和进入无产阶级社会的过渡"。这恰恰说明社会主义和资本主义都可以到达共产主义的天堂,[25]只是人类创造物质财富的时间问题。只有世界物质财富的极大丰富,人们不再为物质财富所困扰,私有制才能成为可有可无的东西,为争夺经济利益而形成的阶级意识形态就自然会消亡。不过这是一个漫长的过程,可是从整个人类发展的历史长河来看却又是短暂的瞬间,而且没有任何捷径可寻。按照马克思的理论,它产生于人类历史的两端,即早期的原始共产主义社会和未来的共产主义社会。这都取决于人类社会共同的物质财富充裕程度。

社会是发展的,社会主义和资本主义也是发展的,资本主义的消亡远没有人们想象得那样来得快。一种社会制度从诞生到成长直至消亡的过程是十分漫长的,历史足以证明就是如此。"无论哪一个社会形态,在它们所能容纳的全部生产力发挥出来以前,是绝不会灭亡的。"[26]这就是说"只有当资本主义不能进步时,它才会达到自己的极限"。[27]今天,资本主义已经走过200多年的历史,社会结构和经济形态已经发生了巨大的变化,未来的发展趋势也将会是朝着能够满足人们的物质财富的共同需要。我们无法知道资本主义消亡的确切年代和时间表。只要存在冲突和暴力,就说明社会还存在大量不稳定的潜在因素;只要存在冲突和暴力,就说明部分人类还存在物质诉求无法得到满足而奋起反抗；只要存在冲突和暴力，就说明还远未达到马克思所预言的社会形态。马克思只是告诉人们只要社会和经济存在不平等，就必然会出现受压迫的一方奋起反抗，而人类总有一天会逐渐消除这种不平等的状况。

国家之间存在着经济发展的不均衡差异是事实，发达国家走在经济的前列，发展中国家也在崛起，所有的国家都希望自己能够丰衣足食，国泰民安，国富民强。按照加尔布雷思的说法，"好社会即社会的每一个成员，不分性别、种族或民族，均可以享受有价值的生活。"

马克思的"历史唯物主义对未来的憧憬是把全部国家机器放到古物陈列馆去，同纺车和青铜斧陈列在一起"❶。"一种尝试的成功或失败既不能证实也不能证伪另一种尝试的失败或成功。"❷ 既然殊途可以同归，那就说明在通往"天堂"的路途中争得你死我活、打得头破血流都将毫无意义。至少经济学家应该携起手来，寻找社会发展的共同目标和路径才是正确的选择。

应该承认，不同国家、不同民族、不同社会阶层的人所具有的不同意识形态是客观存在的事实，而且只要物质条件没有得到改变或者社会地位和环境没有发生变化，这种意识形态就会根深蒂固且难以消除。正是东西方理论家们的长期意识形态的对立而拒绝互相融通，才导致今天各唱各的戏的局面。如果说经济学是介于自然科学和社会科学之间的中间学科，那么能否跨越意识形态就是鉴别经济学能否成为真正科学的试金石。自然科学最重要的原则之一是判断标准的客观性，而经济学能否实现这一目标也就成为关键。

一般来说，经济学受到来自意识形态的干扰主要有以下几个方面：

第一，受到经济学家自身的意识形态的主导以及主观主义的判断。

第二，受到来自国家、当权者以及社会外部环境的意识形态的影响。

第三，经济学难以制定适合不同社会制度和经济体制的带有普适性的客观标准。

第四，经济学研究的对象涉及社会不同阶层和各种利益集团的纷争和纠缠，难以准确把握和衡量标准的客观性。

第五，外界和同行对研究成果的评价。因为意识形态都具有固定的反对思维模式，很难改变这种倾向性的观念。

经济学家研究经济学犹如物理学家研究物理学，二者之间并没有什么区别。应该说，基础理论科学研究是基本一致的，真正的区别在于研究的主体

---

❶ 王沪宁. 比较政治分析 [M]. 上海：上海人民出版社，1986：58.
❷ 丹尼尔·贝尔. 意识形态的终结 [M]. 杭州：江苏人民出版社，2001：27.

与客体以及二者之间是否存在主观主义和外部环境的干扰或影响。一般认为，经济学或社会科学是无法消除主观主义和外部环境的干扰或影响的。要达到纯粹客观性极其困难。科学家自身的主观主义和研究客体的社会性以及二者之间的利益相关性都决定了经济学要想摆脱这些影响是难度极大的。巴比认为"在现实中，人们很难在价值观上取得一致，因此科学很难用于解决价值观的争端。况且人们对价值观的信念多是非理性的，这就使得以理性为特征的科学更加不便涉足"。而且在现实生活中人们往往会把真实当成真理来看待，其实"真实是很诡谲的"。[28]就像人们都知道的许多事情也未必就是真实的。例如，现在"人人都知道"地球是圆的；然而几百年前"人人都知道"地球是平的。以前的真实未必是现在的真实，现在的真实也未必是将来的真实。国家之间出现的变化也是如此。"'真实'的本质也许比我们日常生活中所想象的要复杂得多。""这个问题已经困扰了人类几千年。"

这就给经济学带来了无法回避且难以逾越的难题：如果经济学不能跨过这道意识形态的坎儿，意味着经济学就无法对人的行为做出客观的判断和评价，无法排除主观主义也就不可能走进科学的殿堂。只要经济学不能摆脱这种意识形态或阶级论的束缚，经济学就达不到自然科学那样的客观性和科学性。而要想跨越这条鸿沟又谈何容易。目前所有的经济学家和社会科学家的回答都是"不可能"，这就意味着经济学将永无出头之日。不过，在人类科学探索的道路上这种难题也并不是唯一的。19世纪以前的人类从未想过能够到达月球和太空，当时所想象的困难应该是人类自身永远都将无法攻克的难题，远比这道坎儿高出许多。现代科学的力量已经证明月球和太空并非遥不可及。

组织人试图有望带领经济学闯过意识形态和阶级论这道封闭许久且从未开启过的关卡。组织人理论并不是否认意识形态的存在，或者希望能够寻找到从意识形态的真空地带而穿过。大卫·麦克里兰做过精辟的回答："对意识形态的任何考察都难以避免一个令人沮丧的结论，即所有关于意识形态的观点自身就是意识形态的。"[29]这就意味着在意识形态的世界里并没有真空地带，也没有人能够回避或逃离，因为它无所不包。要想避免它就会遭遇致命的难题，因为"它包含了与克里特人艾皮米尼地斯（埃庇米尼得斯）的声明同样的逻辑谬误，艾皮米尼地斯曾声称所有克里特人都是骗子"。[29]

勒帕日承认"我深信不疑的是，今天如果人们不从深入研究各种意识形态与经济学之间的关系着手，就不可能在政治上采取有效的行动。继续抱住老一套理论不放，就谈不上捍卫自由社会和市场经济。因为这套理论以探讨人类现象及社会现象为基础，今天已被反对派批驳得体无完肤了"。[30]勒帕日为自由主义经济学的处境不妙而担忧，表露出对他的对立派的不屑，也反映出经济学跨越意识形态的不易。麦克里兰认为"意识形态是一种客观科学的主张本身就可能是意识形态化的猜疑，已获得了根据"。[31]无论东西方经济学家如何坚信自己是抱着中立、客观、公正的立场，在对方看来都是无法洗脱一种意识形态的粉饰和辩护。

　　组织人是不可能消除意识形态的信念的。事实上，说到底意识形态就是组织人为组织的一种辩护。这种辩护是根据组织的思想、目标和意图而展开的。为了便于区分与现有意识形态的区别，在组织人理论中的意识形态我们称之为"组织意识形态"。也就是说，现在人们所指的意识形态和阶级论的产生是同步的，二者紧密相连。确切地说，这种意识形态是一种"阶级意识形态"，是意识形态和阶级论的融合，是马克思主义的意识形态和资本主义的意识形态的对立且互不相容。而用组织人理论来分析这种对立的意识形态则会有所区别。如果意识形态是一种组织的思想，那么组织的思想就是组织意识形态。

　　组织意识形态是不同组织之间的思想体现，比阶级意识形态范围更为广泛，历史也更为久远，而且对立程度也有强有弱。显然阶级意识形态属于组织意识形态的范畴，阶级意识形态也并不是唯一的意识形态。在亨廷顿看来"世界上的七八个主要文明"[32]都具有相互对抗性的意识形态。应该都属于组织意识形态。在组织意识形态中最高等级就是完全对抗的阶级意识形态。组织意识形态远比阶级意识形态的起源更早并且走得更远。20世纪末，一些理论家们极力否认阶级斗争的存在，鼓吹阶级斗争过时论。这是被假象所蒙蔽，分不清意识形态的复杂性。对阶级论的过时论或终结论的判断，也仅是局限于阶级意识形态的暂时隐匿，而绝不是消失；对于组织意识形态而言，只要世界上有组织存在就不会存在过时论或终结论之说。[33]

　　确切地说，所有的意识形态必须是通过组织再对组织人产生影响作用，没有组织，意识形态将不复存在。这就将阶级、意识形态和组织之间的关系有机地联系起来。也就是说，意识形态对人的影响和组织对人的影响是一致的，有些甚至是等同的。既然这样，问题就简单了许多，因为组织人理论正是分析组织与人之间的关系，以及组织对人的影响。那么就可以视同在回答意识形态的问题。事实上，组织对人的影响本身就是体现一种组织的思想和意志，即意识形态，而组织意识形态也包含了阶级意识形态。

二、组织人跨越意识形态的途径

组织人跨越意识形态的途径可以从以下三个方面来理解：一是组织意识形态替代阶级意识形态的必然性；二是组织人的行为与意识形态的相关性；三是组织人的意识形态与经济学的相关性。

（一）组织意识形态替代阶级意识形态的必然性

前面第四章已经论述过阶级是一种特殊的组织，那么组织论与阶级论就具有相关性。如果组织论替代阶级论能够成立，这也说明组织意识形态替代阶级意识形态的论断也是可以成立的。关键问题是要能够证明组织论替代阶级论是否能够成立。在这方面，组织学家做过许多努力和尝试。奥尔森认为，"阶级是'有组织的人类利益集团'。社会阶级也都是自私的；它们把阶级利益置于国家利益之上，而且根本不关心对立阶级的利益。"[34] "阶级是以其经济利益来定义的，为了增进这些利益，它们会动用各种手段，直至暴力。"[35]

阶级是一种特殊的组织，阶级的产生是组织利益矛盾无法调和的必然结果，这是对立双方共同认可并接受的观点。科斯特认为"组织学家一直遵循韦伯的看法，认为组织是最关键的结构，而阶级论者——马克思的学生们则认为阶级是社会的基本单位"。[36]组织是社会中最普遍的结构形式，是社会学研究的基本单位。组织学家一直强调组织研究作用的重要性，并将组织替代阶级来看待。既然组织是社会中最基本、最关键的决策单位，而阶级仅是一种特殊的组织，那么用组织来替代并衡量阶级就是一种符合逻辑的分析方法。对于组织论和阶级论的认识具有共同性，方向应该是一致的。

科斯特承认"在理论的发展过程中，也曾有人做过整合阶级论与组织论的尝试"，[36]但是并未取得成功，这或许正是理论家们受到自身意识形态的影响而难以取得突破。科斯特认为，事实上，即使现在"阶级冲突并没有消失，但是现在的阶级冲突在很大程度上发生在组织内部。大型企业中的职权分布成为阶级划分的基础，主管和经理位于顶层，中间是蓝领和白领工人，临时工和兼职工人则在底层"。[36]这一事实是整合阶级论与组织论的最好注解，更加证明了阶级论与组织论具有一致性，也验证了马克思把经济条件作为划分社会阶级及组织分层的理论。"马克思主义认为，社会划分为阶级是由人们在生产过程中的地位决定的。"[37]科斯特得出的那种认为"冲突参与者、冲突事务以及冲突格局发生了变化，马克思对于社会的简洁看法已经变成一种无意义的建构"[36]的结论是片面而错误的。矛盾冲突由社会转变为企业内部，这种变化无法证明阶级论的消失或者是"一种无意义的建构"。这是把阶级论和组织论完全割裂看待的错误观点。

在所有组织内部都会有阶层划分，都有利益分配的差异，都会形成组织矛盾，当这些矛盾达到非常尖锐或无法调和的情况时，组织矛盾的对抗性就自然上升到阶级矛盾，这时暴力革命就无法避免。因此，现在断言阶级论的过时或质疑都是缺乏科学根据的一面之词。应该说，当今的企业不再是一个人的私有财产，企业上层主管或经理都害怕组织冲突而影响企业的发展，于是更加缓和地处理组织内部的矛盾，因而，现在即使在资本主义国家也很少发生大规模的阶级对抗的暴力事件。这不是马克思理论的过时，而恰恰正是马克思理论所提供的历史教训导致现实企业主管和统治阶层必须妥善处理组织矛盾，否则，一旦组织矛盾上升到阶级矛盾，无论是企业还是国家都将会面临一场巨大的动荡和风暴。而底层的受压迫者失去的正是贫困和枷锁，得到的却是解放和整个世界。这就是马克思阶级论的标准模型。

韦斯特许斯指出："可以这样说，社会学家的范围很大程度上取决于他们认为什么是社会中最关键的决策单位。"[36]组织学家强调组织才是社会中最基本、最关键的决策单位，这本无可厚非。问题是现在的理论家们想把组织和阶级完全对立起来看待，这种对比似乎另藏玄机。想强调组织论而回避阶级论或否定阶级论的存在性，或提出阶级论的过时论，说白了是企图利用组织论来达到否定阶级论的目的。真是用心良苦。不过这确实也是一个妙招，因为坐实组织论是很容易的事，既然组织论成立那么否定阶级论就成为必然的选项。将组织论与阶级论对立起来看待，想用组织论达到废除阶级论的企图，这似乎又掉入意识形态的陷阱，重新陷入"克里特人艾皮米尼地斯的声明同样的逻辑谬误"。[29]

组织论与阶级论是辩证统一的，二者是相容关系，并不矛盾。阶级论和组织论是矛盾的特殊性和矛盾的普遍性的关系，二者也是辩证统一的。普遍性存在于特殊性之中，并通过特殊性表现出来，没有特殊性就没有普遍性。而特殊性也离不开普遍性，特殊性反映普遍性的特征；离开了特殊性，普遍性就不复存在；离开了普遍性，特殊性也会失去意义。二者是无法割裂的统一体。如果说组织论的普遍性是成立的，那么阶级论的特殊性也无法消除。

西方理论家曾经用"中产阶层"的兴起和扩大来辩驳阶级论的观点。米尔斯认为"大企业的管理者已取代工业界的大亨而成为现代资本主义显赫的核心人物。他们是新社会的经济精英；他们是想有什么就差不多能有的人；

是负责人和事，并制订大规模计划的人。他们是高高在上的老板、大款，是一言九鼎的权威"。[38]大量中产阶层的出现可以充当资本家和工人之间的缓冲带，社会矛盾能够得到缓解，减少对抗性的阶级冲突。由此，工薪阶层的兴起取代了无产阶级，社会经济的发展使得社会结构形态由哑铃形变成橄榄球形。然而，大量中产阶层的产生是在马克思以后出现的社会现象，不足以驳倒马克思对之前历史所做出的阶级论的论断。

马克思并未做过"未来社会"的历史都是阶级斗争的历史的预言。"到目前为止"这是马克思对时间的严格界定。[39]因此，用中产阶层的事例作为反驳的论据从科学理论的检验方式来看其实并不严密。就像今天不能驳斥历史上曾经出现过很长一段时间的封建社会一样，不能用今天的事件去否定历史上曾经出现过的事实。中产阶层只是在工业革命之后迅速成长起来的一个利益群体，是现代历史阶段出现的一个社会新兴组织阶层，而且这个组织群体也将会随着时间的变化而不断变化。中产阶层内部也形成既有上升也有下降的分化趋势，形成不同的利益组织。用组织论解释中产阶层是再恰当不过了。因此，中产阶层是组织论的最好注解和佐证。

组织论替代阶级论还可以从历史的变迁中得到证实。在历史的长河中，阶级论和阶级意识形态的提出只是很短暂的一个历史阶段，只有200多年的时间，而组织论则要久远得多，可追溯到原始部落时期。中国封建历史的变迁足以证明组织论和阶级论是同时在起作用的。中国封建社会的更替一般都是由于皇帝昏庸、贪官污吏、土地兼并、苛捐杂税、民不聊生等主要因素而产生暴力革命或宫廷政变最后改朝换代。陈胜、吴广"揭竿而起"是阶级论的证明，宋太祖的"黄袍加身"可以说是组织论的注解；历史上农民起义无数，而最后窃取胜利成果、夺得江山大权的绝大多数是官僚组织。中国历史上封建朝代的变迁更迭都是阶级论动摇了上一朝代封建王朝的根基，而被组织论窃取了江山。农民只是无法忍受封建王朝的压迫而奋起反抗，并无治国理政的经验，更无统治江山获取政权的野心。因此，官僚组织才能频频得手。从历史发展来看，组织论独立起作用的事例也不在少数，晋武帝司马炎的篡位以及古今中外的宫廷政变，都可以证实组织论的作用。王亚南的《中国官僚政治研究》足以提供坐实组织论解释历史变迁的佐证。

组织论和阶级论所体现的真正含义都是：组织矛盾而引起组织压迫或剥削直接导致组织反抗和组织斗争。哪里有压迫，哪里就会有反抗，哪里有剥削，哪里就会有斗争。这是组织论和阶级论如出一辙的道理。组织矛盾和组织压迫是直接导致组织斗争和阶级斗争的根源，而组织矛盾是始终存在的，无法消除。事实上，暴力冲突也并不是阶级论的专用术语，而且也并非所有的暴力冲突都与经济有关。许多组织矛盾也会导致暴力冲突，甚至发生战争和流血事件。

具有讽刺意味的是，自从 20 世纪后期以来直到 21 世纪的今天，一直鼓吹阶级论的过时论却并没有给世界带来和平。

当今世界各地的组织矛盾并未有丝毫消停的迹象，反而是变本加厉，越来越激烈。国家之间、民族之间、宗教之间、党派之间、利益集团之间等等这些大的矛盾就足以证明阶级论的趋缓并不代表组织论的减弱，而且大有愈演愈烈的趋势。从组织论到阶级论也就是时间的问题。这些都在时刻提醒着人们要正确处理组织矛盾，否则上升到阶级矛盾就悔之晚矣。总之，事实足以证明：所有的矛盾和冲突都包含在组织论范畴之内，阶级论也是其中之一。

（二）组织人的行为与意识形态的相关性

应该说，经济学家在从事经济学研究的时候是一名纯粹的经济学家，这时没有意识形态的浸入和立场观点，自然科学的研究也是如此。只有当经济学家为组织辩护的时候或者推销自己的经济观点和政策主张的时候，才会在他的言行中反映出某种意识形态。这时的组织就成为关键的要素。如果组织仅仅是一个利益集团，那么利益的纷争就是主要目标；如果组织是一个党派、国家或宗教，那这就是一种政治意识形态的对抗。

意识形态的本质就是组织与组织人之间所形成的各种关系。一般来说，组织人很难抗拒来自组织的意识形态压力。这种路径是通过组织一级一级往下延伸的，然后对每个组织人实施干预或影响。因此难免不会遭遇笼络、威胁或胁迫的各种手段，最常见的是奖励和惩罚的措施。

意识形态对经济学的影响也是通过组织对经济学家的影响来完成并达到目的的。无论是东西方经济学家都是如此。这就反映了一个事实，经济学要规避意识形态首先是经济学家要消除意识形态的干扰，否则，不可能不受到影响。而对于一个生活在现实社会中的经济学家来说，要不受到来自于国家、民族、宗教、法律、经济、制度、文化、单位、利益集团的影响，几乎是不可能的。一般来说，对于来自意识形态的影响，西方国家偏爱运用市场经济的方法，采取经济支持、资金赞助、荣誉奖励等鼓励的方式，辅助之惩罚或排挤的手段；而东方国家则常用组织手段。不可否认，经济学家面对意识形态的屈服，要么是自己做出机会主义的选择；要么就是受到胁迫或威胁的暗示只有改变或放弃自己的信念。无论是主动还是被动都是一种屈从的无奈或对科学的背叛。

学术一旦被意识形态所利用或掌控，学术的科学性就会受到影响。到目前为止，社会科学领域还无法超越或脱离现实世界带来的约束，理论家们无法摆脱来自国家、单位、学校或基金会的意识形态倾向的束缚。一个组织、一个学校、一个基金会绝不会花钱去资助一位反对派的学术观点者对自己进行攻击，何况还是不同"身份"的经济学家。勒帕日就明确表示，"自由主义者应该极力证明：不论社会全体成员的目的及偏好是什么，不论这些目的及偏好是物质的、非物质的、商品的、非商品的，或是精神的……资本主义制度是唯一能使最大多数人有可能以最小代价选择自己生活方式的社会制度"。勒帕日明目张胆地为资本主义制度摇旗呐喊，鼓噪声势，恰恰就是在证明他自己就是一位自由主义者，来自意识形态的阵营，也必然难逃受人恩惠或资助之嫌。正如中国有句俗语所言：吃人家的嘴软，拿人家的手短。

事实上，梗阻在组织人与意识形态之间的一个重要因素就是政治。经济学本来就被称为政治经济学，现在二者还经常混用，说明经济学与政治的关系有着极为密切的联系。约翰·凯恩斯早在100多年前就说过："考虑到政治经济学的现实方面，它与政治学的联系还是很紧密的。可以肯定地说，应用经济学主要与国家在社会共同事务中的经济活动有关，或者与由国家控制的个人的经济活动有关。"[40] 阶级意识形态说到底是一种政治意识形态，是在政治倾向主导下的意识形态。马克思认为"一切阶级斗争都是政治斗争"，[41] 然而，现代经济学似乎想回避"政治"这个带有明显意识形态的敏感词汇，从而在经济学前面去掉"政治"这个前缀词，表明经济学可以不带有意识形态的色彩，以便能成为一门得到广泛认可的学科，成为真正的科学，可见经济学家们的用心良苦。

一个人的意识形态如同政治立场一样必须观点鲜明而无法回避。人们无法跳出意识形态和阶级论的圈子在于这种政治的关联性。"政治体现了一定的阶级关系。既然政治活动和政治关系受到一定的经济关系的制约，那么在经济关系中形成的阶级关系必然也会体现在政治关系中。"[23] 这也说明意识形态和阶级论的对抗是与政治密切相关的。事实上，许多时候意识形态就是政治意志的体现。经济学和社会科学领域的研究正是由于人们没有能够分辨意识形态的旋涡而导致无数科学志士身陷囹圄，有许多精英身陷泥沼而无法自拔。科学家为科学而献身的精神是一种信念和义无反顾的执着，崇尚科学本应是值得赞扬的行为。但是，在经济学和社会科学领域这种信念就会遭遇非难或质疑。

要在科学与政治或组织和意识形态之间寻找到共同的契合点是非常困难的。因为阶级意识形态本身就是完全对立的，科学研究要在不同的意识形态之间寻找这种契合平衡点几乎是不可能的，而且至少还要不会伤害到组织利益，这就是难上加难。因此，在大卫·麦克里兰看来是在"寻找一个牢固的阿基米德点"，[42]不过理论家们一直怀疑这种契合点是否真的存在。要在科学与组织和意识形态三者之间找到一条通往真理的路径确实不易，即使拥有敢于坚持"吾爱吾师，吾更爱真理"的信念和勇气，也未必会在有生之年成为幸运者。

社会科学研究尤其是经济学研究都会涉及国家的大政方针和经济政策，所有的政策最后都是体现在经济利益在社会不同组织和群体之间的分配。自然就无法回避社会不同组织之间的利益之争。作为国家而言，经济收入来源总量是基本固定的，不可能无限增大。那么可想而知，所有的经济政策和方案无非就是一块蛋糕如何分配的问题。这时无论蛋糕怎么分配都会有反对者或不满意者。经济学的研究和观点往往会演变成一场争夺利益的较量。一旦陷入这种无谓的争论之中，科学的成分已经荡然无存，丧失殆尽。

经济学的研究正是陷入这种进退维谷的两难境地。主要源于经济学有一部分被意识形态所覆盖的区域，经济学家无法摆脱意识形态的干扰或影响。不过可以肯定地说，在社会科学领域也唯有经济学能够率先穿过意识形态的藩篱。这不仅是因为经济学中还有一大片是数学的"领地"，能为经济学争得科学的一席之地，使得经济学能成为社会科学和自然科学的"中间地带"；更为重要的是，虽然经济学受到意识形态的影响还是根深蒂固的，但是组织人理论能够证明经济学穿过意识形态的领地是可以成立的，因此，对经济学甚至整个社会科学都将会是一场重大革命。

（三）组织人的意识形态与经济学的相关性

组织人的意识形态主要来自内部和外部两个方面：内部是组织人自身的意识形态；外部是组织的意识形态。二者的结合与权衡或较量形成组织人行为的意识形态。当组织人固有的意识形态与组织的意识形态一致时，就会产生强烈而坚定的信念。如果组织人固有的意识形态与组织的意识形态产生矛盾时，组织人的行为就是一种权衡的选择。毫无疑问，组织人的行为绝大多数是受到组织的影响。如果组织人选择组织的意识形态而放弃自己的观点，基本上都是机会主义者。因为这种选择并不是来自于他自己的信念，而是属于外部组织的信念。但是，无论是哪种信念都不具有科学性的证明，或者说并不能证明自己和组织哪一种信念更科学。

经济学受到意识形态的影响主要是来自组织人的意识形态，而组织人的意识形态主要是来自组织。因此，组织往往就成了人们分辨组织人的一种身份特征。这种"身份论"的信念在意识形态中是非常顽固的，经常会把身份与意识形态之间画上等号。一名自由主义经济学家赞美资本主义制度并不奇怪，无论是出于社会和教育的影响、学术的观点还是机会主义选择都是可以理解的。如果他反其道而为之，那可能就有原因了。

身份论就是意识形态的标签或烙印。一般来说，社会科学的理论家都会被打上这种标签，只要这种标签没有超越一定的限度，都不会造成个人的负面后果。但是，不可否认这种标签在任何国家确实是非常重要的。经济学的争论本来就是学术的正常讨论，即使言辞激烈也是一种组织人个人的观点或心情的表达，并不至于想和对手为敌。凯恩斯曾经嘲笑哈耶克用的是尖酸刻薄的语词，在旁人看来有失身份。庇古曾经就打抱不平，"严厉谴责凯恩斯，说他回复哈耶克对《货币论》的评论时用语有失妥当，'简直是在跟人决斗！'"。[43]哈耶克与凯恩斯的学术争论已经历时半个多世纪，甚至他们的后继者至今还在延续这种争论，双方形成对立的两派互不相让。在不同的历史时期，各派都要占据优势的地位，并影响着政府的经济决策。此起彼伏。他们虽然是两个对立的派系，而且言辞激烈，但是，他们的身份是相同的，所以最后也没有造成敌对的态势。双方都可以实至名归，获得诺贝尔经济学奖。可见，学术争论如果没有被意识形态所划分归类，就不至于发生或严重影响现实的世界。

西方经济学对待他们认为的马克思主义者就没有这么手软了。如果说人们曾经抗议在一个国家内部有"唯身份论"的倾向，那么，还没有谁能够在国际科学领域尤其是自然科学领域也能坚持这一主张，学阀或学霸的作风和习气还无法公开占据世界科学的主导倾向。唯有在经济学领域里"身份论"会打上标签和烙印，几乎到了公开、直接或明目张胆的地步。许多在国际上享有盛誉的西方经济学大师也未能幸免于这种意识形态的冷遇，如琼·罗宾逊、加尔布雷斯，还有勃朗科·霍尔瓦特等就与诺贝尔经济学奖无缘。这不能不说是经济学的不幸。

如果说经济学不能摆脱这种意识形态或唯身份论的束缚，经济学就永远达不到像自然科学那样的真科学和硬科学。科学是讲真理的，唯有坚持科学的信念，科学才会沿着正常的路径发展。如果承认经济学是一门科学，而又想把经济学打造成一门硬科学，撇开意识形态的干扰才是坚持科学的前提。事实上，是否承认马克思理论的科学性已经成为经济学能否跨越意识形态并成为一门科学的试金石。到目前为止，经济学还无法迈过这一困境。

约翰·凯恩斯早就坚定地认为，"政治经济学是科学，而不是艺术或伦理研究的分支。在竞争性社会体制中，政治经济学被认为是立场中立的。它可以对一定行为的可能的后果做出说明，但它自身不提供道德判断，或者不宣称什么是应该的，什么又是不应该的"。[44]这种信念在残酷的现实面前只是变成了经济学家的一种期盼。人们相信一种社会制度更好，仅仅是出于个人的一种主观认识和信念，与这种社会制度本身是否更好并没有直接关联，也不能作为一种评判社会制度好坏的科学检验标准。现在经济学界过于强调这种主观的信念，而对反对者报以藐视和敌对的态度。这才是经济学跨越意识形态的最大障碍。

事实上经济学也在努力避免意识形态的侵入和影响，正是因为经济学家相信数学是可以排除意识形态干扰的，所以经济学特别推崇数学。相信数学能够带领经济学走出意识形态的困境，走向科学的道路。从历届诺贝尔经济学奖获得者来看，绝大多数是数学的功绩。也可以看出秉持客观公正信念的经济学家也不在少数。虽然意识形态的对抗给经济学带来巨大的障碍，但是，经济学家们还是相信经济学是一门科学。只是经济学还无法找到绕开意识形态或识别意识形态的途径。组织人理论就是提供一种识别方法，避免经济学在不知不觉当中陷入意识形态而无法自拔。

应该说，现在经济学领域公开地为意识形态辩护已经被逐渐抛弃，虽然作为经济学家的组织人还存在着意识形态是无法避免的，但是作为一个组织整体却是在追求科学的态度是不容置疑的。这是科学和道德的力量，是人们普遍达成共识的结果，是人类社会发展的必然趋势。如果说以前经济学对于意识形态还存在着无法区分或难以划清的模糊认识，都是因为理论的缺失才导致的失范。我相信，未来的经济学将能够识别和跨域意识形态的鸿沟，朝着科学的方向前进。至少经济学应该不再会成为意识形态的奴隶或被利用和束缚的工具。只要经济学组织人秉持客观公正和道德良心，经济学就能够成为一门真正的科学。

✎ **参考文献**

[1] 马克思恩格斯选集：第二卷 [M]. 中共中央马克思、恩格斯、列宁、斯大林著作编译局马恩室，编译. 北京：人民出版社，1972：82.

[2] 马克思恩格斯选集：第一卷 [M]. 中共中央马克思、恩格斯、列宁、斯大林著作编译局马恩室，编译. 北京：人民出版社，1972：60.

[3] 马克思恩格斯选集：第四卷 [M]. 中共中央马克思、恩格斯、列宁、斯大林著作编译局马恩室，编译. 北京：人民出版社，1972：332–333.

[4] 马克思，恩格斯. 共产党宣言：单行本 [M]. 中共中央马克思、恩格斯、列宁、斯大林著作编译局马恩室，编译. 北京：人民出版社，1973：24.

[5] 卡尔·曼海姆. 意识形态与乌托邦 [M]. 黎鸣，李书崇，译. 北京：商务印书馆，2000：56.

[6] 卡尔·曼海姆. 意识形态与乌托邦 [M]. 黎鸣，李书崇，译. 北京：商务印书馆，2000：76.

[7] 马克思恩格斯选集：第三卷 [M]. 中共中央马克思、恩格斯、列宁、斯大林著作编译局马恩室，编译. 北京：人民出版社，1972：574.

[8] 马克思恩格斯选集：第三卷 [M]. 中共中央马克思、恩格斯、列宁、斯大林著作编译局马恩室，编译. 北京：人民出版社，1972：575.

[9] 特里·伊格尔顿. 马克思为什么是对的 [M]. 李杨，任文科，郑义，译. 北京：新星出版社，2011：2.

[10] 马克思，恩格斯. 共产党宣言：单行本 [M]. 中共中央马克思、恩格斯、列宁、斯大林著作编译局马恩室，编译. 北京：人民出版社，1973：58.

[11] 列宁选集：第二卷 [M]. 中共中央马克思、恩格斯、列宁、斯大林著作编译局马恩室，编译. 北京：人民出版社，1972：434.

[12] 米洛斯·尼科利奇. 处在21世纪前夜的社会主义 [M]. 赵培杰，等译. 重庆：重庆出版社，1989：1.

[13] 保罗·萨缪尔森，威廉·诺德豪斯. 经济学 [M]. 14版. 胡代光，译. 北京：北京经济学院出版社，1996：4.

[14] 特里·伊格尔顿. 马克思为什么是对的 [M]. 李杨，任文科，郑义，译. 北京：新星出版社，2011：6-7.

[15] 琼·罗宾逊. 论马克思主义经济学 [M]. 纪明，译. 北京：商务印书馆，1962：5.

[16] 琼·罗宾逊. 马克思、马歇尔和凯恩斯 [M]. 北京大学经济系资料室，译. 北京：商务印书馆，1964：19-20.

[17] 琼·罗宾逊. 马克思、马歇尔和凯恩斯 [M]. 北京大学经济系资料室，译. 北京：商务印书馆，1964：1.

[18] 大卫·麦克里兰. 意识形态 [M]. 孔兆政，蒋龙翔，译. 长春：吉林人民出版社，

2005：3.

[19] 王沪宁. 政治的逻辑 [M]. 上海：上海人民出版社，2012：2.

[20] 毛泽东选集：第一卷 [M]. 北京：人民出版社，1991：283.

[21] 王沪宁. 政治的逻辑 [M]. 上海：上海人民出版社，2012：80.

[22] 塞缪尔·亨廷顿. 变革社会中的政治秩序 [M]. 李盛平，等译. 北京：华夏出版社，1988：36-37.

[23] 王沪宁. 比较政治分析 [M]. 上海：上海人民出版社，1986：21-22.

[24] 琼·罗宾逊. 论马克思主义经济学 [M]. 纪明，译. 北京：商务印书馆，1962：3.

[25] 马克思，恩格斯. 共产党宣言：单行本 [M]. 中共中央马克思、恩格斯、列宁、斯大林著作编译局马恩室，编译. 北京：人民出版社，1973：36.

[26] 马克思恩格斯全集：第13卷 [M]. 中共中央马克思、恩格斯、列宁、斯大林著作编译局马恩室，编译. 北京：人民出版社，1958：9.

[27] 梅格纳德·德赛. 马克思的复仇 [M]. 汪澄清，译. 北京：中国人民大学出版社，2006：9.

[28] 艾尔·巴比. 社会研究方法 [M]. 李银河，编译. 成都：四川人民出版社，1987：6.

[29] 大卫·麦克里兰. 意识形态 [M]. 孔兆政，蒋龙翔，译. 长春：吉林人民出版社，2005：2.

[30] 亨利·勒帕日. 美国新自由主义经济学 [M]. 李燕生，王文融，译. 北京：北京大学出版社，1985：3.

[31] 大卫·麦克里兰. 意识形态 [M]. 孔兆政，蒋龙翔，译. 长春：吉林人民出版社，2005：11.

[32] 塞缪尔·亨廷顿. 文明的冲突与世界秩序的重建 [M]. 周琪，等译. 北京：新华出版社，1998：6.

[33] 大卫·麦克里兰. 意识形态 [M]. 孔兆政，蒋龙翔，译. 长春：吉林人民出版社，2005：106.

[34] 奥尔森. 集体行动的逻辑 [M]. 陈郁，郭宇峰，李崇新，译. 上海：三联书店，2011：125.

[35] 奥尔森. 集体行动的逻辑 [M]. 陈郁，郭宇峰，李崇新，译. 上海：三联书店，2011：126.

[36] W. 理查德·科斯特，杰拉尔德·F. 戴维斯. 组织理论：理性、自然和开发系统 [M]. 高俊山，译. 北京：中国人民大学出版社，2011：415.

[37] 卢卡奇. 历史与阶级意识：关于马克思主义辩证法的研究 [M]. 杜章智，任立，燕宏远，译. 北京：商务印书馆，2011：102.

[38] 赖特·米尔斯. 白领：美国的中产阶级 [M]. 杨小东，等译. 杭州：浙江人民出版社，1987：123.

[39] 马克思,恩格斯. 共产党宣言:单行本 [M]. 中共中央马克思、恩格斯、列宁、斯大林著作编译局马恩室,编译. 北京:人民出版社,1973:23.

[40] 约翰·内维尔·凯恩斯. 政治经济学的范围与方法 [M]. 党国英,刘惠,译. 北京:华夏出版社,2001:62.

[41] 马克思,恩格斯. 共产党宣言:单行本 [M]. 中共中央马克思、恩格斯、列宁、斯大林著作编译局马恩室,编译. 北京:人民出版社,1973:33.

[42] 大卫·麦克里兰. 意识形态 [M]. 孔兆政,蒋龙翔,译. 长春:吉林人民出版社,2005:1.

[43] 尼古拉斯·韦普肖特. 凯恩斯大战哈耶克 [M]. 闫佳,译. 北京:机械工业出版社,2014:140.

[44] 约翰·内维尔·凯恩斯. 政治经济学的范围与方法 [M]. 党国英,刘惠,译. 北京:华夏出版社,2001:8.